Steve Sjogren
FASZINATION DER FREUNDLICHKEIT

Sven Sjogren

Faszination der Freundlichkeit

*Eine erfrischend neue Art,
anderen die Liebe Gottes zu zeigen*

Projektion J Buch- und Musikverlag GmbH
Wiesbaden

Titel der Originalausgabe:
Conspiracy of Kindness

© 1993 by Steve Sjogren
Published by Servant Publications,
P. O. Box 8617, Ann Arbor MI 49530, U.S.A.

© 1997 der deutschen Ausgabe
by Projektion J Buch- und Musikverlag GmbH,
Rheingaustraße 132, D-65203 Wiesbaden

ISBN 3-89490-221-1

Auf der Grundlage der neuen Rechtschreibregeln.

Die Bibelstellen wurden der Einheitsübersetzung entnommen.

Übersetzung: Susan-Beate Sohl
Umschlaggestaltung: Jäger & Waibel
Satz: Projektion J Buch- und Musikverlag GmbH

Nachdruck, auch auszugsweise, nur mit Genehmigung des Verlages.
1   2   3   4   00   99   98   97

Für meine Frau Janie:
Du bist liebenswert und begabt. Danke,
dass du mir stets die Geduld und die
Gnade Gottes vorlebst.

Für meine Mutter Glenna:
Du hast ein sehr weites Herz. Danke, dass
du mich immer daran Anteil haben lässt.

An die Mitglieder der Vineyard-Gemeinde
in Cincinnati:
Danke, dass ihr der Liebe, Annahme und
Vergebung Gottes unter euch Raum gegeben habt. Damit habt ihr mich geformt und
geprägt.

INHALT

Dank 9

Einführung – Agenten im Namen Gottes 11

Kapitel 1 Wer beantwortet Gottes Post? 17
Kapitel 2 Das unangenehme Wort mit »E« 38
Kapitel 3 Geringes Risiko, viel Gnade 54
Kapitel 4 Jenseits von uns und den anderen 71
Kapitel 5 Schritt für Schritt 92
Kapitel 6 Fertig, Schuss, zielen! – Praktische Tips 112
Kapitel 7 Kinder sind Naturtalente 147
Kapitel 8 Dynamik in Kleingruppen 164
Kapitel 9 Die Schönheit der »Perle« 178

Anhang 1 Bewährte Projekte 187
Anhang 2 Zum Thema »Evangelisation« 199
Anhang 3 Anmerkungen 203

DANK

Die Ideen, die ich in diesem Buch entwickle, sind die zusammengefassten Gedanken und Erfahrungen vieler Freunde. Ihre Art zu leben hat auf mich abgefärbt. Brent Rue hatte zum ersten Mal die Idee, anderen Leuten kostenlos den Wagen zu waschen, und er praktizierte alles, was für dienende Evangelisation typisch ist. Obwohl er nicht mehr lebt, bleibt er eine ständige Herausforderung für mich.

Vielen Dank, John Wimber, für deine Leitung und Betreuung. Du hast am besten in Worte gefasst, was ich unter praktischem Christentum verstehe.

Danke, Kenn Gulliksen, du hast mir geholfen, in den Dienst zu kommen und die Kraft der Freundlichkeit zu entdecken.

Ich bin Teresa Cleary, Lynda Sims, Chris Barker, Dave Workman und Ken Wilson dankbar für ihre Ermutigung und ihre Hilfe bei der Veröffentlichung dieses Buches. Danke, dass ihr euch um mich gekümmert habt.

Tom Philippi (Mister Grafiker), du hattest zu passenden und unpassenden Gelegenheiten immer Zeit und gute Ideen für mich.

Einführung –
Agenten im Namen Gottes

»*Freundlichkeit ist eine Sprache, die der Stumme sprechen und der Taube verstehen kann.*«
C. N. Bovee

Die Christen in den Vereinigten Staaten rechnen seit langem mit vermeintlichen Verschwörungen gegen die Gemeinde. Seit ich 1974 selbst Christ wurde, habe ich mindestens zehn solcher Verschwörungstheorien gehört, die verschieden ausgeprägten Einfallsreichtum und unterschiedliche Glaubwürdigkeit der »Erfinder« offenbarten. Eines dieser Gerüchte wurde von einem Evangelisten in die Welt gesetzt, der vorgab, früher ein Mitglied der »Illuminaten«[1] gewesen zu sein, einer satanischen Sekte, die angeblich dabei war, die Gemeinden zu infiltrieren. Doch über Nacht wurde der Mann entlarvt und es wurde offenbar, dass er diese Geschichte unter dem Einfluss von LSD entwickelt hatte.

Eine andere christliche Verschwörungstheorie umgibt Madalyn Murray O'Hair, eine wortgewandte Sprecherin der Atheisten. Obwohl sie mittlerweile fast achtzig Jahre alt ist, soll sie in geheimen Verhandlungen stehen mit dem Bundesausschuss für Kommunikation. Ihr Ziel sei das Verbot aller christlichen Rundfunk- und Fernsehsendungen. Seit Jahren kommen immer wieder Leute auf mich zu, um mir mitzuteilen, dass sie eine Aktion gegen dieses beabsichtigte Verbot starten wollen. Schließlich rief ich eines Tages bei dieser Behörde an und erkundigte mich nach den geheimen Vorgängen. Doch zu meiner Überraschung erklärten die zuständigen Beamten, dass es keine solchen Gespräche oder Absichten gäbe, dass jedoch seit etwa dreißig Jahren Proteste von eifrigen Christen bei ihnen eintreffen würden, die sich dagegen aussprechen.

Die Verschwörungstheorie, die ich am häufigsten gehört habe, bezieht sich auf das Firmenzeichen von *Procter & Gamble*, einer der ältesten und größten Firmen in Cincinnati. Das Logo enthält eine im

Zunehmen begriffene Mondsichel und mehrere Sterne. Dieses Bild entstand zu Beginn des neunzehnten Jahrhunderts und stellt die dreizehn Kolonien der Vereinigten Staaten dar, die es zur Zeit der Gründung des Unternehmens gab. Doch viele Christen behaupten seit Jahren, dass es ein okkultes Symbol sei. Die Firmensprecher haben diesem Gerücht immer wieder widersprochen. Doch einige besonders Ängstliche behaupten sogar, dass jeder Ahnungslose, der die Zahnpasta dieses Unternehmens kauft, damit nicht nur die *New Age*-Bewegung unterstützt, sondern dass man sich damit auch in Gefahr bringt, von Dämonen besessen zu werden. Doch tatsächlich wird nichts geschehen, wenn man *Crest* benutzt, außer dass die Zähne dabei sauber werden.

Ich glaube, dass es bislang nur wenige echte Verschwörungen gegen die Gemeinde Jesu Christi gab, aber wir können davon ausgehen, dass immer neue Gerüchte die Runde machen werden. Dennoch sind diese Irrtümer nicht das Thema dieses Buchs. Denn es gibt tatsächlich eine »Verschwörung«, die sich in unseren Tagen überall ausbreitet, und kaum jemand ist sich dessen bewusst. Fast unbemerkt weitet sie ihren Einfluss auf Millionen von Menschen aus, die kaum merken, was mit ihnen geschieht. Diese Bewegung ist schon fast zweitausend Jahre alt und sie zieht ahnungslose Außenstehende in einen Glauben hinein, den sie nicht bewusst in sich aufnehmen. Die »Verschwörer« finden sich überall. Sie leben mitten unter uns, sitzen vielleicht am Sonntag neben uns im Gottesdienst; es gibt sogar Pastoren, die zu ihnen zählen!

Bevor Sie jetzt eine Aufklärungsaktion gegen diese »Verschwörung« starten, sollte ich Ihnen mitteilen, dass es sich um eine »*göttliche* Verschwörung« handelt. Paulus spricht in seinem Brief an die Römer darüber: »Weißt du nicht, daß Gottes Güte dich zur Umkehr treibt?« (Röm 2,4). Das ist das Thema dieses Buches: eine gütige »Verschwörung«, die »Faszination der Freundlichkeit«.

Gott möchte die Herzen aller Menschen für sich gewinnen, aber seine Absichten werden immer an der gleichen Stelle vereitelt. Nicht die Botschaft ist das Problem, unsere Lehre und unser Verständnis sind weitgehend korrekt. Es gibt genügend Menschen, die Gottes Botschaft hören wollen. Der Engpass ist die Gemeinde, die Gottes Armee sein sollte und sich doch gegen ihren Auftrag sträubt. Gott sucht Menschen, die bereit sind, außerhalb ihrer regelmäßigen Kontakte mit Liebe und Freundlichkeit auf Menschen zuzugehen. Er braucht »Agenten«, die davon überzeugt sind, dass die Weitergabe seiner Liebe einen Samen in die Herzen der Menschen pflanzt, der später aufgehen und den Glauben an Jesus hervorbringen wird.

Diese »Verschwörung« beruht auf der Überzeugung, dass Gott die Menschen leidenschaftlich liebt. Wenn die Freundlichkeit Gottes als lebendiger Samen in die Herzen der Menschen gelegt ist, wird der Heilige Geist ihn zum Keimen bringen. Wir sollen diesen Samen der Liebe ausstreuen, aber Gott ist der Herr der Ernte, der den ganzen Prozess überwacht.

Ich will niemanden kritisieren, der das Evangelium auf eine andere Art und Weise weitergibt. Vielmehr bin ich davon überzeugt, dass jede ernsthafte evangelistische Strategie erfolgreich sein wird, wenn wir uns ausdauernd engagieren. Ich möchte jeden Christen ermutigen, häufiger in seiner Umgebung von Jesus zu erzählen und dafür die Vorgehensweise zu wählen, die ganz individuell zu Ihnen passt. Es ist wichtig, dass wir die ganze Welt mit unserer Nachricht erreichen und aus diesem Grund brauchen wir nicht nur eine handvoll guter Ideen, sondern Hunderte davon! Wir sollten jedoch immer darauf achten, dass unsere Evangelisation nicht zu einer »religiösen Leistung« wird. Gott ist derjenige, der das »Heft in der Hand hält« und der dafür sorgt, dass unsere Aktionen von Erfolg gekrönt sind.

Dieses Buch enthält die Beobachtungen und Erfahrungen meiner Gemeinde und mir selbst, die wir in den vergangenen Jahren gesammelt haben, während wir versuchten, das Evangelium in unserer ganzen Stadt bekannt zu machen. Ich bin überzeugt, dass unsere Geschichte Sie ermutigen wird. Viele unserer Ansätze werden Ihnen neu sein. Manche sind vielleicht in Deutschland nicht realisierbar. Bitte sehen Sie nicht nur auf die Außergewöhnlichkeit mancher Vorgehensweisen und widerstehen Sie der Versuchung, alles Fremde und Neue abzulehnen, nur weil es sich von den herkömmlichen Methoden der Evangelisation unterscheidet.[2]

Wie können wir die Aufmerksamkeit der Menschen in unserer Umgebung wecken? Ich bin überzeugt, dass das Evangelium den Menschen, die uns beobachten, erzählt und vorgelebt werden muss. Studien haben ergeben, dass nur etwa zehn Prozent der Christen die außergewöhnliche Fähigkeit zur Evangelisation haben. Doch mit diesem Buch möchte ich einen Weg aufzeigen, den die übrigen neunzig Prozent aller

Christen beschreiten können, um die kirchendistanzierten Menschen in ihrer Umgebung zu erreichen.

Wenn wir wirklich lebendiges Christentum praktizieren wollen, dürfen wir nicht darauf verzichten, die Gute Nachricht von Jesus weiterzugeben. Die Frage ist nur, *wie* wir diese Aufgabe angehen sollen. Versuchen wir, den Zugang zum Glauben zu erleichtern, indem wir die Botschaft Jesu abschwächen, verfälschen oder künstlich schmackhaft machen wollen, wird sich das negativ auf die Gemeinde auswirken und das Evangelium seiner Kraft berauben. Wir wollen auf keinen Fall den Inhalt des Evangeliums verändern. Aber die Verbreitungsweise darf gerne variieren.

Eine starke Botschaft ist nicht viel wert, wenn es kein Publikum gibt, das sie hören will. Der christliche Forscher George Barna schrieb ein sehr gehaltvolles kleines Buch, das den Titel trägt: *We Have Seen the Future: The Demise of Christianity in Los Angeles County* (»Ein Blick in die Zukunft: das Ende des Christentums im Bezirk Los Angeles«).[3] Er berichtet, dass der Einfluss der Ortsgemeinde auf ihre Umgebung immer geringer wird, obwohl gleichzeitig sehr große und öffentlichkeitswirksame Gemeinden entstehen. Und er warnt davor, dass die Gemeinde in Los Angeles bald keinerlei Wirkung mehr auf die Menschen ihrer Gegend haben wird, wenn sich nicht sehr bald eine Wende einstellt. Diese Beobachtung kann man im ganzen Land machen.

Mein Wunsch ist, dass die Botschaft der Liebe Jesu Christi so mitgeteilt wird, dass Menschen, die damit in Berührung kommen, für immer verändert werden. Dafür will ich neue Vorstellungskraft wecken und einen einfachen Weg aufzeigen. Ich möchte, dass beim Lesen dieses Buches die Sehnsucht in Ihnen zunimmt, Gott zu gehorchen, indem Sie die Gute Nachricht an andere Menschen in Ihrer Umgebung weitergeben. Ich bete dafür, dass diese Lektüre Ihnen Mut macht, aus Ihrer gewohnten Routine auszubrechen und sich den Nöten einer verzweifelten und verletzten Menschheit zu stellen.

Vor einigen Jahren begann ich, Evangelisation auf neue Weise zu entdecken. Nachdem meine Frau Janie und ich schon in zwei anderen Städten mitgeholfen hatten, neue Gemeinden zu gründen, dachten wir, dass wir jetzt das Prinzip verstanden hätten. Die ersten beiden Jahre in Cincinnati war ich Schulbusfahrer und ich erzählte allen Leuten von meiner Absicht, eine neue Gemeinde zu gründen. Wir erzählten etwa tausend Personen von unserer zukünftigen Gemeinde, dann hielten wir unseren ersten Sonntagsgottesdienst. Nur siebenunddreißig Besucher erschienen. Das bedeutet, dass etwa siebenundneunzig Prozent negativ auf unsere Einladung reagiert hatten!

Kürzlich feierten wir unser siebenjähriges Jubiläum als Gemeinde und mehr als zweitausend Menschen besuchten die fünf Veranstaltungen, die an diesem Wochenende stattfanden. Wir haben in der Gegend von Cincinnati-Dayton zwölf andere Gemeinden ins Leben gerufen und unser Ziel ist es, im Laufe der Zeit zwanzig Gemeinden zu gründen. Durch diese bislang bestehenden Tochtergemeinden wurden im vergangenen Jahr mehr als hunderttausend Menschen mit der sichtbaren Liebe Gottes konfrontiert.

Sollten Sie selbst damit beginnen, Ihre Stadt mit dem Evangelium zu erreichen, würde es mich sehr interessieren, von Ihnen zu erfahren, welche Aktivitäten Sie gestartet haben und wie erfolgreich diese Aktionen waren. Ich bringe einen vierteljährlichen Evangelisations-Rundbrief für Pastoren heraus, die sich selbst in dienender Evangelisation engagieren. Darin erscheinen regelmäßig ermutigende Berichte, die ich von anderen Gemeinden erfahre. Am einfachsten können Sie mich per Fax erreichen, meine Faxnummer lautet: 001-513-671-2041. Ich würde mich sehr freuen, von Ihnen zu hören!

Kapitel 1

Wer beantwortet Gottes Post?

»Ein freundliches Wort kann kurz sein und schnell über die Lippen gehen, aber es klingt noch lange nach.«
Mutter Teresa

»Am Morgen beginne zu säen, auch gegen Abend laß deine Hand noch nicht ruhen; denn du kannst nicht im voraus erkennen, was Erfolg haben wird, das eine oder das andere, oder ob sogar beide zugleich zu guten Ergebnissen führen.«
Kohelet 11,6

Es war einer dieser heißen, feuchten Sommertage, die für Cincinnati typisch sind. Joe Delaney spielte mit seinem achtjährigen Sohn im Garten. Während der Ball zwischen den beiden hin- und herflog, konnte Joe am Gesicht seines Sohnes ablesen, dass diesen etwas sehr beschäftigte. Doch zuerst plauderten sie über Basketball, über Freunde des Sohnes und die kommenden Sommerferien. Aber dann nahm das Gespräch plötzlich eine sehr ernste Wende und Joe fühlte sich wie ein Hinterhofamateur, der unerwartet in der Bundesliga spielen muss.

»Papa, gibt es Gott eigentlich wirklich?«

Joe fühlte sich genauso hilflos wie damals, als er selbst noch im Schüler-Basketball-Team mitgespielt hatte. Einmal hatte ihn die Sonne so stark geblendet, dass er den Ball, der auf ihn zugeflogen kam, nicht mehr sehen konnte. Er wusste nicht, sollte er nach vorn oder nach hinten rennen oder einfach stehen bleiben. Ob es einen Gott gibt? Einige vorgefertigte Antworten schossen ihm durch den Kopf. Schließlich entschied er sich, ehrlich zu sein: »Jared, mein Sohn, ich weiß es auch nicht.« Während er das sagte, fing er den Ball auf und hielt ihn nachdenklich fest.

Die Unsicherheit seines Vaters befriedigte Jareds Neugier nicht und er bohrte weiter: »Wenn es einen Gott gibt, wie kann man dann an ihn herankommen?«

»Ich habe davon wirklich keine Ahnung, Jared. Ich war nur als Kind ein paarmal in der Kirche. Ich weiß nicht sehr viel über diese Dinge.« Während sie weiterspielten, schwieg Jared einige Minuten lang und schien angestrengt nachzudenken. Dann drehte er sich abrupt um und rannte ins Haus. »Ich bin gleich wieder da, muss nur eben was holen«, rief er seinem Vater noch zu. Augenblicke später war er schon zurück und brachte einen glänzenden, mit Gas gefüllten Ballon und die dazugehörige Karte mit.

»Jared, was hast du denn vor?«, fragte Joe.

»Ich werde Gott eine Nachricht schicken, und zwar mit Luftpost«, erwiderte der Junge feierlich.

Bevor Joe seinen Sohn daran hindern konnte, begann dieser bereits zu schreiben. »Lieber Gott«, schrieb er, »wenn es dich gibt und wenn du da oben wohnst, dann schicke bitte Leute zu Papa und zu mir, die uns etwas von dir erzählen können.«

»Lieber Gott, wenn es dich gibt und wenn du da oben wohnst, dann schicke bitte Leute zu Papa und zu mir, die uns etwas von dir erzählen können.«

Schweigend sah Joe zu. Er wollte seinen Sohn nicht verletzen und ihn von der Sinnlosigkeit dieses Briefes überzeugen. Stattdessen half er ihm sogar, die Karte gut zu befestigen. In ihm sträubte sich alles gegen dieses naive Unterfangen. Aber gleichzeitig dachte er auch: Gott, ich wünschte, du würdest uns jetzt sehen. Dann ließ Jared den Ballon fliegen und Vater und Sohn standen lange still im Garten und sahen zu, wie er davonschwebte und immer kleiner wurde, bis er nicht mehr vom Himmel zu unterscheiden war.

Zwei Tage später wurde ich selbst ein Teil der Antwort auf diesen ungewöhnlichen Brief. An diesem Sonntagmorgen hatten sich einige Leute aus der Gemeinde zusammengetan, um den Vorbeifahrenden eine kostenlose Autowäsche anzubieten. Dies war eine unserer Aktivitäten, mit denen wir die Nachbarschaft unserer Gemeinde erreichen wollten. Joe und Jared fuhren zu unserem Stand. Joe drehte das Fenster herunter und fragte: »Was kostet eine Wagenwäsche?« Er blickte auf eine ganze Reihe von Eimern, Schwämmen und Schläuchen.

»Das Angebot ist kostenlos und hat keinen Haken«, antwortete ich ihm.
»Wie bitte?«, entfuhr es ihm. Es kam ihm verdächtig vor, etwas umsonst zu bekommen. »Und warum bitteschön machen Sie das dann?«
»Weil wir Ihnen die Liebe Gottes praktisch sichtbar machen wollen«, erklärte ich ihm. Es war, als hätte dieser banale Satz die geheime Tür zu Joes Herzen aufgestoßen. Sein Gesichtsausdruck war unbeschreiblich. »Moment mal«, rief er, »sind Sie vielleicht Christen?«
»Ja, das sind wir«, antwortete ich ihm.
»Sind Sie etwa solche Christen, die auch glauben, dass es Gott wirklich gibt?«
Ich musste lächeln. »Ja, diese Sorte von Christen sind wir.« Der Mann wandte sich seinem Sohn zu und grinste ihn breit an. Und dann endlich erzählte er mir die Geschichte von dem Gasballon und der daran befestigten Nachricht, die sie vor wenigen Tagen erst losgeschickt hatten. »Und jetzt sind Sie die Antwort auf eines der ungewöhnlichsten Gebete, das Gott wohl jemals zu Ohren kam«, sagte Joe.

Die Kraft der Freundlichkeit

Die Geschichte von Joe und Jared ist nur ein Beispiel unter Tausenden. Aber genau so funktioniert dienende Evangelisation. Diese Geschichte ist ein klassisches Beispiel dafür, was ich mit dem Ausdruck »Faszination der Freundlichkeit« meine. Seit acht Jahren sind wir schon dabei, die Liebe Gottes auf ganz praktische Weise an Fremde heranzutragen. Und bis heute bin ich jedesmal begeistert, wenn ich sehe, wie die Augen der Menschen, denen wir dienen, leuchten, sobald sie verstehen, dass wir ihnen tatsächlich etwas schenken wollen, ohne einen Hintergedanken dabei zu haben – außer ihnen die Liebe Gottes näher bringen zu wollen. Während wir den Menschen so ganz praktisch helfen, verändert sich ihre Haltung gegenüber Gott, ohne dass sie etwas dagegen tun können. Ich habe in diesen Jahren hunderte Male miterleben dürfen, dass Menschen wie Joe sich für Gott geöffnet haben.

Ich werde immer wieder gebeten, das Prinzip der dienenden Evangelisation auf einen kurzen Nenner zu bringen. Es gehört nicht zu meinen Stärken, Dinge kurz und prägnant auszudrücken. Aber in unserer Gemeinde verwenden wir die folgende Definition: *»Wir zeigen die Freundlichkeit Gottes, indem wir einen einfachen Dienst anbieten, ohne dafür eine Gegenleistung zu erwarten.«* Im Folgenden wollen wir diese Definition einmal Stück für Stück unter die Lupe nehmen.

Die Liebe Gottes sichtbar leben

Immer, wenn Menschen die Liebe Gottes praktisch erleben, berührt sie das in der Tiefe ihres Herzens. Ich habe keinen Zweifel daran, dass sie Gottes Gegenwart *fühlen* und dass sie zugleich *erkennen*, dass es ihn wirklich gibt, auch wenn sie meist gar nicht wissen, wie sie darauf reagieren sollen. Es scheint in manchen Fällen sogar vorzukommen, dass die Leute, denen wir praktisch dienen, eine akustische Wahrnehmung haben, von der wir glauben, dass sie von Gott kommt.

Jesus sagte: »Daran werden alle erkennen, daß ihr meine Jünger seid: wenn ihr einander liebt« (Joh 13,35). Dieser Vers wird oft als Aufruf zur Einheit unter Christen verstanden. Und zweifelsohne will Gott, dass wir unsere geistlichen Geschwister lieben. Aber diese Forderung Jesu geht viel weiter, als wir dies gewöhnlich wahrhaben wollen. Er forderte die Jünger auf, einander zu lieben, weil die anderen Menschen unwillkürlich merken, dass wir Nachfolger Jesu sind, wenn wir die Liebe Jesu für alle Menschen sichtbar leben.

Anderen Hilfe anbieten

Es liegt viel Kraft in dem einfachen Angebot, jemandem zu helfen. Eines Tages ging ein Team unserer Gemeinde durch ein Einkaufszentrum in Cincinnati und bot jedem Ladenbesitzer an, seine Toiletten zu reinigen. Jedesmal, wenn die Christen ihre Absicht erklärten, breitete sich eine auffallende Stille in dem Laden aus. Und das lag nicht nur daran, dass es einfach seltsam ist, wenn eine mit Eimern und Putzmitteln bewaffnete Truppe anrückt und nach den Toiletten fragt.

An einem bestimmten Sonntagmorgen war eine Kundin in der Nähe und hörte, wie das Team fragte, ob sie die Toiletten putzen dürften. Später fand die Frau heraus, dass einer der Ingenieure ihrer Firma auch in diese Gemeinde ging, aus der das Reinigungsteam stammte. Sie fragte ihn: »Was sind Sie denn für Christen, dass Sie die Toiletten putzen, um damit Gottes Liebe zu zeigen? Diese Art von Christentum interessiert mich.«

Meistens lösen unsere Einsätze viel mehr bei den Menschen aus, als wir jemals erfahren werden. Wenn wir Getränke verteilen, will nicht jeder Vorbeigehende etwas. Wenn zum Beispiel vier Freunde zusammen zu einem Fußballspiel gehen, nimmt vielleicht nur einer aus der Gruppe ein Getränk an. Aber im Weitergehen wird die ganze Gruppe die Karte [1] lesen und sich gegenseitig immer wieder die soeben erlebte Geschichte erzählen. Dabei merkt man ihnen an, dass sie zu gerne mehr über die Ursache dieser Aktion erfahren würden. In der vergangenen Woche haben wir etwa tausend Menschen mit irgendeinem dieser Projekte erreicht. Aber in Wirklichkeit haben noch viel mehr Menschen von dem gehört, was wir getan haben, vielleicht zwei- bis dreimal so viele. Weil das Angebot eines kostenlosen Dienstes so ungewöhnlich ist, neigen die Leute dazu, ihren Freunden von dieser Erfahrung zu erzählen.

Ein demütiger Dienst

Jesus kam als ein Knecht, um zu leiden und sich zu demütigen. Das Ziel der dienenden Evangelisation ist, das Reich Gottes sichtbar werden zu lassen, indem man mit der Einstellung Jesu auf Menschen zugeht. Gott wusste, dass Demut eine Eigenschaft ist, auf die wir Menschen immer reagieren. So hat er die Aufmerksamkeit der Menschen auf sich gelenkt. Wenn wir heute demütige Taten anbieten, wirken wir genauso auf die Welt. In den vergangenen Jahren entwickelte sich in unserer Gemeinde die Haltung: *Es ist für Christen normal, den Menschen zu dienen, die nicht zur Gemeinde gehören.* Wenn wir Jesus die Möglichkeit geben, andere Menschen durch uns zu lieben, wird uns dieser Dienst viel Freude bereiten.

Demut scheint eine Eigenschaft zu sein, auf die alle Menschen positiv reagieren. Nur langjährige Kirchenmitglieder scheinen da eine Ausnahme zu bilden. Auch Jesu einfache Herkunft war eine Provokation für die religiösen Leiter seiner Zeit. Sie hatten sich den Messias als strahlenden Herrn der Herren und König der Könige vorgestellt. Wenn Jesus zum zweiten Mal kommt, wird dies auch wirklich mit großer, sichtbarer Macht und Autorität sein. Aber sein erstes Kommen geschah in Demut. Und daran hat sich auch bis heute wenig geändert. Während viele von uns überall nach spektakulären Erfolgsmethoden suchen, um die Welt mit der Liebe Jesu in Berührung zu bringen, übersehen wir allzuoft die naheliegendste Methode: Wenn wir den Menschen mit demütiger Haltung dienen, werden sie auf uns aufmerksam und sind bereit, uns zuhören.

Keine Gegenleistung erwarten

Unsere Hilfe ist immer umsonst! Wenn Menschen uns eine Spende für unsere Arbeit anbieten, dann weisen wir diese grundsätzlich zurück. Würden wir Geld für unsere Dienste annehmen, dann wäre die Wirkung unseres Einsatzes sehr geschmälert. Nur eine Dienstleistung, die wirklich nichts kostet, spiegelt etwas von der Gnade Gottes wider, die wir weder bezahlen noch verdienen können.

Nur eine Dienstleistung, die wirklich nichts kostet, spiegelt etwas von der Gnade Gottes wider, die wir weder bezahlen noch verdienen können.

Im vergangenen Herbst ging eine kleine Gruppe regelmäßig samstagmorgens los, um Laub zusammenzufegen. Eine Dame freute sich besonders über diese Hilfe und sagte immer wieder: »Sie haben mir damit so viel Arbeit abgenommen!« Für sechs bis acht Leute ist es kein Problem, einen großen Rasen zu harken, aber sie allein hätte Stunden für die gleiche Arbeit benötigt.

Als das Team fertig war und gehen wollte, stellte die Dame einen Scheck aus. Wir hatten schon zu Beginn gesagt, dass wir diese Arbeit kostenlos tun würden, aber das schien sie nicht verstanden zu haben. Während wir unsere Harken und Tüten auf die Ladefläche des kleinen Transporters packten, versuchte sie unentwegt, den Scheck in unsere

Taschen zu stopfen. Es war eine komische Situation, die ein bisschen an einen Dick- und Doof-Film erinnerte. Wir fuhren bereits los, da winkte sie immer noch mit dem Scheck, den sie nicht losgeworden war. Etwa eine Woche später war der Scheck dann doch bei uns. Die Dame hatte ihn per Post geschickt und dazu geschrieben: »Ich habe Ihnen doch gesagt, dass ich für Ihre Arbeit bezahlen will. Bitte gebrauchen Sie das Geld, wie Sie wollen.« Den Brief bewahrten wir zur Erinnerung auf und das Geld gaben wir der Gemeinde, um damit die Bedürftigen zu unterstützen.

Wie funktioniert dienende Evangelisation?

Bei einer Konferenz zum Thema »Evangelisation« in Houston/Texas konnte ich miterleben, wie effektiv dienende Evangelisation wirklich ist. Jeder Sprecher stellte eine andere Art der Evangelisation vor. Ich war einer von ihnen und berichtete, wie wir die Liebe Gottes den Menschen außerhalb unserer Gemeinde mit einfachen Mitteln nahe bringen können. Bei einem meiner Freunde, der Pastor ist und auch dort auf der Konferenz sprach, ist die Fähigkeit, mit anderen über Gott zu sprechen, besonders ausgeprägt. Er erklärte uns, wie man im Rahmen von Freundschaften, durch Gebet für Kranke und durch Straßeneinsätze Menschen mit Jesus bekannt machen kann. Er vertritt die Überzeugung, dass es für jeden Christen die geeignete Methode gibt. So verbrachten wir einige Tage damit, über Evangelisation zu reden. Schließlich, am letzten Tag, wollten wir endlich praktisch tätig werden.

Für die ganz schüchternen Konferenzteilnehmer boten wir Aktionen an wie z. B. gratis Autowaschen, kostenloses Windschutzscheiben-Reinigen sowie Verteilen von Lebensmittelgeschenken an ledige Mütter. Den etwas Kühneren schlugen wir die klassischen Wege vor, zum Beispiel von Tür zu Tür zu gehen, Umfragen zu machen und in einem nahe gelegenen Park, in dem immer viele Jogger unterwegs sind, zu predigen. Doch die Aktion im Park erwies sich als Flop, denn leider wollten die Läufer im Park unseren Predigten nicht zuhören. Und es kam noch schlimmer. Dieses Team war noch nicht lange dort, als die Polizei erschien und sich für unsere Genehmigung interessierte. Wir hatten aber keine Genehmigung eingeholt. So forderte uns die Polizei auf, die Versammlung aufzulösen. Das Team war enttäuscht. Doch später gaben einige auch zu, dass sie eigentlich ganz erleichtert waren, um diesen Einsatz herumgekommen zu sein. »Jedenfalls muss ich jetzt nicht mehr mit wildfremden Menschen reden«, gaben einige ihre Erleichterung zu.

Als sich die Gruppe gerade auflösen wollte, erklärte eine Frau, dass sie eine Idee hätte. Sie sprang ins Auto und fuhr davon. Zehn Minuten später kam sie mit einem Stapel von Kartons voller Eis am Stiel zurück. Begeistert erklärte sie: »Mir kam der Gedanke, dass es wahrscheinlich nicht verboten ist, Eis zu verschenken, selbst wenn man keine Erlaubnis hat.« Und das Team fand schnell heraus, dass die Jogger, die keine Lust hatten, wegen einem predigenden Fremden stehenzubleiben, sehr wohl mit einem Fremden ins Gespräch kommen wollten, der ihnen eine solche Erfrischung anbot.

Innerhalb von zwanzig Minuten war das Eis weg, woraufhin einige Läufer, ohne viele Worte zu verlieren, weiterrannten. Aber andere waren neugieriger: »Warum sind Sie so freundlich zu mir? Ich kenne Sie doch überhaupt nicht.«

»Was für eine Art von Christen sind Sie?«

Diese Fragen waren leicht zu beantworten. Die Christen, die sich eben noch mit Predigen abgemüht hatten, waren ganz begeistert, dass ihnen die Jogger jetzt Fragen stellten. Einer der Passanten nahm sein Eis, während in seinem Gesicht dieses große Fragezeichen stand: »Warum tun Sie das?« Jemand erklärte ihm, dass man ihm auf diese Weise praktisch zeigen wolle, dass Gott ihn liebe. Daraufhin erzählte der Mann diesem Christen, den er zum ersten Mal sah, seine ganze Lebensgeschichte.

Diese Begebenheit, bei der aus Predigern Eisverteiler wurden, zeigt etwas, das ich oft beobachten konnte: *Dienende Evangelisation funktioniert!* Die Menschen, die unseren Dienst entgegennehmen, haben danach ihre Einstellung zum Christentum geändert. Mit großer Regelmäßigkeit lassen sie sich auf tiefer gehende Gespräche über Jesus ein. Und die Christen, die sich für diese Art der Evangelisation zur Verfügung stellen, fühlen sich nicht, als hätte man sie gerade durch einen Fleischwolf gedreht.

Dienende Evangelisation ist nur eine Methode unter vielen; sie ist nicht in jeder Situation angebracht. Wie auch jedes andere Evangelisieren bringt sie nur dann etwas, wenn der Heilige Geist die Situation vorbereitet hat und alles leitet. Der Heilige Geist ist der eigentliche Evangelist. Die Wirksamkeit der dienenden Evangelisation hängt darüber hinaus von den kulturellen Gegebenheiten ab und es kann sein, dass sie eines Tages nicht mehr wirksam sein wird.

Aber in Gesellschaften, in denen man schon zu viel von Gott *gehört*, aber noch nicht sehr viel von ihm *gesehen* hat, einer Gesellschaft, in der andere Formen der Evangelisation nur auf Ablehnung und Widerstand stoßen, da kann die dienende Haltung der Christen ein guter Weg sein, den Menschen die Liebe Gottes zu zeigen. In Cincinnati haben wir festgestellt, wie wichtig es ist, dass Evangelisation die richtigen Worte gebraucht, dennoch aber von den richtigen Taten *begleitet* werden muss. Die folgende Gleichung erklärt die Vorgehensweise dienender Evangelisation.

Dienende Evangelisation =
liebevolle Taten + liebevolle Worte + richtiger Zeitpunkt

Aus dieser Gleichung wird ersichtlich, dass den Menschen durch die freundlichen Taten zuerst ein positives Erlebnis mit der Liebe Gottes vermittelt wird, bevor die Worte dann zu einem Verständnis dieser Liebe beitragen können. Auch in der Bibel finden wir diese Reihenfolge wieder. Zuerst tut Gott etwas Gutes und erst später, manchmal sogar erst Jahre später, verstehen die Menschen, *was* er eigentlich getan hat. Die Jünger Jesu haben ihn und sein Handeln drei Jahre lang erlebt und danach über Jahrzehnte versucht, alles Gesehene zu verstehen und zu beschreiben. Paulus berichtet im zweiten Kapitel der Apostelgeschichte, wie die Jünger das Kommen des Heiligen Geistes hautnah erlebten. Dennoch haben sie in Briefen jahrelang diese Erfahrung geschildert, erklärt und weitergegeben.

Liebevolle Taten

Die Liebe Gottes muss *von Mensch zu Mensch* weitergegeben werden, nicht nur von einem Buch zu einem Menschen. Wenn die schriftliche Information über die Liebe Gottes ausreichen würde, dann könnten wir einfach unsere Städte mit evangelistischen Traktaten überziehen und uns entspannt zurücklehnen, weil wir dann alles getan hätten. Mit liebevollen Taten bekommen wir Zugang zu den Herzen der Menschen, denen wir dienen. Obwohl es die wenigsten bewusst wahrnehmen, öffnen sie uns *und* dem Gott, in dessen Namen wir zu ihnen kommen, ihre sonst so verschlossenen Türen. Liebevolle Taten allein reichen sicherlich nicht aus, um Menschen für Jesus zu gewinnen, aber sie schaffen offene Kanäle, über die dann die gesprochene Botschaft die Herzen erreichen kann.

Liebevolle Worte

Mit liebevollen Taten erreichen wir die Herzen der Menschen direkt und oft beginnen sie dann von selbst, uns Fragen zu stellen. Anstatt den Menschen, die sich nicht dafür interessieren, das Evangeliums aufzuzwingen, werden diese oft neugierig. Nach unserem praktischen Dienst haben wir es dann oft mit Menschen zu tun, die aus eigenem Antrieb etwas über uns und unseren Gott wissen wollen. Dann können wir ihnen von Jesus erzählen und so den Boden bereiten, ohne ihnen etwas aufgedrängt zu haben, denn eines sollten wir immer bedenken: Wenn *wir* ihnen nicht von Gott erzählen, wird es vielleicht niemand tun!

Wenn wir uns mit den Menschen unterhalten, sollten wir bei jedem Einzelnen darauf achten, wie viel er aufnehmen kann und will, und wir müssen ihm die Liebe Gottes individuell nahe bringen. Dies ist der verstandesmäßige, bewusste Teil unserer Evangelisation. Wenn wir nach unserem Handeln auf die erklärenden Worte verzichten, also nicht mit den Menschen ins Gespräch kommen, werden diese lediglich denken, dass wir nette Leute sind, aber sie werden deshalb noch lange nicht zu der Erkenntnis kommen, dass Gott sie liebt!

Der richtige Zeitpunkt

Wir müssen den liebevollen Taten und den erklärenden Worten auch die Zeit geben, ihre Wirkung zu entfalten. Wenn wir dem Heiligen Geist gestatten, sein Werk auf seine Art und Weise und zu seiner Zeit zu tun, dann dürfen wir nicht immer unmittelbare Resultate erwarten. Wir wissen, dass Gott keines seiner Worte leer zurückkommen lassen wird (vgl. Jes 55,11), aber im Allgemeinen arbeitet Gott über einen längeren Zeitraum an einer Person, bevor sich diese endgültig entscheidet. Wenn wir dem Samen der Liebe, den wir ausstreuen, auch die Zeit geben, zu keimen und Wurzeln zu schlagen, dann richten wir unsere Erfolgserwartung auf den Heiligen Geist, der als Einziger etwas bewirken kann.

Vielleicht fragen wir: »Wie lange dauert es, bis jemand zum Glauben an Jesus Christus kommt?« Darauf gibt es nur die eine Antwort: »Jeder Mensch hat seinen eigenen Zeitplan.« Als ich noch die Bibelschule in Los Angeles besuchte, ging ich eines Tages durch den Stadtpark und sah einen jungen Mexikaner, der offensichtlich Mitglied einer Straßengang war. Ich fühlte, dass der Heilige Geist zu mir sagte: »Wenn du diesen Mann fragst, ob er an Jesus glauben will, wird er Ja sagen.« Es war wirklich nicht einfach. Ich musste erst noch in meinem Inneren einen kleinen Kampf gegen Argumente wie: »Du musst dich wirklich verhört haben. Dieser Typ ist ein Bandenmitglied!« austragen. Doch dann entschloss ich mich, es darauf ankommen zu lassen, und sprach den jungen Mann an. Zufällig hatte ich die spanische Ausgabe eines evangelistischen Heftes in meinem Neuen Testament liegen. Wir redeten etwa eine Viertelstunde und zu meiner größten Überraschung betete dann dieser gefährlich aussehende Typ mit mir zusammen und lud Jesus als seinen Herrn und Erlöser in sein Leben ein!

Diese schnelle Entscheidung des Mexikaners ist eher eine Ausnahme, und nicht die Regel. Als ich noch nicht lange Christ war und mit Menschen redete, die sich nicht sofort zum Glauben an Jesus entschließen konnten, gab es für mich nur eine Methode, um sie zur Entscheidung zu zwingen: Ich übte mehr Druck auf sie aus. Dieses Vorgehen ist bei vielen Sekten üblich und wird als »Liebes-Bombardement« bezeichnet. Den potenziellen neuen Sektenmitgliedern wird über einen gewissen Zeitraum von etwa vier bis sechs Wochen sehr viel Aufmerksamkeit gewidmet. Man glaubt, ihnen damit Liebe zu zeigen. Aber es ist meist keine echte Liebe, sondern vielmehr eine Verkaufsmethode, um die Neuen zum Beitritt zu überreden. Wenn sich jemand aber über eine längere Zeit hinweg als hartnäckig erweist, wird er schließlich völlig fallen gelassen.

Für Gott ist jede Person, ohne Ausnahme, besonders kostbar. Unser Auftrag, die Gute Nachricht von Jesus zu verbreiten, bedeutet also auch, dass wir jeden Einzelnen so lange liebevoll begleiten, bis er den Glauben an Jesus gefunden hat – oder auch vielleicht nicht. Es darf dabei für uns keine Rolle spielen, wie lange das dauern mag. Wenn wir dem Heiligen Geist nicht genügend Zeit geben, an den Herzen zu arbeiten, dann verhindern wir, dass die Saat, die wir aussäen, von ihm zum Wachsen gebracht werden kann. Unsere Aufgabe ist es, den Menschen die Liebe Gottes mit viel Gnade zu bringen. Denn Gott ist voller Gnade für jeden Einzelnen.

Warum ist dienende Evangelisation so wirksam?

Ich bin davon überzeugt, dass dienende Evangelisation deshalb heute so wirksam ist, weil sie einige Faktoren berücksichtigt, die in unserer Gesellschaft entscheidend sind für den Erfolg oder Misserfolg von Evangelisation. Im Folgenden möchte ich diese Faktoren einzeln beleuchten.

Das Evangelium lässt sich nicht im »Hauruck-Verfahren« vermitteln

Amerikanische Christen neigen dazu, Evangelisation als eine einmalige Aktion zu verstehen. »Jetzt oder nie!«, und dann schießen sie die geballte Evangeliumsladung auf ihre Zuhörer, mit der Erwartung, diesen nie wieder zu begegnen. Aber wenn wir unseren Nachbarn Jesus nahe bringen wollen, dann handelt es sich um einen längeren *Prozess*, nicht um ein einmaliges *Projekt*. Wie jeder einzelne Mensch auf dieser Erde war auch jeder einzelne dieser Jogger im Stadtpark von Houston auf seinem eigenen Weg *hin* zu Gott oder auch *weg* von Gott. Einige standen bereits in einer freundschaftlichen Beziehung zu ihm, andere entsprachen eher entfremdeten Kindern und einige von ihnen waren vielleicht schon seit einiger Zeit dabei, ihn immer besser kennen zu lernen.

In seinem Brief an die Gemeinde in Korinth erklärte Paulus: »Ich habe gepflanzt, Apollos hat begossen, Gott aber ließ wachsen« (1 Kor 3,6). Mit diesen Worten verdeutlicht Paulus, dass Evangelisation ein Prozess ist, eine geistliche Entwicklung, die jeder Mensch durchläuft.

Amerikanische Christen neigen dazu, Evangelisation als eine einmalige Aktion zu verstehen. »Jetzt oder nie!«, und dann schießen sie die geballte Evangeliumsladung auf ihre Zuhörer, mit der Erwartung, diesen nie wieder zu begegnen.

Paulus sieht Evangelisation aus einer ganz anderen Perspektive, als wir dies häufig tun. In unserem Leistungsdenken reden wir viel zu oft von der »Ernte« und verlieren manchmal dabei das Säen, Gießen und Wachsen aus den Augen.

Ein Herz, das sich lange Zeit gegen Gottes Liebe verschlossen hat, wird sich normalerweise nicht über Nacht öffnen. Dr. Paul Benjamin hat in den frühen siebziger Jahren Hunderte von Menschen befragt, die zum Glauben an Jesus gefunden hatten. Dabei entdeckte er ein allgemein verbreitetes Muster. Seine Ergebnisse fasst er in dem Buch *The Equipping Ministry* (»Der ausgerüstete Dienst«) zusammen.[2] Er beschreibt, dass jeder Mensch im Durchschnitt fünfmal mit dem Evangelium konfrontiert wurde, bevor er Christ wird. Dabei definiert Dr. Benjamin eine »Konfrontation« als ein Ereignis, bei welchem die Person das Evangelium tatsächlich hört und die Liebe Gottes bewusst wahrnimmt. Wenn wir diese Analyse betrachten, wird deutlich, dass es ein wichtiger Unterschied ist, ob man nur seine Botschaft irgendwo los wird oder ob sie einen bleibenden Einfluss auf den Menschen hat, mit dem man zusammentrifft.

Ich kann mich selbst an mindestens fünf Ereignisse erinnern, die dazu beitrugen, dass ich mich letztlich zum Glauben an Jesus entschied. Es begann damit, dass mir jemand nach einem Rockkonzert der *Doobie Brothers* ein Heftchen gab, das von der Liebe Gottes handelte. Obwohl das Heft nicht sehr gut aufgemacht war, hat Gott es doch benutzt, um meine Aufmerksamkeit auf sich zu lenken. Nicht lange Zeit danach kam ich zum zweiten Mal mit dem Christentum in Kontakt. Im

Schaufenster eines Friseurladens entdeckte ich ein Poster, auf dem der Friseur zwei Fotos von sich ausstellte, einmal »vorher« und einmal »nachher«, und dazu hatte er geschrieben, dass sich sein Leben durch Jesus verändert habe. Zum dritten Mal kam ich mit dem Thema in Berührung, als ich die *Times* las, in der über die Bewegung der *Jesus-People* in Südkalifornien berichtet wurde.

Meine vierte Begegnung mit Gott hatte ich während meiner Highschool-Zeit. Damals wäre ich beinahe in Arizona in einem See ertrunken. Ich hatte früher schon gehört, dass Menschen, bevor sie ertrinken, noch einmal ihr ganzes Leben wie in einen Film vor ihrem inneren Auge ablaufen sehen. Diese Erfahrung machte auch ich. Sie war so erschreckend für mich, dass ich begann, mich mit Themen wie »Was ist Leben?«, »Was bedeutet der Tod?«, »Gibt es Ewigkeit?« und »Was ist mit Gott?« zu beschäftigen. Kurze Zeit, nachdem ich angefangen hatte, mich mit diesen Fragen auseinanderzusetzen, traf ich ein paar Christen, die mir ihre eigenen Geschichten erzählten, wie sie zu Jesus gefunden hatten. Nach diesem fünften Ereignis dauerte es nur noch kurze Zeit, bis ich selbst Jesus in mein Leben einlud.

Meine eigene Erfahrung bestärkt mich in meiner Überzeugung, dass das Wichtigste bei der Weitergabe des Evangeliums das Säen und Gießen der Saat durch einfache, liebevolle Taten ist. Wir müssen uns darauf einstellen, erst zu pflanzen und zu gießen, bevor wir eine Ernte erwarten können.

Gottes Liebe wird meines Erachtens zunächst in neunzig Prozent der Fälle unbewusst erfahren. Der Heilige Geist arbeitet in der Tiefe des menschlichen Herzens, wenn er eine Person zu Jesus zieht. In diesem Prozess ist es viel wichtiger, Liebe weiterzugeben, als Informationen zu übermitteln. Unsere Samen der Liebe werden meist zu einer Zeit in die Herzen gepflanzt, in der die Person noch keine Vorstellung von dem hat, was Jesus von ihr möchte und ihr bietet. Der Heilige Geist arbeitet meist schon eifrig in einem menschlichen Herzen, während diese Person nach lange nicht in Worte fassen kann, was in ihr geschieht.

Jeder kann einfache, freundliche Gesten zeigen

Für viele Christen ist Evangelisation wie der Besuch beim Zahnarzt. Niemand tut es gern, aber von Zeit zu Zeit muss es eben sein. Und so wird »Gott gehorchen« dann oft gleichgesetzt mit etwas, das man verabscheut, das unnatürlich ist und dem eigenen Wesen zuwiderläuft. Christsein ist ja schließlich gleichbedeutend mit »Opfer bringen«! Oder mit anderen Worten: »Wenn für mich Predigen auf der Straße das Schlimmste ist, das ich mir vorstellen kann, dann will Gott bestimmt, dass ich genau das tue!«

> *Für viele Christen ist Evangelisation wie der Besuch beim Zahnarzt. Niemand tut es gern, aber von Zeit zu Zeit muss es eben sein.*

Einige der Konferenzbesucher, die sich dem Team angeschlossen hatten, das im Park predigen sollte, gaben später zu, dass sie nur mitgegangen seien, weil sie »Gott gehorchen« wollten. Und als sie dann nicht mehr predigen durften, sondern nur noch Erfrischungen anboten, waren sie allesamt erleichtert. Denn das war etwas, das ihnen leicht fiel. Bei dieser Aufgabe konnte man eigentlich nichts falsch machen. Das Schlimmste, was passieren könnte, wäre, dass das Eis in den Händen schmilzt, weil zu wenig Leute vorbeikommen, denen man ein Eis geben kann.

Ich habe oft beobachtet, dass die meisten Christen viel lieber etwas für andere tun wollen, als nur mit ihnen zu reden. Wissenschaftliche Untersuchungen haben festgestellt, dass sich US-Bürger vor allem davor fürchten, mit Fremden sprechen zu müssen. Doch wenn wir von ihnen erwarten, genau das zu tun, wovor sie am meisten Angst haben, dann ist es nicht verwunderlich, dass so viele Christen sich vor dem Evangelisieren drücken wollen!

Andererseits ist selbst der Schüchternste im Reich Gottes meist leicht dafür zu gewinnen, irgendwo praktisch zu helfen. Ich glaube, die meisten von uns haben Hemmungen, Fremde auf Jesus anzusprechen. Wir müssen »natürliche« Wege finden, mit Menschen in Kontakt zu kommen, bei denen auch der ganz scheue Christ weiß, dass nichts schief gehen kann. Zu einem solchen Einsatz kann man dann auch die Ängstlichen leicht motivieren.

Dienende Evangelisation ist ein Wagnis mit geringem Risiko. Man braucht keine besondere Begabung, kein Geld, nicht einmal viel Mut und man kann doch viele Menschen beeinflussen. Jahrelang haben wir nach Möglichkeiten gesucht, wie wir die Kunden in den Bäckereien erreichen können, denn dort treffen sich am Samstagmorgen viele Amerikaner, um sich gemütlich zu unterhalten. Im Winter bieten wir nun in unserer Gemeinde regelmäßig frisch gebrühten Kaffee an. Bei einem solchen Einsatz nehmen alle Gemeindemitglieder gern teil. Denn über eine Tasse Kaffee freut sich jeder!

Es ist ein Zeichen der Gnade Gottes, wenn wir liebevolle Taten tun

Ich bin sicher, dass Gott, wenn wir losgehen, um unsere freundlichen Dienste anzubieten, diese Gelegenheit nutzen wird, um unseren Einsatz zu belohnen. Oft ist seine Gegenwart deutlich spürbar. Immer wieder durften wir miterleben, wie Gott unsere einfachen Gesten in einen geistlichen Samen verwandelte, der einen bleibenden Eindruck bei den Menschen hinterließ, in deren Herz der Heilige Geist ihn pflanzte. Denn wir sollten es uns immer bewusst sein, dass wir nicht aus unserer eigenen Kraft Erfolg haben, sondern nur mit der Unterstützung Gottes!

Zu Weihnachten haben wir Stände in den verschiedenen Einkaufszentren, an denen wir kostenlos Geschenke einpacken. Viele unserer Kunden sind sehr überrascht, wenn wir ihnen erklären, dass wir kein Geld dafür nehmen. Sie haben noch nie etwas umsonst bekommen. Eines Nachmittags standen wieder einige Christen an dem Stand und packten Geschenke ein, als eine Frau herantrat, die einiges gekauft hatte, was sie gern verpackt haben wollte. Während die Christen sich an die Arbeit machten, erklärten sie der Frau, dass sie mit diesem Service die Liebe Gottes zeigen wollten. Daraufhin erkundigte sich die Frau, ob sie etwa auch an »Heilungsgebet« glauben würden. Als die Christen bejahten, fragte die Frau, ob sie nicht für ihren Rücken beten könnten. Die Frau erklärte, dass sie von Beruf Stewardess sei, sich aber schon seit einigen Wochen krankschreiben lassen musste, da sie so starke Rückenbeschwerden hatte. Während sich die Menschen durch das Einkaufszentrum und an dem Stand vorbei drängten, beteten die Christen ein schlichtes Gebet um Heilung für die Frau. Einige Augenblicke später stellte diese mit etwas irritiertem Gesichtsausdruck fest, dass ihr Rücken in dem Bereich, in dem zuvor die Schmerzen gewesen waren, völlig gefühllos war. Und dann waren die Schmerzen vollständig verschwunden!

Manchmal wird die Gnade Gottes so deutlich wirksam wie bei dieser Stewardess. Dann wieder ist seine Gegenwart mehr unterschwellig vorhanden, wie bei der Begegnung mit den Joggern im Park. Doch immer, wenn wir auf Menschen zugehen und uns auf das einlassen, was der andere braucht, ist der Heilige Geist dabei und hat eine Möglichkeit, durch uns diese Menschen zu erreichen. Und statt das Evangelium jemandem mit Gewalt »überzustülpen«, beantworten wir nur die Fragen, die an uns gerichtet werden.

Wenn wir die Menschen so annehmen, wie sie sind, öffnen sie sich auch für unsere Botschaft

Wahrscheinlich haben einige der Jogger die predigenden Christen als arrogant, selbstgerecht und richtend empfunden, die andere unter Druck setzen wollen und kein Verständnis für Andersdenkende haben. Wenn wir unsere Argumentation mit dem Satz: »Die Bibel sagt ...« beginnen, dann richtet sich die Aufmerksamkeit der Leute nicht unbedingt sofort auf uns. Für sie hat die Bibel oft keinen hohen Stellenwert, sie hören eher weg, als dass es sie interessieren würde, was die Bibel sagt.

Über Jahrhunderte hinweg haben sich Vorurteile und Meinungen über Christen gebildet, und zwar abhängig von der Kultur, in der man sich befindet. Es gab Zeiten, da erkannte man Christen an ihrer Haarlänge oder auch daran, dass sie keine Haare hatten, ein Kreuz um den Hals trugen, an besonders schlichter oder an ausschließlich dunkler Kleidung. Sie waren dafür bekannt, dass sie gegen das Fernsehen waren oder bestimmte Dinge nicht aßen. Dies sind alles kulturabhängige Merkmale, mit denen die Christen der jeweiligen Generation ihren Glauben zeigten.

Doch der Bibel zufolge gibt es nur ein einziges Merkmal, das uns in allen Kulturen und zu allen Zeiten als Nachfolger Jesu ausweist. Die

Welt, in der wir leben, erkennt uns an der Eigenschaft, von der auch Jesus bereits zu seinen Jüngern sprach: »Daran werden alle erkennen, daß ihr meine Jünger seid: wenn ihr einander liebt« (Joh 13,35). Wenn wir unsere Gesellschaft dauerhaft beeinflussen wollen, dann muss diese Liebe aus unseren Kirchengebäuden heraussprudeln und sichtbar in unsere Umgebung fließen. Es bestätigt sich immer wieder, dass die Menschen schnell vergessen, was man ihnen über die Liebe Gottes sagt, aber sie erinnern sich immer daran, wenn sie diese Liebe einmal erleben konnten.

Es bestätigt sich immer wieder, dass die Menschen schnell vergessen, was man ihnen von der Liebe Gottes sagt, aber sie erinnern sich immer daran, wenn sie diese Liebe einmal erleben konnten.

Bevor wir einen Menschen lieben können, müssen wir ihn annehmen, und zwar so, wie er ist. Einige Jugendliche aus unserer Gemeinde gehen schon seit Jahren in eine Diskothek in der Altstadt von Cincinnati, in der sie den Kontakt mit den Stammgästen pflegen. Die regelmäßigen Besucher dieser Disco sehen ziemlich furchterregend aus, sind kahlrasiert, tätowiert und tragen überwiegend schwarzes Leder. Einer dieser Typen heißt Paul. Ihn faszinierte es, dass die Christen ihm regelmäßig umsonst seine schwarzen Springerstiefel auf Hochglanz polierten und immer dazu sagten, dass Gott ihm auf diese Weise seine Liebe zeigen wolle. Er begann, sich für diese jungen Christen zu interessieren, redete mit ihnen und besuchte schließlich auch den Gottesdienst unserer Gemeinde.

Als diese Christen Paul zum ersten Mal trafen, hatten sie keine Ahnung davon, dass er gerade wegen eines schweren Verbrechens verurteilt worden war und in wenigen Wochen eine vierjährige Haftstrafe antreten würde. Im Laufe der Zeit wurde Paul durch das Verhalten dieser Christen nachdenklich. Er hatte den Eindruck, als sei er hier wirklicher Liebe begegnet, denn diese jungen Leute schienen ihn genauso zu lieben, wie sie sich gegenseitig liebten, obwohl er doch gar nicht zu ihnen gehörte. Dieses Samenkorn der Freundlichkeit, das in Pauls Herz gelegt wurde, als jemand ihm kostenlos die Stiefel polierte, ging nach einigen Wochen in der Haft auf. Und im Gefängnis lud er Jesus als seinen Herrn und Erlöser in sein Leben ein. Es war wichtig, dass jemand ihm von der Liebe Gottes erzählt hatte, aber das Entscheidende war, dass er erleben konnte, wie er akzeptiert und geliebt wurde. Das machte für ihn die Liebe Gottes real.

Evangelisation muss glaubwürdig sein

Wir leben in einer Zeit, in der die Kirche viel an Glaubwürdigkeit eingebüßt hat. Wenn wir an die Öffentlichkeit treten, um den Kirchendistanzierten die Gute Nachricht von Jesus zu erzählen, dann befinden wir uns bereits in einer ungünstigen Position. Billy Graham berichtet von einer Demonstration gegen den Vietnamkrieg vor etlichen Jahren, bei der er einen Studenten beobachtete, der ein Schild trug mit dem Slogan: »›Ja‹ zu Jesus, ›Nein‹ zur Kirche«. Diese Aussage hält Billy Graham für die Zusammenfassung der öffentlichen Meinung über die Kirche. Bis heute herrscht diese Sichtweise bei vielen Menschen überall in den Vereinigten Staaten und wahrscheinlich auch auf der ganzen Welt vor.

In den Medien werden moralische und finanzielle Skandale von christlichen Leitern immer wieder als Aufreißer und Leitartikel verwendet. Viele kirchendistanzierte Menschen haben dadurch ihr Vertrauen in die Christen verloren und sehen keinen Grund, ihnen noch zuzuhören. Bevor wir einer verletzten Welt von Gottes Liebe erzählen, müssen wir zuerst bereit sein, uns mit dem Herzen eines Dieners und mit allen Mitteln auf das einzulassen, was unsere Gesellschaft braucht. Wir benötigen die Ausgewogenheit zwischen unserem *Reden* und unserem *Handeln*, zwischen dem *Wort Gottes* und den *Werken Gottes*, nur dann können wir mit der Aufmerksamkeit der Welt rechnen.

Bei unseren Bemühungen, das Evangelium weiterzugeben, haben wir oft viele Worte gemacht, aber wenig davon vorgelebt. John Wimber betont diesen wichtigen Aspekt in seinem Buch »Vollmächtige Evangelisation«, in dem er beschreibt, dass Jesus zwar auch lehrte, aber »die Werke des Vaters vollbrachte«.[3] Wir sollten zu Wort-Tätern werden, ermutigt uns John Wimber schließlich.

Auch Mutter Teresa äußert sich in aller Deutlichkeit zu diesem Thema: »Wahre Liebestaten kommen vor Gottes Thron und sind eine Form wahrer Anbetung.« Wir reden nicht nur über das Evangelium, wir bringen es zu den Menschen. Aufgrund von Erfahrungen erwartet unsere Gesellschaft, dass sie von enthusiastischen Christen »angepredigt« wird. Die Menschen sind fast schon schockiert, wenn wir dieser Erwartung nicht entsprechen, sondern stattdessen einfache, praktische Dinge tun und damit der Liebe Gottes zu den Menschen Ausdruck verleihen.

Die Leute fragen uns oft: »Warum tun Sie das denn nun wirklich? Sie wollen mich doch sicher in Ihre Kirche locken, oder?« Unsere typische Antwort darauf klingt ungefähr so: »Natürlich sind Sie herzlich willkommen in unserer Kirche, aber in erster Linie stehen wir heute hier, weil Jesus, als er auf der Erde lebte, sich genau so verhalten hat. Wenn Jesus heute in Cincinnati spazieren ginge, würde er die Liebe des Vaters auf ganz praktische Weise an die Menschen hier weitergeben. Heute würde er nicht die Füße der Leute waschen, sondern ihre Autos. Früher gingen die Menschen zu Fuß und bekamen davon schmutzige Füße, doch heute fahren wir mit dem Wagen und haben entsprechend schmutzige Autos.«

Positive Erfahrungen mit der Liebe Gottes machen einen Menschen offen für die Predigt der Liebe Gottes

Eine Gruppe von Christen fuhr nach Barcelona, um bei der Sommerolympiade unter den vielen Menschen, die aus so vielen Ländern stammten, zu evangelisieren. Leider wurden sie von den Verantwortlichen sehr kühl empfangen und es wurde ihnen mitgeteilt, dass jede Form von Evangelisation ausdrücklich verboten sei. Anstatt darüber verärgert zu sein oder zu protestieren, übernahmen diese Christen jede praktische Arbeit, die ihnen begegnete. Sie begannen, den Müll auf den Straßen einzusammeln, die Mülleimer zu leeren – einfach alles zu tun, was rund um das Gelände der Olympischen Spiele getan werden konnte.

Nachdem die Verantwortlichen diesen Aktionen der Christen zugesehen hatten, riefen sie sie zu sich. Sie gaben zu, dass sie von ihrer Haltung sehr beeindruckt waren, und fragten die Christen: »Welche Art von Evangelisation hätten Sie denn gern durchgeführt, wenn es erlaubt gewesen wäre?« Die Leiter dieser christlichen Gruppe erklärten, was sie sich vorgenommen hatten, und sie erhielten die Erlaubnis, alles zu tun, was sie wollten. Sie sollten nur immer mit den Organisatoren der Olympiade absprechen, was sie jeweils vorhatten. Welch eine dramatische Wende und dies war alles nur möglich geworden, weil die Christen bereit waren, zuerst die Botschaft von Jesus zu leben, bevor sie darüber reden durften.

Wer beantwortet Gottes Post? Die Erlebnisse von Joe und Jared machen deutlich, dass Gott uns dabei miteinbeziehen möchte, seine Post zu beantworten. Gott antwortet persönlich auf seine Post, aber er tut es durch Menschen wie Sie und mich; Menschen, die bereit sind, aufmerksam auf andere zuzugehen und diesen die Liebe Gottes praktisch zu zeigen. Ich betrachte mich heute als eine Person, die Gottes Post austrägt. Sie und ich sind aufgerufen, bei Gottes »Verschwörung« mitzumachen, die Faszination der Freundlichkeit zu entdecken, die auf das Herz jedes heute lebenden Menschen zielt. Wir bekommen durch eine liebevolle Tat am schnellsten Zugang zu den Herzen der Menschen. Im folgenden Kapitel wollen wir uns mit einigen Barrieren beschäftigen, die es uns erschweren, an dieser »Verschwörung« teilzunehmen.

Kapitel 2

Das unangenehme Wort mit »E«

*»Wenn sich ein Herz öffnet,
kann man das ganze Universum darin finden.«
Joanna Macy*

Sprache ist lebendig und verändert sich ständig. So werden bestimmte Worte durch bestimmte Ereignisse mit Emotionen befrachtet, durch welche die Bedeutung und der Gebrauch der Worte verändert werden kann. Es ist wichtig, dass wir darauf achten, wie ein Wort sich in seiner Definition verändert hat. Zum Beispiel hat das Wort »Gebet« für viele Christen eine negative Färbung bekommen. Es löst bei ihnen Versagensängste aus und weckt Erinnerungen an unerfüllte Vorsätze. Fast jeder Christ, den ich kenne, hat Mühe, ein wirklich gutes Gebetsleben zu führen. Aber obwohl oder gerade *weil* wir selbst Jahre in dem Bereich gekämpft und versagt haben, gehen wir davon aus, dass alle anderen Christen keine Probleme mit ihrem Gebetsleben haben. So kommt es, dass die bloße Erwähnung des Wortes »Gebet« sehr bald schon ein starkes Schuldgefühl in uns weckt.

Ein anderes Wort, das ähnlich negativ wirkt, ist »Evangelisation«. Auch dieses Wort ist für viele Christen mit Schuldgefühlen verknüpft. Die meisten von uns fühlen sich als Versager, wenn sie an die wenigen, erfolglosen Versuche denken, als sie sich mit Fremden über Jesus unterhalten wollten. Es gibt nur einzelne, evangelistisch begabte Christen, denen es nicht so geht. Evangelisation ist für viele von uns ein negativ besetztes Wort geworden, aber so sollte es eigentlich nicht sein. Im Laufe der Zeit haben wir offensichtlich vergessen, was es wirklich heißt, die Vertreter Jesu in einer feindlichen Umwelt zu sein.

> *Die meisten von uns fühlen sich als Versager, wenn sie an die wenigen, erfolglosen Versuche denken, als sie sich mit Fremden über Jesus unterhalten wollten. Es gibt nur einzelne, evangelistisch begabte Christen, denen es nicht so geht.*

Evangelisation heißt, die Gute Nachricht zu verbreiten, dass Gott die Menschen liebt. Was diesen Kern der Sache angeht, sind wir uns alle einig. Aber bei der Frage, wie man diese Nachricht in die Welt tragen kann, weichen die Ansichten sehr voneinander ab. Als ich ein junger Christ war, nahm ich alles auf, was sich mir an Information zu diesem Thema anbot. So wurde ich von einer wilden Mischung aus Büchern, Kassetten, Radio-Bibellehrern und enthusiastischen christlichen Freunden beeinflusst. Ich übernahm alles und machte es zu meiner eigenen Meinung. Entsprechend unausgewogen waren meine ersten Schritte im Bereich Evangelisation.

Meine Versuche, jemandem das Evangelium mitzuteilen, lassen sich in drei Phasen aufteilen. Zuerst kam die »Haifisch«-Phase, darauf folgte die »Karpfen«-Zeit und schließlich kam ich in die »Delfin«-Phase.[1] Im Folgenden möchte ich nun mit Hilfe dieser Tier-Bilder die Wege betrachten, die Christen üblicherweise beschreiten, wenn sie sich dem Thema »Evangelisation« öffnen.

Der »Haifisch«

»Haie« leben nicht einfach nur bequem und gemütlich ihr Leben, sondern sind Angreifer. Sie stürzen sich mit großer Aggression ins Leben; Kontrolle ist ihr höchstes Ziel. Haie sind beweglich und bringen Dinge ins Rollen. Sie übernehmen am liebsten die Leitung jedes Projektes, das irgendwo geplant wird. Sie sind dafür bekannt, dass sie viel zustande bringen, doch es geht nicht immer ohne schmerzliche Zwischenfälle ab. Die Schattenseite des Hais ist offensichtlich. Seine ungebremste Aggression verletzt alle Menschen in seiner Umgebung. Demzufolge arbeiten Haie meist nicht sehr lange in einer bestimmten Position. Sie entsprechen in großen Teilen dem negativen Bild des manipulierenden Verkäufers.

Wenn wir an persönliche Evangelisation denken, entsteht meist das Bild eines Haifisches vor unserem inneren Auge. Wenn wir eine Umfrage machen würden, welche Begriffe dem durchschnittlichen Amerikaner zu dem Wort »Evangelist« einfallen, würden wir ganz bestimmt ein aussagekräftiges Ergebnis erhalten. Ganz unbewusst nehmen viele

Christen eine bestimmte Haltung ein, sobald sie sich vor die Aufgabe des Evangelisierens gestellt sehen. Haben wir uns erst einmal an ein solches Rollenverhalten gewöhnt, dann neigen viele von uns dazu, schnell unsensibel für gewisse eigene negative Verhaltensweisen zu werden, die dazu beitragen, dass unsere Gesprächspartner sich nicht für Gott öffnen wollen oder können.

Natürlich werden die klassischen Eigenarten der Evangelisten oft übertrieben dargestellt und doch steckt viel Wahrheit darin. Kabarettisten, die bei nächtlichen Unterhaltungssendungen auftreten, bedienen sich oft dieser klassischen Karikatur. Wenn sie die Rolle des Evangelisten spielen, handelt es sich immer um einen wütenden, Druck ausübenden, oft auch lauten (wenn Lautstärke nicht angebracht ist), starrsinnigen, militanten Menschen, der mit südstaatlerischem Akzent spricht (selbst wenn er aus einer ganz anderen Gegend kommt). Dieser oft manchmal asketisch dünne Mann schwitzt (tupft sich ständig die Stirn mit einem weißen Taschentuch ab, in das seine Initialen gestickt sind), ist jemand, der einsilbige Worte auf zwei Silben Länge ziehen kann (»Heee-rrrhhh« statt »Herr«), der unvernünftig und pessimistisch ist (immer das kommende Gericht Gottes betont) und der ein ganz schlichtes Weltbild hat (das überwiegend aus völlig verallgemeinernden Schwarzweiß-Darstellungen besteht).

Dieses Bild des »Haifisch-Evangelisten« ist eine exakte Beschreibung meiner ersten Zeit als Christ. Seit dem Tag meiner eigenen Umkehr zu Jesus wollte ich *unbedingt*, dass jeder diesen Jesus, der mein Leben so verändert hatte, kennen lernt. Ohne ein Buch darüber gelesen zu haben und ohne eine theoretische Einweisung in Evangelisation begann ich, legte ich los. Das einzige Vorbild, das ich hatte, waren die älteren Leute, die sich zu den klassischen Evangelisationsveranstaltungen trafen. Sie hielten einen Gottesdienst ab, berichteten dabei über ihre Erfahrungen mit Jesus und dann forderten sie alle, die Jesus als ihren Herrn und Erlöser annehmen wollten, auf, nach vorn zu kommen.

Ich hatte damals mein Elternhaus verlassen, um eine auswärtige Schule zu besuchen. Nachdem wir uns ein Jahr nicht gesehen hatten, holte mich meine Mutter am Flughafen ab. Wir fuhren eine Stunde lang mit dem Auto nach Hause. Während dieser Stunde erklärte ich meiner Mutter eifrig das ganze Evangelium, soweit ich es schon wusste, von der Schöpfungsgeschichte bis zur Offenbarung. Ich redete so schnell, dass ich wie ein Auktionär gewirkt haben muss. Alles, was meine Mutter während dieser Fahrt sagte, war: »Aber es ist auch schön, sich wiederzusehen, Steve.« Es muss seltsam für sie gewesen sein, dass ihr Teenagersohn ihr den Sinn des Lebens erklären wollte.

Die ersten Jahre meines Lebens als Christ hatte ich nur ein Ziel: Ich wollte alle »Seelen gewinnen«, die sich in meiner Umgebung aufhielten. Ich lebte in dem Bewusstsein, dass die Welt ihre göttliche Ordnung verloren habe, und *ich* wollte durch mein Evangelisieren diese Ordnung wiederherstellen. Ich nagelte jeden Verwandten und jeden Freund, den ich für ein paar Augenblicke sprechen konnte, fest. Jedem verabreichte ich eine volle Ladung Evangelium. Bald wollte keiner mehr etwas mit mir zu tun haben. Es kam so weit, dass die Leute sofort nach Ausreden suchten, sobald ich auf sie zukam: »Ich habe jetzt keine Zeit für ein Gespräch, ich muss meinen Hund bürsten.«

> *Es kam so weit, dass die Leute sofort nach Ausreden suchten, sobald ich auf sie zukam: »Ich habe jetzt keine Zeit für ein Gespräch, ich muss meinen Hund bürsten.«*

Wenn ich heute daran zurückdenke, muss ich annehmen, dass eine Unterhaltung mit mir damals wahrscheinlich so erfreulich war wie ein Zahnarztbesuch. Ich habe den Menschen damals wirklich die Wahrheit verkündigt, aber diese Wahrheit war extrem unsensibel und lieblos verpackt. Tatsächlich war ich damals eher ein Seelen*killer* als ein Seelen*gewinner*.

Ich ging niemals aus dem Haus, ohne einige Traktate mitzunehmen. Es bereitete mir besonders viel Vergnügen, sie an ungewöhnlichen Plätzen zu verstecken: in den Speisekarten der Restaurants, in neuen Zeitschriften in den Ladenregalen, sogar in den Papierrollen in öffentlichen Toiletten, wo der nächste, der in das WC ging, sie dann lesen konnte. Meine bevorzugten Traktate waren solche, die dem Leser Angst machten und so seine Aufmerksamkeit fesseln sollten. Auf der Titelseite einer dieser Schriften befand sich das Bild eines Leichenwagens mit der Überschrift: »Sie haben am Morgen Ihre Schuhe noch selbst angezogen.« Auf der nächsten Seite ging der Satz weiter: »Aber am Abend zieht sie vielleicht schon der Leichenbestatter von Ihren Füßen.«

Konfrontation ist das Ziel der »Haifisch-Evangelisation«. Einmal war ich wieder mit ein paar Freunden unterwegs bei einem unserer

Straßeneinsätze. Wir sprachen fremde Menschen an und versuchten, ihnen etwas von Gott zu erzählen. Als ich meinen üblichen Eröffnungssatz zu jemandem sagte: »Guten Tag, ich bin Christ und würde gern ein paar Augenblicke mit Ihnen reden«, drehte sich der Mann von mir weg und sagte, mit dem Rücken zu mir: »Ich zähle jetzt bis zehn. Wenn Sie dann immer noch hinter mir stehen, verpasse ich Ihnen ein blaues Auge.« Das war meine Vorstellung davon, die Liebe Gottes weiterzugeben.

Nachdem ich auf diese Weise fünf Jahre lang mit großem Eifer die Menschen »im Auftrag Gottes« vor den Kopf gestoßen hatte, konnte ich überall die Früchte meiner Bemühungen sehen. Ich hatte die Mehrheit meiner Freunde, Verwandten und Nachbarn tief verletzt. Ich redete mir ein, dass die Menschen mich ablehnten, weil ich Gott so sehr liebte, aber Tatsache war, dass die von mir verletzten Personen nirgendwo in meinem Verhalten Liebe feststellen konnten. »Im Namen des Herrn« hatte ich sämtliche Familienmitglieder und Bekannte attackiert. Und immer noch kannte ich keine andere Methode außer der Aggression des Haifisches, um Christus zu den Nichtchristen zu bringen. (Ich würde heute empfehlen, junge Christen auf eine abgelegene Insel zu verbannen, wo sie die ersten paar Jahre ihres Christenlebens ihren Glauben aufbauen, ihr Temperament zügeln und Weisheit erlangen können.)

Der »Karpfen«

»Karpfen« sind das andere Extrem. Im Gegensatz zum Haifisch lassen sie das Leben an sich vorüberziehen. Sie sehen sich selbst als Opfer, die zu schwach sind, als dass sie irgendetwas in ihrem Leben oder im Leben anderer Menschen verändern könnten. Karpfen leben am Grunde des Flusses und ernähren sich von den Resten, die andere Fische übrig lassen. Ihre Mentalität ist der des aggressiven Haifisches genau entgegengesetzt. Karpfen sind aus dem Kampf ausgestiegen, sie versuchen nur noch, unbeschadet durchs Leben zu kommen und jede Verantwortung abzulegen. Karpfen bringen *selbst* nichts ins Rollen, sondern beobachten, wie *andere* die Dinge ins Rollen bringen. Sie scheinen von dem, was um sie herum vorgeht, nichts zu begreifen.

Im Bereich der Evangelisation waren Karpfen in der Vergangenheit oft mit Eifer für Gott aktiv, ließen sich dann jedoch entmutigen und gaben es auf, andere Menschen zu Jesus führen zu wollen, da sie dem Druck nicht mehr Stand halten konnten. Meist haben diese ehemaligen Haifische sich nicht bewusst entschieden, für eine gewisse Zeit eine »Evangelisations-Pause« einzulegen. Viele von ihnen wissen einfach nicht, dass es auch noch andere Wege gibt, wie man Gottes Liebe anderen Menschen näher bringen kann. Ihre Liebe zu Gott und den Menschen hat häufig gar nicht nachgelassen; sie sind es nur leid, immer so kämpferisch auf Menschen zugehen zu müssen.

Der »Delfin«

Im »Delfin« vereinigen sich die starken Seiten von »Haifisch« und »Karpfen«. Es sind Menschen, die begeisterungsfähig sind und das Leben positiv sehen, die ihre persönliche Verantwortung nicht überbewerten und auch nicht zu schnell aufgeben. Der Delfin kennt seinen Auftrag. Damit steht er im Gegensatz zum Hai, der seine eigene Aufgabe zu wichtig nimmt, und zum Karpfen, der gar nicht erst versucht, seine Umgebung zu beeinflussen. Der Delfin hat ein Ziel, das er verfolgt, aber er genießt den Weg dorthin, ist entspannt und hat viel Spaß dabei.

In den vergangenen Jahren habe ich versucht, mehr und mehr wie ein Delfin zu leben: mit einem klaren evangelistischen Ziel in meinem Leben, aber auch mit der erklärten Absicht, mein Leben dabei zu genießen. Mein Motto lautet jetzt: »Wo der Heilige Geist ist, da ist Spaß!« In meinem tiefsten Inneren war ich eigentlich immer ein »Delfin«. Ich glaube, die meisten von uns sind eigentlich »Delfine«. Aber wenn wir anfangen, wie »Haifische« zu leben, fällt es den Menschen schwer, uns die Botschaft, die wir vermitteln wollen, abzunehmen.

Wenn ich mir in den vier Evangelien die Berichte über das Leben und den Dienst Jesu ansehe, wird mir immer wieder deutlich, dass Jesus von einem Menschen zum nächsten ging und sich dabei stets wie ein »Delfin« verhielt. Er lebte uns vor, wie sich arbeitsintensive Zeiten mit Ruhephasen abwechseln können. Jesus wusste genau, wer er war und welchen Auftrag Gott ihm gege-

> *Ich glaube, die meisten von uns sind eigentlich »Delfine«. Aber wenn wir anfangen, wie »Haifische« zu leben, fällt es den Menschen schwer, uns die Botschaft, die wir vermitteln wollen, abzunehmen.*

ben hatte. Am besten wird nach meiner Ansicht seine Berufung in der Passage aus Jesaja, Kapitel 61 zusammengefasst, die Jesus bei seiner Predigt in der Synagoge von Nazaret vorlas, dem Ort, in dem er aufgewachsen war.

Als Jesus die Schriftrolle öffnete, saßen Menschen vor ihm, die ihn schon seit seiner Kindheit kannten. »Der Geist des Herrn ruht auf mir, denn der Herr hat mich gesalbt. Er hat mich gesandt, damit ich den Armen eine gute Nachricht bringe, damit ich den Gefangenen die Entlassung verkünde und den Blinden das Augenlicht; damit ich die Zerschlagenen in Freiheit setze und ein Gnadenjahr des Herrn ausrufe« (Lk 4,18-19).

Den Zuhörern gefiel nicht, was er sagte, denn diese Beschreibung seines Dienstes unterschied sich deutlich von der »Haifisch«-Mentalität der Synagogenvorsteher. Sie wurden wütend, während sie diese Worte hörten. Mit diesem Text wird beschrieben, wie Jesus evangelisiert hat. Er *kannte* seine Zielgruppe; es waren die Zerbrochenen. Sie waren an verschiedenen Dingen zerbrochen, aber alle brauchten die Liebe Gottes, um heil zu werden. Jesus kannte auch seine Methode, sie war einfach und direkt. Man kann diesen Text aus Jesaja so zusammenfassen: *Jesus brachte die Liebe Gottes zu den zerbrochenen Menschen.* Das ist Evangelisation im Stil Jesu. Genau so sollen auch wir die Gute Nachricht in die Welt bringen.

Das Alte gegen das Neue

In weiten Teilen der heutigen Christenheit wird immer noch nach Beispielen aus früheren Jahrhunderten verfahren. Natürlich ist »alt« nicht grundsätzlich schlecht, und »neu« ist nicht grundsätzlich gut. Aber ich glaube, im Bereich von Evangelisation denken wir oft: »Das Alte ist gut und das Neue ist verdächtig.« Viele Christen wehren sich gegen neue Weinschläuche und damit auch gegen neue Wege, das Evangelium zu den Menschen zu bringen. Der viel zitierte Vance Havner erklärte, dass die letzten sieben Worte der Gemeinde Gottes sein werden: »So haben wir es noch nie gemacht.«

Die herkömmlichen Evangelisationsmodelle zentrieren sich immer um den klassischen Evangelisten. Begnadete Redner wie Jonathan Edwards, Billy Sunday und R. A. Torrey haben einen großen Beitrag dazu geleistet, dass die Liebe Gottes in der Welt bekannt gemacht wurde. Ihre Methoden waren zu ihrer Zeit sehr wirkungsvoll, aber die Gesellschaft, in die das Evangelium heute hineingetragen werden soll, hat sich grundlegend verändert. Die äußere Form der Evangelisation ist für eine bestimmte Zeit richtig, nutzt sich dann aber allmählich ab. Wir brauchen den Mut, solche überholten Ansätze zu erkennen und zu beenden.

Am Beispiel der von William Booth gegründeten Heilsarmee kann man exemplarisch sehen, dass es evangelistische Methoden gibt, die in einer bestimmten Zeit sehr effektiv sind, aber in der modernen Gesellschaft nicht mehr so viel ausrichten können. In der zweiten Hälfte des neunzehnten Jahrhunderts zogen die uniformierten Mitglieder der Heilsarmee mit ihren Blechbläsern in den Straßen Londons große Menschenmengen an. Wenn die Menschen sich versammelt hatten, wurde ein evangelistischer Gottesdienst im Freien abgehalten und viele kamen zum Glauben an Jesus Christus.

Vor kurzem war ich in Oslo und begegnete einer begeisterten Gruppe, die durch die Straßen der Stadt zog und Leute zu einem Gottesdienst im Freien einlud. Es war der nahezu identische Ansatz wie vor mehr als hundert Jahren. Aber was 1850 eine sehr erfolgreiche Methode war, um das Evangelium zu predigen, zeigte an diesem Tag in Oslo wenig bis gar keinen Erfolg.

Wenn wir die Kirchengeschichte studieren, stoßen wir regelmäßig auf das gleiche Muster. Es sind fünf Schritte, die sich immer wiederholen: Eine Person empfängt eine neue Idee, direkt von Gott. Diese Person ist Gott gehorsam und wendet die Methode an. Daraus entstehen neue Methoden. Diese sind erfolgreich und viele Christen schließen sich an. Das Ganze gewinnt an Dynamik und nimmt immer mehr zu, bis eine Bewegung entsteht. Dann stirbt der Gründer der Bewegung und das Feuer der Gegenwart Gottes nimmt ab. Die Bewegung wird von ihren Mitgliedern weitergeführt, obwohl die Wirksamkeit nachlässt, und es gibt immer noch einige positive Resultate.

Typischerweise fällt es solchen Gruppen sehr schwer, sich einzugestehen, dass ihre Bewegung an Dynamik verloren hat. Meist wird der Niedergang geistlich beschönigt: »Der Herr will uns in dieser Zeit der Dürre etwas Besonderes lehren.« Natürlich will der Herr sie etwas lehren, aber die Gruppe bewegt sich in einem eigenen Kosmos, den sie

Das Hauptaugenmerk liegt nicht mehr auf dem, was Gott in der Gegenwart tut, sondern darauf, was er früher getan hat.

sich selbst geschaffen hat und der ohne Bezug zur Außenwelt in sich weiterbestehen kann. So kann eine bestehende Struktur zu einer sich selbst erhaltenden Maschinerie werden. Das Hauptaugenmerk liegt nicht mehr auf dem, was Gott in der Gegenwart tut, sondern darauf, was er *früher* getan hat. Denkmäler werden errichtet, Bücher geschrieben und die Gründer der Bewegung werden posthum zu Helden gemacht. Alles leuchtet nur noch im Glanz der Herrlichkeit vergangener Zeiten.

Diese sich immer wiederholenden fünf Abschnitte legen den Verdacht nahe, dass geistliche Leiter dazu neigen, nur das zu sehen, was sie sehen wollen. Die Gemeinde Gottes als Ganzes verliert leicht den Bezug zur Gegenwart. Wir vergessen, wie die Menschen unserer Generation das Evangelium aufnehmen können. Die Botschaft von Jesus verändert sich nicht, aber die Umwelt, auf die Jesu Botschaft trifft, unterliegt einem ständigen Wandel. Der Kern der Evangelisation bleibt dementsprechend unverändert, aber der äußere Anteil muss sich ständig den neuen Gegebenheiten anpassen, um die jeweilige Generation tatsächlich zu erreichen.

Wir müssen uns einige unangenehme Fragen gefallen lassen und uns neu damit auseinandersetzen, wie wir unsere Generation erreichen wollen. Ich glaube, wenn William Booth in den neunziger Jahren unseres Jahrhunderts leben würde, hätte er anders evangelisiert, als er es zu seiner Zeit tat. Viele Christen lieben ihre Methoden so sehr, dass sie gar nicht auf die Ergebnisse achten. Jesus kritisierte die Pharisäer, weil sie so sehr mit ihren alten Weinschläuchen beschäftigt waren, so darauf fixiert, alles Alte gut zu machen, dass sie das aktuelle Wirken Gottes gar nicht wahrnahmen. Auch wir müssen ständig unsere »Weinschläuche« im Auge haben. Wenn wir dies nicht tun, kann es sich immer wieder geschehen, dass wir unsere Botschaft so unzeitgemäß verpacken, dass keiner sie annehmen möchte.

Erkennen Sie, wer Sie sind

Manche schlechten Konzepte erinnern an Davids Versuch, die Rüstung Sauls zu tragen, um damit gegen den Riesen zu kämpfen. König Saul wollte David helfen, aus dem Kampf mit Goliath siegreich hervorzugehen. Aber David hatte bereits recht konkrete Vorstellungen, wie er mit der Situation fertig werden konnte. Dieser Hirte hatte auch schon Löwen und Bären getötet. Und er ging davon aus, dass der Riese genauso besiegt werden konnte wie diese wilden Tiere, mit denen er es früher zu tun gehabt hatte. David musste die Methode wählen, die ihm entsprach, um Goliath zu bekämpfen. Der wohlmeinende, aber unausgegorene Rat eifriger Fachleute über das Vorgehen im Kampf gegen Riesen war überhaupt keine Hilfe für ihn.

Seien Sie Sie selbst. Wir wollen uns in die *Hände Gottes* begeben und seine Richtungsweisung annehmen. Mehr können wir ihm nicht geben. Seit ich aufgehört habe, jemand sein zu wollen, der ich nicht bin, habe ich einiges über mich gelernt. Wenn ich versuche, ganz natürlich ich selbst zu sein, dann kann der Heilige Geist am besten durch mich wirken. Ich strebe nicht mehr danach, jemand anderen zu kopieren und seinen geistlichen Lebensstil zu übernehmen, sondern ich will das einzigartige Kind Gottes sein, als das er mich geschaffen hat. Durch diese Entdeckung hat sich auch der Stil verändert, mit dem ich den Menschen außerhalb der Gemeinde die Gute Nachricht vermittle.

Manchmal verbreiten wir das Evangelium fast ohne Worte. Bei einigen unserer Einsätze kommen wir mit den Menschen, denen wir dienen, gar nicht in direkten Kontakt. Wir haben herausgefunden, dass diese Taten der Liebe und des Dienens stark genug sind, für sich selbst zu sprechen, ohne dass wir ein Gespräch über Gott führen müssen. Zum Beispiel hatte eine Dame ihr Auto in der Altstadt von Cincinnati geparkt, um einkaufen zu gehen. Ein Mann aus unserer Gemeinde, der im entsprechenden Parkuhren-Team unterwegs war, sah, dass diese Parkuhr fast abgelaufen war. Er warf eine Münze in die Parkuhr und steckte einen Zettel unter den Scheibenwischer. Unten auf dem Blatt befand sich das Logo unserer Gemeinde, darüber stand: »Während Sie weg waren, haben wir Ihre Parkuhr gefüttert. Wir wollen Ihnen damit die Liebe Gottes auf praktische Art zeigen. Wenn es noch weitere Dinge gibt, bei denen wir Ihnen behilflich sein können, dann rufen Sie uns bitte an unter der Nummer: 671-0422.« Dies beeindruckte die Frau so sehr, dass sie diese Geschichte einem lokalen Radiosender erzählte, der prompt eine Reportage über uns machte.

Die Welt mit den Augen Jesu sehen

Nachdem mir bewusst geworden war, dass ich mehr auf die Verfasser der religiösen Bücher gehört hatte als auf mein eigenes Herz, begann ich, meine Werte auf den Prüfstand zu stellen. Die Frage: »Wie wird Jesus Dienst an seinen Mitmenschen in der Bibel beschrieben?« half mir dabei sehr. Seit dieser Zeit habe ich mich bewusst bemüht, in allen Bereichen meines Lebens, einschließlich dem der Evangelisation, diese Werte Jesu zu meinen eigenen zu machen, d. h. die Welt durch die Augen Jesu Christi zu sehen und entsprechend zu handeln. Im Folgenden skizziere ich einige Merkmale des Lebensstils Jesu, des Mannes, bei dem das Äußere mit dem Inneren übereinstimmte.[2]

- *Jesus und das Königreich Gottes.* Wir tragen das Königreich Gottes in diese Welt, ähnlich wie eine Armee, deren vorderste Truppe die verlorenen Gebiete zurückerobert. Jesus verfolgte das Ziel, göttliche Brückenköpfe in Satans Reich zu errichten. Mit Leidenschaft vernichtete er die feindlichen Lager der Finsternis und gab den gefangenen Männern und Frauen ihre Freiheit zurück. Während wir darauf warten, dass Jesus wiederkommt und den letzten Sieg erringt, ist Evangelisation unser wichtigster Auftrag.
- *Jesus und die Heilige Schrift.* Wir versuchen, alles zu tun und zu lehren, was die Bibel sagt. Wenn wir das Wort Gottes lesen und glauben, entfaltet es seine Kraft. Wir sollten dem Text keine selbst erdachten Voraussetzungen hinzufügen und keine eigenen Meinungen anhängen. Und wir dürfen nicht bei der schlichten Kenntnis der Schrift stehen bleiben, sondern müssen von dort aus weitergehen zum Gehorsam gegenüber dem, was dort steht.
- *Jesus und die Barmherzigkeit.* Es ist nicht unsere Aufgabe, berühmt zu werden oder bekannte Organisationen aufzubauen, sondern mit einem Dienst der Barmherzigkeit den Nöten der Menschen zu be-

gegnen. Die Gemeinde ist der Ort, an dem Gerechtigkeit und Barmherzigkeit zusammenfließen.
- *Jesus und die Einfachheit.* Der Sohn Gottes handelte nicht aus religiösem Leistungsstreben heraus. Sein Verhalten war von Natürlichkeit und Unauffälligkeit geprägt.
- *Jesus und die Integrität.* Es ist sehr wichtig, dass unsere Worte und unsere Taten übereinstimmen. Wir sollten sorgfältig darauf achten, immer die Wahrheit zu sagen, ehrlich zu handeln und aufrichtig zu leben.
- *Jesus und die kulturellen Gegebenheiten seiner Zeit.* Obwohl Jesus' Einstellung gegenüber den Menschen seiner Zeit unabhängig von allen kulturellen Gegebenheiten war, besaß er die Fähigkeit, sich im Rahmen dieser Kultur auszudrücken. Damit erleichterte er es den Menschen, die Botschaft der Liebe Gottes zu verstehen. Auch wir sollten anderen Menschen dabei helfen, das Wort Gottes auf ihre alltägliche Lebenssituation anzuwenden.
- *Jesus und die Realität.* Jesus lebte unter der Führung des Heiligen Geistes und erkannte das übernatürliche Handeln Gottes an. Gleichzeitig war er aber auch ein gewandter Lehrer mit scharfem Verstand. Er zeigte *und* erklärte die Kraft Gottes.

Jesus verrät das Geheimnis seines Erfolges: »Der Sohn kann nichts von sich aus tun, sondern nur, wenn er den Vater etwas tun sieht« (Joh 5,19). Wenn wir die Gute Nachricht erfolgreich in unserer Umgebung bekannt machen wollen, dann müssen wir unsere Erfolgserwartungen an die richtige Adresse richten!

Leistungsdruck und falsche Erwartungshaltungen

Während der ersten fünf Jahre meines Christseins habe ich viel über die Gute Nachricht geredet, doch mein Leben entsprach nicht meinen Worten. Es folgte eine Zeit, in der ich verunsichert war und nicht mehr wusste, wie ich effektiv evangelisieren konnte. Ich hörte auf, von meinem Glauben zu reden. Wenn jemand mich direkt auf meinen Glauben ansprach, dann antwortete ich ihm zwar, aber ich war dem Aufruf der Schrift nicht mehr gehorsam, die sagt: »Verkünde das Evangelium, tue treu deinen Dienst« (2 Tim 4,5).

Wenn es um Evangelisation ging, hatte ich *meine* Rolle und *Gottes* Rolle durcheinandergebracht. Solange ich mich selbst noch als Evangelisten sah, dachte ich, es sei meine Verantwortung, dass *ich* die Menschen Jesus näher brachte. Während dieser ersten fünf Jahre sah ich Evangelisation als eine Aufgabe, die mit Nachdruck betrieben werden musste, und ein großer Teil dieses Drucks legte sich auf mich selbst. Fast immer fühlte ich mich schuldig, weil ich nicht mehr Menschen für Jesus gewinnen konnte. Ich setzte mich selbst in zweifacher Hinsicht unter Druck: Einerseits fühlte ich mich schlecht, weil ich bei meinen evangelistischen Bemühungen nicht mehr Erfolg hatte, andererseits dachte ich aber auch immer, dass *ich* bei jeder evangelistischen Aktion selbst für das Ergebnis verantwortlich sei. Manchmal war es nichts als ein großer Schuldkomplex, der mich antrieb, von Jesus zu erzählen.

Ich hatte mich an den begabtesten, reifsten und extrovertiertesten Evangelisten in der gesamten Gemeinde Jesu orientiert. Das hatte sicher dazu beigetragen, dass ich so verdrehte Ansichten entwickeln konnte. Die Menschen, die ihre von Gott gegebene Gabe der Evangelisation erfolgreich einsetzen, reden und schreiben natürlich auch häufiger über dieses Thema als andere Christen. Doch die klassischen Evangelisten sind fast immer starke Persönlichkeiten, typische »Haifische«, wie ich sie am Anfang dieses Kapitels beschrieben habe.

Egal, welchen Weg der Evangelisation wir beschreiten, wir werden unzweifelhaft auf einen der vier beteiligten Bereiche Druck ausüben, um erfolgreich zu sein:

1. Wir setzen die Christen unter Druck, die evangelisieren.
2. Wir setzen die Person unter Druck, der wir von Gottes erzählen.
3. Wir setzen das Evangelisationsprogramm unter Druck.
4. Wir möchten Gott unter Druck setzen.

Die meisten evangelistischen Bemühungen erfüllen leider nur die ersten drei Punkte, anstatt die Erwartungen auf Gott zu richten. Wir haben alles und jeden unter Druck gesetzt, nur an Gott haben wir nicht gedacht. Und doch ist er es, der uns nicht nur erlaubt, Druck auf ihn zu auszuüben, sondern uns direkt auffordert, dies zu tun. Eine meiner Lieblingsstellen in der Bibel zu diesem Thema steht in Jeremia, Kapitel 33: »Rufe zu mir, so will ich dir antworten und dir große, unfaßbare Dinge mitteilen, die du nicht kennst« (Jer 33,3).

Wir werden nicht viel kennen und wissen, solange wir uns nicht unseren eigenen Mangel an Weisheit eingestehen und erkennen, wie dringend wir auf Gottes Hilfe angewiesen sind. Eifer für Gott ist eine wertvolle Eigenschaft, vorausgesetzt, wir leben in der Haltung, von der Jeremia hier spricht. Leider vergessen wir allzuoft, dass allein Gott die Quelle unserer Weisheit und unserer Kraft ist, und gerade im Bereich der Evangelisation gehen wir zu oft ohne seine Unterstützung los. Wenn während meiner ersten Jahre als Christ jemand zum Glauben an Jesus kam, hielt ich das für ein Resultat *meiner* Bemühungen. Ich dachte, *ich* sei dafür verantwortlich, dass sich die Menschen für Jesus entschieden. Mir schien, dass *ich* derjenige war, der die Menschen an Gottes Türschwelle abliefern musste.

> Ich dachte, ich sei dafür verantwortlich, dass sich die Menschen für Jesus entschieden. Mir schien, dass ich derjenige war, der die Menschen an Gottes Türschwelle ablieferte.

Ich setzte aber nicht nur mich selbst unter Druck, sondern hatte auch ein sehr hartes Evangelisationsprogramm. Ständig war ich auf der Suche nach der besten Strategie, einer, die wirklich »funktionierte« und mit deren Hilfe ich die Menschen zur Entscheidung für Jesus bringen konnte. Da so viele geistliche Leiter über Strategien nachdenken, wird nahezu jedes neue Konzept auch irgendwo Beachtung finden. Doch inzwischen bin ich der Meinung, dass es keinen Ansatz gibt, der *das* Geheimnis des erfolgreichen Evangelisierens enthält, denn der Erwartungsdruck, den wir an die Konzepte stellen, ist unerfüllbar groß.

Bei meinen angestrengten Evangelisationsversuchen habe ich natürlich auch auf die Menschen selbst großen Druck ausgeübt. Gekonnt ließ ich die Angst vor der ewigen Verdammnis wie ein Damoklesschwert über ihren Köpfen kreisen. Oft drängte ich die Menschen dazu, mit mir ein Gebet der Lebensübergabe an Jesus zu sprechen, auch wenn sie dazu eigentlich noch gar nicht bereit waren. Es war mir egal, wie sie sich dabei fühlten oder wie viel sie schon verstanden hatten.

Wenn ich erst einmal eine Person in ein Gespräch über Jesus verwickelt hatte, dann ging ich nie, ohne vorher zu fragen, ob sie nicht Jesus als ihren Herrn annehmen wollte. Viele, die über Evangelisation lehren, raten zu diesem Vorgehen. Doch heute bin ich der Meinung, dass man diese Frage oft unangemessen und im falschen Moment stellt, wenn man sich im ersten Gespräch mit einer unvorbereiteten, fremden Person befindet. Ich frage mich heute, wie viele der Menschen, die ich damals dazu bringen konnte, mit mir zu beten, dies nur getan haben, um mich endlich los zu werden!

In der Videoaufnahme eines Interviews mit dem katholischen Priester Frater Rick Thomas aus El Paso in Texas sah ich meine Empfindungen bestätigt. Frater Rick arbeitet unter den Armen in Juarez (Mexiko), der Stadt, die auf der anderen Seite der Grenze genau gegenüber von El Paso liegt. Seine Gemeinde lebt tatsächlich auf dem Müllplatz. Er erzählte von seinem Dienst an den Armen: »Wir können nicht gleichzeitig die Gute Nachricht erzählen und eine schlechte Nachricht leben. Das funktioniert nicht.« Als ich mich an diesem Augenblick selbst kritisch betrachtete, wurde mit bewusst, dass ich Gottes Gute Nachricht in der Form einer schlechten Nachricht weitergegeben hatte. Damit hatte ich durch meinen Evangelisationsstil, ohne es zu wissen, vielleicht mehr Schaden angerichtet, als ich Gutes für Jesus bewirkt hatte.

Wenn wir uns nicht selbst für den Erfolg unserer Evangelisation verantwortlich fühlen, wenn wir auch keinen Druck auf den Zuhörer ausüben und von unserer Vorgehensweise nicht zu viel erwarten, worauf sollen wir dann unsere Erwartung richten? Ganz einfach: auf Gott, der immer das einzige Ziel unserer Hoffnung und Erwartung sein sollte! Wenn wir unsere Hilfe von irgendeiner anderen Stelle erwarten, werden wir immer frustriert und enttäuscht sein. Tatsächlich lässt sich nach meiner Ansicht jede einzelne menschliche Sünde und Schwäche auf diesen Fehler zurückführen. Unser größtes Problem ist die menschliche Neigung, andere Quellen außer Gott zu unserer Hilfe heranzuziehen.

Das Glaubensbekenntnis von Westminster beginnt mit den Sätzen: »Der Heilige Geist ... ist der einzige, der die Erlösung austeilen und anwenden kann. Er stellt durch seine Gnade Menschen wieder her, überführt sie von ihren Sünden, leitet sie zum Umdenken und überzeugt und befähigt sie, Jesus Christus im Glauben anzunehmen. Er vereinigt alle Gläubigen in Christus, wohnt in ihnen als ihr Tröster und heiligt sie, gibt ihnen den Geist der Kindschaft und des Gebets und vollbringt all diese gnadenvollen Dienste, durch die sie geheiligt und versiegelt werden auf den Tag der Erlösung.«[3] Mit anderen Worten: Der Heilige Geist ist der einzige wirkliche Evangelist, den es überhaupt jemals gab. Er ist die einzige Kraft im gesamten Universum, die aus einem Wiedergeborenen einen Jünger Jesu machen kann, der Jesus ähnlich ist. Wenn der Heilige Geist aber wirklich der einzige Evangelist aller Zeiten ist, dann können wir den Druck an den falschen Stellen aufheben. Wir können dann uns selbst als die Mitarbeiter des Heiligen Geistes sehen und es ihm überlassen, das zu tun, was ohnehin nur er tun kann. Unsere Aufgabe beschränkt sich also darauf, es zu genießen, wenn Gottes Leben durch uns fließt, während wir seine Freude mit anderen teilen. Wenn wir von Gottes Geist erfüllt sind, dann reden wir nicht nur über Gottes Liebe und zeigen sie auch nicht nur, sondern wir verkörpern sie in einer Art, die andere darauf aufmerksam werden lässt.

Scheinbar ist die Abneigung gegen dieses Wort mit »E« international. Viele von uns haben selbst erlebt, was Rebecca Pippert bei ihren Untersuchungen beobachtete: »Christen und Nichtchristen haben eines gemeinsam, sie hassen Evangelisation.«[4] Doch ganz allmählich, während wir in unserer Stadt unterwegs sind und beides, Taten und Worte Gottes, weitergeben, erleben wir, wie viele Menschen sich langsam öffnen. Christen werden auf natürliche Weise kühner. Außenstehende fragen sich, warum wir ihnen so viel Zuwendung schenken. Und vor allem zieht sich Gott eine Truppe heran, die seine Liebe zu solchen Menschen bringen kann, die noch nie von ihm berührt werden konnten.

Christen und Nichtchristen haben eines gemeinsam: Sie hassen Evangelisation

Kapitel 3

Geringes Risiko, viel Gnade

»*Unsere Taten bestimmen uns,
ebenso wie wir unsere Taten bestimmen.*«
George Elliot

Eines der größten Hindernisse bei der Durchführung unserer dienenden Evangelisation in Cincinnati ist das Wetter. Oft haben wir wochenlang Regen, Schnee, Graupelschauer, extreme Kälte oder Wirbelstürme. Das alte Sprichwort trifft zu: »Wenn dir das Wetter im mittleren Westen nicht gefällt, dann warte einfach. Es wird sich bald ändern.« Aber viele unserer Aktionen brauchen sonniges Wetter. Wer will schon bei Regen sein Auto waschen lassen?

Um nicht immer vom Wetter abhängig zu sein, haben wir einige spezielle Schlechtwetterprojekte. Unter ihnen ist mir das Toilettenputzen am liebsten. »Der spinnt doch«, sagen Sie jetzt vielleicht. Aber denken Sie doch mal einen Augenblick über diese Idee nach, bevor Sie sie sofort verwerfen. Es gibt sehr viele Toiletten und es gibt sie überall; in jedem Haus und in jedem Geschäft ist mindestens eine. Die meisten könnten zumindest ein bisschen mehr Sauberkeit gut vertragen. Und es gibt kaum jemanden, der nicht Toiletten putzen kann, sogar Leute wie ich mit empfindlichem Magen. Unangenehme Gerüche, Anblicke und Geräusche jagen mich eigentlich sofort in die Flucht. Als meine Mutter hörte, dass ich fremde Toiletten putze, war ihre erste Reaktion: »Steve putzt Klos? Das beweist, dass es einen Gott im Himmel gibt!«

Kurz vor Weihnachten schickten wir einige Teams in den nobleren Teil der Stadt, um dort Einsätze zu machen. Einige von ihnen reinigten Toiletten in Restaurants und Büros. Unsere Vorgehensweise war einfach und direkt. Wir gingen auf die verantwortliche Person zu und sagten: »Guten Tag, wir würden gerne Ihre Toiletten kostenlos putzen.« Nachdem sich die verantwortliche Person von ihrem Schock erholt hatte, sagte sie so etwas wie: »Ich hätte schwören können, dass Sie gerade gefragt haben, ob Sie meine Toilette kostenlos putzen dürfen. Aber da muss ich mich wohl verhört haben. Noch nie hat jemand umsonst meine Toilette gereinigt.«

An einem dieser Tag fand in einem der Nobelrestaurants, in dem ein Team am Putzen war, gerade eine Weihnachtsfeier statt. Die Leute schienen viel Spaß zu haben, aßen, tranken und feierten. Während einer unserer Leute in der Toilette arbeitete, kam ein Doktor herein, der ein bisschen zu viel getrunken hatte. Der Doktor fragte, was unser Mann machte, und dieser erklärte es ihm. Woraufhin der Doktor zugab, dass er eigentlich auch Christ sei, nur an diesem Tag nicht ganz dementsprechend lebe. Nach einem kurzen Gespräch bat er die Christen, für ihn zu beten – gleich dort auf der Männertoilette. Die Christen erzählten später, dass der Doktor, der fast nur selbst gebetet und sein ganzes Leben neu Gott übergeben habe, diesen bat, ihm wieder Kraft zu geben und zu helfen, als Christ zu leben. Ich hätte zu gern Mäuschen gespielt, als der Mann später seiner Frau zu Hause von seiner Weihnachtsfeier erzählte.

Diese Geschichte verdeutlicht einen der großen Vorteile dienender Evangelisation. Hier verbindet sich geringes Risiko mit viel Gnade. In jedem Dienst ist beides enthalten, Risiko und Gnade. Um erfolgreich zu sein, müssen wir uns innerhalb unserer finanziellen, emotionalen, geistlichen und beziehungsmäßigen Möglichkeiten bewegen. Soweit ich das beurteilen kann, haben viele Gemeindeleiter keine klaren Vorstellungen von den Kosten eines Projektes, bevor sie mit beiden Beinen hineinspringen. Wenn weltliche Geschäftsleute so leichtsinnig vorgehen, sind sie schnell pleite. Wir wollen nun untersuchen, wie Evangelisation von den Faktoren »Risiko« und »Gnade« beeinflusst wird.

Der Risikofaktor

Über den Risikofaktor im Reich Gottes sprach Jesus in dem folgenden Gleichnis: »Oder wenn ein König gegen einen anderen in den Krieg zieht, setzt er sich dann nicht zuerst hin und überlegt, ob er sich mit seinen zehntausend Mann dem entgegenstellen kann, der mit zwanzigtausend gegen ihn anrückt? Kann er es nicht, dann schickt er eine Ge-

Viele Anläufe, die Gute Nachricht weiterzusagen, sind voller Bereitschaft zum Gehorsam Gott gegenüber und reich an Enthusiasmus, aber es fehlt oft an der nüchternen Überlegung, auf was wir uns dabei wirklich einlassen.

sandtschaft, solange der andere noch weit weg ist, und bittet um Frieden« (Lk 14,31-32). Jesus bezeichnete den König, der die Kosten überschlägt, bevor er sich in einen Krieg stürzt, als »weise«.

Jeder evangelistische Einsatz trägt ein Preisschild, das manchmal deutlich sichtbar, mitunter aber auch recht versteckt angebracht ist. Manche Kosten kann man leicht abschätzen, andere sind weniger offensichtlich. Viele Anläufe, die Gute Nachricht weiterzusagen, sind voller Bereitschaft zum Gehorsam Gott gegenüber und reich an Enthusiasmus, aber es fehlt oft an der nüchternen Überlegung, auf was wir uns dabei wirklich einlassen. Welche Risiken sind damit verbunden, wenn wir denen die Gute Nachricht von Jesus bringen, die sie hören müssen?

Beziehungsrisiken

An erster Stelle sollten wir uns über die Risiken im Bereich von Beziehungen Gedanken machen. Gesetzt den Fall, ich trete als Leiter an meine Leute heran und erkläre ihnen, dass wir »viel Spaß« haben werden bei einer »Von-Tür-zu-Tür«-Aktion. Ich praktiziere das vielleicht schon jahrelang und empfinde es wirklich als ein großes Vergnügen. Doch der durchschnittliche Christ wird alles andere als Spaß dabei haben. Wenn ich ein Team aus meiner Gemeinde zusammenstelle und ihnen großartige Versprechungen mache, um sie dann bei einer unangenehmen Aktion einzusetzen, habe ich mich als Leiter unglaubwürdig gemacht. Ich habe mich schuldig gemacht, das Vertrauen der Leute missbraucht und das Beziehungsrisiko falsch eingeschätzt. Wenn ich dieselben Leute beim nächsten Mal einlade, mit mir zusammen »Spaß« zu haben, dann werden sie sich alle gut überlegen, ob sie so viel Spaß ertragen können.

Finanzielles Risiko

Einige evangelistische Aktionen sind sehr teuer. Vor nicht allzulanger Zeit wurde in Cincinnati eine Großevangelisation abgehalten, bei der einige gute Ergebnisse erzielt wurden. Viele Gemeinden, die gewöhnlich nicht zusammenarbeiten, schlossen sich zusammen. Viele Laien wurden im evangelistischen Bereich ausgebildet und ermutigt. Und bei den Gottesdiensten kamen viele Menschen nach vorne, um eine Entscheidung für Jesus zu treffen oder um ihm ihr Leben neu zu übergeben.

Doch erst nachdem der Chor sein letztes Lied gesungen und der Evangelist seine Koffer gepackt hatte und nach Hause fuhr, wurde die Kehrseite dieser Evangelisationsveranstaltung sichtbar. Es waren wahnsinnig hohe Rechnungen entstanden. Für eine einwöchige Veranstaltungsreihe beliefen sich die Kosten auf weit über eine Million US-Dollar. Ich selbst erhielt danach noch fast ein Jahr lang Briefe, die um Spenden zur Deckung der restlichen Schulden baten. Ich habe keine Zweifel, dass sich alle Gemeinden, die an dieser Aktion teilgenommen haben, über die Ergebnisse freuten, aber niemand hatte im Voraus überschlagen, wie schwer es werden würde, die Rechnungen zu bezahlen. Vielleicht hätten die Veranstalter es sich besser überlegt, ob sie dieses Risiko auf sich nehmen wollen, wenn sie vorher geahnt hätten, wie hoch die Kosten tatsächlich sein würden.

Gefühlsmäßiges Risiko

Das gefühlsmäßige Risiko ist vermutlich der teuerste Preis, den wir bezahlen müssen. Ich bin relativ introvertiert und bevorzuge Situationen, in denen ich nicht zu viel mit Fremden reden muss. Doch das berüchtigte »Von-Tür-zu-Tür-Gehen« ist nicht nur Leuten wie mir unangenehm, es ist für die meisten Christen eine traumatische Erfahrung, weil man auf so viel Ablehnung stößt. Ein Freund erzählte mir kürzlich, dass er bei diesem evangelistischen Hausieren oft eine so große Angst vor Ablehnung hat, dass er schon beim Klingeln betet, dass keiner zu Hause ist. Trotzdem tut er es regelmäßig und bemüht sich, eine neue Gemeinde zu gründen. Manchmal muss er auch einen Tag damit aussetzen, weil er diese vielen abweisenden Reaktionen nicht mehr ertragen kann. Dabei ist dieser Mann ein sehr gesegneter und von Gott bestätigter Leiter einer weithin bekannten Gemeinde. Wenn selbst dieser Pastor Mühe hat, an fremden Türen zu klingeln, was soll dann der durchschnittliche Christ von sich erwarten? Und doch ist es so, dass die häufigsten Formen der Evangelisation gefühlsmäßig sehr herausfordernd sind, weil wir auf viel Ablehnung stoßen.

Geistliches Risiko

Schließlich birgt Evangelisation auch ein geistliches Risiko in sich. Jedesmal, wenn wir versuchen, jemanden für Jesus zu gewinnen, wird Satan wütend. Er kann es nicht ertragen, wenn Menschen sich seinem Griff entziehen und auf die Seite Jesu überwechseln. So sind die Botschafter Jesu auch regelmäßig wandelnde Zielscheiben für Angriffe des Teufels. Wann immer wir evangelisieren, sollten wir auch bedenken, dass wir in der geistlichen Welt für Aufruhr sorgen, und aus diesem Grund sollten wir auch um göttlichen Schutz und Unterstützung bitten.

Angesichts so vieler Risiken ist es kein Wunder, dass schon allein das Wort »Evangelisation« Angst in uns hervorruft. Leider haben unsere geistlichen Leiter oft auch noch zu dieser Angst beigetragen, indem sie zwar von den Risiken, nicht aber von den schönen Erfahrungen sprachen, die man dabei auch regelmäßig macht. Wenn wir ein neues Bild von Evangelisation entwerfen möchten, das auch den ganz durchschnittlichen Christen anspricht, dann müssen wir unbedingt die Bedeutung und die Wirksamkeit der Gnade Gottes neu entdecken, die jedes Risiko ausgleicht.

Der Faktor »Gnade«

Es ist eine Sache, dass Christen mitkommen, wenn wir zu einer evangelistischen Aktion aufrufen. Eine andere Sache ist es, ob auch *Jesus* mitkommt. Die Bibel versichert uns, dass Gott immer bei seinen Kindern ist, wo auch immer wir hingehen. Er hat uns versprochen, dass er immer bei uns ist. Aber ich habe erlebt, dass es auch eine darüber hinausgehende Gegenwart des Heiligen Geistes gibt, die ich dann erfahre, wenn ich Gott diene. Und sie ist verschieden stark, schwillt an und ebbt wieder ab.

Es ist eine Sache, dass die Christen mitkommen, wenn wir zu einer evangelistischen Aktion aufrufen. Eine andere Sache ist es, ob auch Jesus mitkommt.

Matthäus bezieht sich auf diese zweite Form der Gegenwart des Heiligen Geistes, als er den Besuch Jesu in seiner Heimatstadt Nazaret beschreibt: »Und wegen ihres Unglaubens tat er dort nur wenige Wunder« (Mt 13,58). Auch ich habe schon Gott gedient und Einsätze gemacht, zu denen der Heilige Geist scheinbar nicht mitgekommen ist, und ich kann aus Erfahrung sagen, dass es nicht leicht ist, ohne diese besondere Unterstützung irgendwo draußen an der »Front« zu sein. Aber wenn wir die klassischen evangelistischen Aktionen in den meisten unserer Gemeinden kritisch unter die Lupe nehmen, stellen wir fest, dass sie auch ohne den aktiv mitwirkenden Segen Gottes ungestört weiterlaufen können. Ich bin jedoch sicher, dass solche Einsätze auf lange Sicht fruchtlos bleiben.

Jesus konnte als Sohn Gottes eigentlich immer davon ausgehen, dass die Gegenwart des Heiligen Geistes ihn bei seinen Einsätzen unterstützte. Ich bin überzeugt, dass Gott auch heute noch Kranke heilt, doch manche Pastoren denken anders darüber. Eines ihrer Hauptargumente gegen diesen Heilungsdienst ist die Frage: »Wenn Gott auch heute noch heilt, warum gehen wir dann nicht einfach in das nächste Krankenhaus und beten der Reihe nach für alle Krebspatienten?«

Ich glaube, dass hinter diesen Zweifeln keine bösen Absichten stehen. Aber die Menschen, die diese Überzeugung vertreten, haben meines Erachtens eben *nicht* bedacht, dass die Gegenwart des Heiligen Geistes an manchen Orten und zu bestimmten Gelegenheiten stärker oder schwächer ist.

Wenn wir die Gute Nachricht von Jesus mit Erfolg zu anderen Menschen bringen wollen, dann müssen wir uns den Einsätzen anschließen, bei denen wir uns der Gegenwart Gottes bewusst sind. Das richtige Motto ist: »Wenn auch Gott hier wirken möchte, wird alles klappen. Wenn er dies jedoch nicht will, wird hier nichts geschehen.« Ich habe einen Freund, der in der Nähe von Baltimore wohnt und Pastor ist. Er lebt mit dieser Einstellung. Vor einiger Zeit hatte er den Eindruck, dass

Gott das Städtische Gymnasium durch seine Gemeinde segnen möchte. Er ging mehrmals zur Schulbehörde und bat um Genehmigung, um auf dem Schulgelände dienende Evangelisation zu betreiben, doch die Verantwortlichen antworteten immer sehr höflich: »Sie wissen doch, wir dürfen Kirche und Staat nicht vermischen. Wir können Ihnen leider nicht erlauben, als Kirche auf dem Schulgelände zu sein.«

Vor etwa einem Jahr erzählte er mir, wie enttäuscht er über diese Situation sei. Ich schlug ihm einen Einsatz in der Nähe des Schulgeländes vor, wo er noch nahe genug an der Schule wäre, um viele Kinder erreichen zu können. Einige Wochen später startete er seinen ersten Einsatz, der ein voller Erfolg wurde! Etwa ein Dutzend Leute aus seiner Gemeinde stellten an einer Straßenecke unweit der Schule einen Klapptisch auf und boten den vorbeigehenden Schülern ein kostenloses Getränk an.

In den folgenden Wochen verteilten die Christen Eis, Kassetten mit christlicher Musik und Anstecknadeln mit dem Satz: »Ich liebe Dich – J. C.« an die Schüler. Es dauerte nicht lange und die Jugendgottesdienste dieser Gemeinde wurden jeden Freitagabend von vier- bis fünfhundert Schülern besucht. Später erzählte mir mein Freund diese Geschichte und sagte: »Weißt du, es ist unglaublich, was eine Cola zusammen mit der Gegenwart des Heiligen Geistes bewirken kann. Sie kann das Herz eines Menschen für die Liebe Gottes öffnen!«

Jeder kann sich sein Arbeitsgebiet aussuchen

Risiko und Gnade können in verschiedenen Maßen kombiniert und beteiligt sein, wenn wir andere mit unserem Glauben erreichen wollen. Einige der möglichen Kombinationen kommen nur für ausgesprochen heldenhafte Christen in Frage. Es gibt aber auch Varianten, bei denen selbst die schüchternsten Christen aufblühen. Wichtig ist, dass jeder den Bereich findet, in dem er sich am wohlsten fühlt.

Risiko: Welchen Preis muss ich im • emotionalen Bereich
• geistlichen Bereich
• zwischenmenschlichen Bereich
• finanziellen Bereich bezahlen?

Gnade: Wie viel Unterstützung von Seiten Gottes braucht dieser Einsatz, um erfolgreich sein zu können?

geringes Risiko wenig Gnade	hohes Risiko viel Gnade
geringes Risiko viel Gnade	hohes Risiko wenig Gnade

Geringes Risiko, wenig Gnade

Jeder Christ kann an einer Evangelisation teilnehmen, die nur ein geringes Risiko birgt. Aber ich will nie wieder bei einem Einsatz mitmachen, der auch ohne die Unterstützung Gottes durchgeführt werden kann. Ein klassischer Fall in dieser Kategorie ist die telefonische Gemeindegründung. Wenn irgendwo eine neue Arbeit begonnen werden soll, werden nach einem Zufallsprinzip Telefonnummern ausgewählt und angerufen, um die Leute zu der neuen Gemeinde einzuladen. Gelegentlich war dieser Ansatz auch schon von Erfolg gekrönt, aber er erfordert nicht viel übernatürliches Eingreifen Gottes. Im vergangenen Jahr habe ich selbst auch mehrere solcher Anrufe erhalten. Bei der letzten telefonischen Einladung zu einer neuen Kirche in Cincinnati rief mich sogar eine Person aus Michigan an!

Manche mögen sagen: »Jeder Versuch ist besser, als gar nichts zu tun.« Das mag ja sein. Aber wenn Gott nicht eindeutig bei unseren Aktionen mitwirkt, dann verschwenden wir unsere Zeit. Es ist, als ob wir ein totes Pferd mit Peitschenhieben antreiben würden. Jesus hat uns erklärt, dass wir ohne ihn nichts tun können, aber mit ihm werden unsere Aktionen von Erfolg gekrönt sein, von bleibendem Erfolg (vgl. Joh 15,6.16). Wenn wir uns nach mehr göttlicher Nähe und Gnade sehnen, dann können wir uns sicher sein, dass wir, während wir mit anderen Menschen über Jesus reden, auch mehr Erfolg haben werden.

Hohes Risiko, wenig Gnade

Von allen vier Kombinationsmöglichkeiten ist dies die entmutigendste. Wer zu lange unter diesen Bedingungen evangelisiert hat, wird eines Tages überhaupt nichts mehr machen wollen. Diese Art der Evangelisation trägt auch dazu bei, dass von Außenstehenden alle Christen gerne als Fanatiker bezeichnet werden. Mit anderen Worten: Wir haben es hier mit einem Ansatz zu tun, der teuer ist und wenig Nutzen bringt. Das klingt wie die Beschreibung einiger Autos, die ich besessen habe!

Oft genug bin ich mit Teams von Tür zu Tür gegangen, um den Menschen von Jesus zu erzählen. Diese Methode birgt ein hohes Risiko, denn wir dringen in die Privatsphäre fremder Menschen ein, wir fordern Zutritt zu diesem intimen Ort, der »Zuhause« genannt wird. Vor fünfzig Jahren, als die meisten Amerikaner noch auf abgelegenen Farmen lebten, mag das anders gewesen sein. Damals freute man sich wahrscheinlich über einen unangemeldeten Gast. Aber heute hat sich das grundlegend geändert. Außerdem liegt bei diesem Evangelisationsansatz der größte Druck zunächst auf der Person, die an der Tür klingelt und ihre Botschaft irgendwie an den Mann oder die Frau bringen muss. Der Gedanke an eine notwendige Zusammenarbeit mit Gott rückt immer mehr in den Hintergrund

Wenn wir von Tür zu Tür gehen, erklären wir den Menschen zuerst das Evangelium und beantworten dann ihre Fragen. Dahinter steckt die Vorstellung, dass man die Runde gewinnen und jemanden zum Glauben an Jesus führen kann, wenn man auf alle Fragen befriedigende Antworten weiß und alle Einwände vom Tisch fegen kann. Folglich sind hier die Menschen am erfolgreichsten, die am schlagfertigsten reden und sprachlich am begabtesten sind. Sie sind in diesem Fall die besten Evangelisten.

Meine eigenen Versuche mit den verschiedenen Methoden der Evangelisation ergaben, dass sie bis zu einem gewissen Grad alle funktionieren. Mit einer Ausnahme: der Meinungsumfrage. Die meisten von uns sind wahrscheinlich schon einmal irgendwo befragt worden, vielleicht beim Einkaufen oder auf einem Parkplatz, etwa über ihre Meinung zu aktuellen Sportereignissen oder ähnliches. Wenn wir die Umfrage als Methode zur Evangelisation benutzen, dann tarnt sich der Evangelist als Interviewer, der so tut, als wolle er ein paar Dinge von dem Befragten wissen. Die Runde beginnt mit einigen einfachen, entspannten Fragen.

Zuerst kommt die Eröffnungsfrage: »Wie lange leben Sie schon in dieser Gegend?«

Dann geht es weiter: »Leben Sie gerne hier?«

Jetzt werden wir etwas persönlicher: »Fahren Sie einen amerikanischen oder einen ausländischen Wagen?«

Und dann endlich kommen wir zu unserem eigentlichen Thema: »Würden Sie von sich sagen, dass Sie eine persönliche Beziehung zu Jesus haben?«

George Barna, der sich mit der Erforschung des Christentums beschäftigt, hat dieser Umfragen-Evangelisation den »Mühlstein-Preis« verliehen, in Anerkennung für eine christliche Aktivität, die der Verbreitung des Evangeliums in Amerika besonders *hinderlich* ist.[1] Zweifellos ist diese Vorgehensweise irreführend und betrügerisch. Wir gewinnen das Vertrauen unserer Interviewpartner und dann – zack! – hauen wir ihnen die christliche Keule auf den Kopf. Kaum sind sie entspannt und haben sich dem Gespräch geöffnet, schon versucht der Christ, ihnen das Evangelium aufzuzwingen. Das vermittelt doch den Eindruck, dass Menschen, die Jesus lieben, nicht vertrauenswürdig sind. Sie verhalten sich wie scheinheilige, unehrliche Menschen, die Freundlichkeit und Interesse vortäuschen, um ihre Ziele zu erreichen.

In meinen ersten Jahren als Christ habe ich an vielen Einsätzen mit hohem Risiko und wenig Gnade teilgenommen. Ich glaube, ich konnte sehr gut mit Misserfolgen umgehen. Zum Beispiel habe ich als Student immer wieder versucht, evangelistische Bibelstudiengruppen zu gründen. Ich habe ein gewisses Talent, Menschen zu etwas zu überreden, zu dem sie eigentlich keine Lust haben. Aber um sie zu solchen Bibelgruppen einzuladen, reichten selbst meine Fähigkeiten kaum aus. Man versucht bei diesem Vorhaben, einige Studenten in das eigene Zimmer einzuladen, um dort eine Stunde lang mit ihnen die Bibel zu lesen und darüber zu diskutieren. Es ist immer wertvoll und wirksam, wenn wir das Wort Gottes studieren. Aber es sind viele Tricks nötig, um Leute dafür zu begeistern.

Wir brauchen eine ganze Reihe verschiedener Ansätze, um die Menschen in unserer Stadt zu erreichen. Einige der herkömmlichen Methoden fallen zwar unter die Kategorie »hohes Risiko«, doch sie haben sich über Jahre bewährt und sind zuverlässig erfolgreich. Es wäre ein großer Fehler, wenn wir jetzt nur noch dienende Evangelisation anwenden und alle anderen Ansätze über Bord werfen würden. Ich unterstütze jede Methode, mit der die Menschen, die nicht zur Gemeinde Gottes gehören, erreicht werden können. Mein Wunsch ist, dass wir effektiver werden, indem wir mehr Vielfalt zulassen.

Ich glaube, dass Ansätze mit hohem Risiko besonders im letzten Teilstück der Evangelisation angebracht sind, wenn die Menschen an der Schwelle zur Entscheidung für Jesus stehen. Aber wenn wir solche Ansätze ausschließlich verwenden, versagen sie oft. Die Effektivität unseres Evangelisierens ist sehr begrenzt, wenn wir nur über eine Methode verfügen.

Hohes Risiko, viel Gnade

In diesen Bereich fallen »vollmächtige Evangelisation«, »Mission« und »Gemeindegründung«. In jeder dieser Vorgehensweisen findet eine direkte Konfrontation zwischen dem Reich Gottes und dem Reich der Finsternis statt.

Entgegengesetzte Kräfte prallen aufeinander und ein geistlicher Kampf findet statt, wenn im Leben eines Menschen das Handeln Gottes auf die Kräfte der Finsternis trifft. Die aktive, sichtbare Gegenwart Gottes und die mächtigen Gaben des Heiligen Geistes überzeugen den ungläubigen Menschen, dass Gott wirklich existiert und ihn liebt. Es ist äußerst spannend, Gott so zu dienen, und man kann hinterher atemberaubende Geschichten erzählen, aber es ist nicht das Richtige für zartbesaitete Christen. Bevor wir uns einer solchen Herausforderung stellen, müssen wir uns sicher sein, dass Gott voll hinter uns steht, sonst haben wir keine Chance.

Evangelisation in der Kraft des Heiligen Geistes findet dann statt, wenn Gottes Kraft wirksam wird und ein Christ übernatürliches Wissen über Details aus dem Leben eines anderen Menschen empfängt. Diese Methode birgt viele Risikofaktoren, vor allem, weil wir dieses Wirken Gottes nicht selbst auslösen können. Nur Gott allein bestimmt, wann er einem Christen prophetische Einsicht verleiht. Ich bin überzeugt, dass Gott gern so wirkt, aber meine Erfahrung zeigt auch, dass er es nicht mit großer Regelmäßigkeit tut.

Hinzu kommt, dass jeder Mensch sich irren kann, auch und gerade dann, wenn Gott zu ihm redet. Obwohl ich nun schon seit Jahren Erfahrungen mit dem Heiligen Geist mache, bin ich doch immer noch sehr vorsichtig mit Einsichten über andere Menschen. Ich bin mir bewusst, dass ich mich auch immer irren kann. Deshalb beginne ich meine Worte meist mit dem Satz: »Vielleicht täusche ich mich, aber ich glaube, der Herr sagt ...« Ich bin auch nur ein schwacher Mensch und jeden Tag ziehen Zehntausende von Gedanken durch meinen Kopf, von denen nur sehr wenige durch den Heiligen Geist inspiriert sind.

Das hohe Risiko bei der vollmächtigen Evangelisation liegt auf der Hand. Man braucht sehr viel Mut, um auf einen völlig fremden Menschen zuzugehen, um ihm oder ihr mitzuteilen, was man glaubt, dass Gott uns gesagt hat. Es braucht tatsächlich mehr Mut, als die meisten Pastoren haben, ganz zu schweigen von den einfachen Gemeindemitgliedern, die nur ihrem Hirten folgen. Als Gott begann, auf diese Art und Weise zu mir zu reden, war ich überzeugt, dass bald der Großteil meiner Gemeinde auf einer hohen geistlichen Ebene leben und dienen würde. Ich rechnete damit, bald regelmäßig Berichte von dramatischen Heilungswundern zu hören. Doch nichts geschah. Ich habe unterstellt, dass der durchschnittliche Christ viel mutiger sei, als es tatsächlich der Fall ist.

Wenn wir etwas *geben,* entwickeln sich die Möglichkeiten zu guten Gesprächen. Die gegenseitige Distanz wird durch eine einfache, freundliche Tat, mit der wir auf den anderen zugehen, sehr reduziert. Diese kleinen Dienste helfen uns, die ersten vorsichtigen Schritte hinein in das Leben fremder Menschen zu wagen. Mit jedem Schritt scheinen wir ein bisschen mutiger zu werden und so wächst allmählich die Fähig-

> *Die gegenseitige Distanz wird durch eine einfache, freundliche Tat, mit der wir auf den anderen zugehen, sehr reduziert.*

keit, mit Nicht-Christen in Kontakt zu kommen. Hat Gott uns schließlich ausgewählt, in einer von ihm arrangierten Situation sein Sprecher zu sein, so brauchen wir unseren ganzen Mut, um herauszutreten und im Namen Gottes zu reden.

Wir haben immer wieder erlebt, dass wir bestimmte aktuelle Probleme im Leben der Menschen wahrnehmen, die wir gerade unterstützen. Dies scheint eine Form der geistlichen Sensibilisierung zu sein, die Gott uns schenkt. Diese Erfahrung machte ein Mitglied meines Teams vor einigen Monaten: Wir putzten die Windschutzscheiben von parkenden Autos, arbeiteten an diesem Tag jedoch auf dem Parkplatz eines Einkaufszentrums in Birmingham, Alabama. Eine Frau aus dem Team hatte zu Beginn noch gesagt, dass sie ziemliche Angst vor dem Einsatz hätte. Nun wusch sie die Scheiben eines leeren Wagens. Dabei sah sie einen Kindersitz auf der Rückbank. Plötzlich fühlte sie, dass das Kind, das gewöhnlich in dem Sitz saß, vor kurzem sehr krank gewesen war. Dieser Eindruck bewegte sie stark und sie hielt inne, um kurz für das Kind zu beten, nur sicherheitshalber, für den Fall, dass sie sich nicht getäuscht hatte.

Sie war gerade mit dem Wagen fertig geworden, als eine Frau mit vollem Einkaufswagen hinzukam. Die Frau bedankte sich für die sauberen Scheiben und begann, ihre Einkäufe ins Auto zu laden. Die Christin fühlte sich wieder innerlich gedrängt, der Frau anzubieten, für das Baby zu beten. Sie kratzte allen Mut zusammen, um dann herauszuplatzen: »War das Baby, das in dem Kindersitz mitfährt, in der letzten Zeit todkrank?«

Die Mutter begann zu weinen. »Ja«, sagte sie, »mein Baby wäre vor kurzem fast gestorben. Woher wissen Sie so viel über mein Kind?« Diese Christin, die sehr ängstlich losgegangen war, um Autoscheiben zu putzen, hatte bei dieser Aktion viel mehr empfangen. Sie lernte nicht nur, mit einem Scheibenreiniger umzugehen, sondern erhielt von Gott auch noch die Gelegenheit, mit einer fremden Person ins Gespräch zu kommen, die voller Angst und Schmerz war.

Wenn uns Gott auf einem solch übernatürlichen Weg seine Kraft zeigt, wird unsere Aufgabe, die Botschaft seiner Liebe zu überbringen, unendlich viel leichter. Der Nachteil ist nur, dass keiner von uns einen göttlichen, prophetischen Eindruck produzieren kann. Es liegt nicht in meiner Macht, eine Person zu heilen oder sie spüren zu lassen, dass

Veränderungen Gott in ihrem Leben vornehmen will. Ich kann nur darauf hoffen, dass Gott einem Menschen in Not seine Gnade erweist und mich daran teilhaben lässt.

In gewisser Weise gehen Kraftdemonstrationen Gottes und dienende Evangelisation Hand in Hand. Beide entwaffnen den Fremden, indem sie ihm zeigen, *was Gott tun kann*! Die Person kann die Kraft Gottes in Aktion sehen, sowohl durch eine gute Tat unsererseits, als auch durch ein Wort der Erkenntnis von Gott, das geheime Gedanken und Gefühle offenbart. Beides kann die Liebe Gottes sichtbar machen. Aber abgesehen davon, dass beides Wege sind, um Gottes Gegenwart zu offenbaren, liegen doch Welten zwischen den beiden Ansätzen. Ein prophetischer Eindruck, während wir den Menschen dienen, bleibt nach unserer Erfahrung aber die Ausnahme.

Geringes Risiko, viel Gnade

Ich glaube, dieser Bereich ist besonders für diejenigen Christen geeignet, die ihre ersten Schritte machen, um mit dem Evangelium auf andere zuzugehen. Dienende Evangelisation birgt nur ein geringes Risiko, denn wir brauchen nicht viel Geld dafür, wenig Zeit, kaum Erfahrung und wenig gefühlsmäßiges Engagement, um andere dennoch wirkungsvoll zu unterstützen. Und es ist ein Ansatz, der viel Gnade enthält, denn wir gehen in radikaler Ehrlichkeit Gott gegenüber los: »Herr, wenn du bei diesem Projekt dabei bist, wird etwas Bedeutendes geschehen. Aber wir tun nur einen einfachen Dienst. Wir sind uns bewusst, dass nichts von bleibendem Wert geschehen wird, wenn du es nicht tust.«

Die herkömmlichen Methoden mit höherem Risiko erwarten von den meisten Christen, mehr zu leisten, als sie vielleicht eigentlich leisten können. In gewisser Weise haben wir beim Evangelisieren die Hochsprunglatte so hoch angesetzt, dass sie eigentlich nur von Olympiasiegern übersprungen werden kann. Die Erfolgserwartungen sind so hoch und mit so großem emotionalen Druck beladen, dass der »normale« Christ dem vielleicht nie gerecht werden kann. Ein Blick auf die Herausforderung genügt den meisten von uns, um mit einem Kopfschütteln abzulehnen. Ich weiß, dass ich niemals so hoch springen

Die meisten von uns lassen nach einiger Zeit frustriert die Arme sinken und geben auf. Wir werden zu »Karpfen«, sitzen auf dem Grund des Flusses, atmen Schlamm ein und sind froh, wenigstens in Sicherheit zu sein.

kann. Meine einzige Chance, unter diesen Bedingungen einen guten Eindruck zu machen, wäre ein verstecktes Trampolin, das mir den nötigen Schwung geben könnte.

Nach einer gewissen Zeit ist der durchschnittliche Christ von all der Ablehnung und dem Versagen wie gelähmt. Die meisten von uns lassen nach einiger Zeit frustriert die Arme sinken und geben auf. Wir werden zu »Karpfen«, sitzen auf dem Grund des Flusses, atmen Schlamm ein und sind froh, wenigstens in Sicherheit zu sein. Wir werden Opfer der falschen Schlussfolgerung, die besagt: »Irgendetwas stimmt mit mir und meinem geistlichen Leben nicht, sonst würde mir Evangelisation doch auch Spaß machen.«

Egal, wie kunstvoll wir versuchen, unsere evangelistischen Einsätze attraktiv zu verpacken, mit »neuen, verbesserten Programmen«, Videos, Büchern und Seminaren, es wird sich nicht viel ändern, solange wir die Grundvoraussetzungen unverändert lassen. Erst wenn wir das Risiko vermindern und den Raum für Gottes Gegenwart bei unseren Einsätzen erhöhen, wird der durchschnittliche Christ erleben, dass Evangelisation nicht nur etwas für Profis ist. Gott sei Dank für jeden Experten, aber ich glaube, Gott möchte mehr als das. Evangelisation muss sich nicht auf ein paar wenige Fachleute beschränken. Ich habe für mich einen Weg gefunden, wie ich ohne Schuldgefühle und ohne Angst evangelisieren kann, indem ich das Risiko vermindere und den Bedarf an Gottes Gnade erhöhe. Geringes Risiko und viel Gnade ergänzen sich wunderbar.

Auch die Jünger begannen mit geringem Risiko

Während seiner dreijährigen Dienstzeit hat Jesus zunächst sehr viel Zeit mit seinen Jüngern verbracht und ihnen gezeigt, wie man die Dinge tut, die er tat. Schon auf den ersten Seiten der Evangelien lesen wir, dass Jesus sich immer wieder in Situationen mit hohem Risiko begeben hat. Er trieb Dämonen aus, predigte die Botschaft vom Reich Gottes, speiste auf übernatürliche Weise große Menschenmengen und weckte gelegentlich sogar Tote auf.

In den drei Jahren, die Jesus mit den Jüngern verbrachte, zentrierten sich die Ereignisse meist um die Person Jesu. Aber dann, in kleinen Schritten, gab er seinen Aposteln Gelegenheit, selbst zu dienen. Als er die Viertausend speiste (vgl. Mt 15,32-38), war es die Aufgabe der Jünger, die Essenskörbe von Jesus zu den Menschen zu tragen. Später sammelten sie den Müll auf. Bei diesem Einsatz war das Risiko sehr gering. Später wurden diese Männer für ein paar Tage ausgesandt, um einen Teil dessen zu tun, was sie bei Jesus gesehen hatten. Auch sie trieben Dämonen aus, heilten, halfen anderen, gaben ihnen etwas zu essen und erzählten vom Reich Gottes (vgl. Lk 9,1-6). Nicht allzu lange danach kehrte Jesus zu seinem Vater zurück und die Jünger führten fort, was Jesus begonnen hatte.

Das Reich Gottes wird in kleinen Portionen und mit langsam steigendem Risiko in die Herzen heranreifender Christen gesät, so dass jede Stufe für sie zu bewältigen ist. Natürlich haben wir alle auch schon erlebt, dass wir einen deutlichen Schritt heraus aus dem bisherigen Bereich machen müssen, um geistlich zu wachsen, aber im Allgemeinen geht unsere Entwicklung auf einem nicht allzu steilen Pfad voran. Wir müssen zuerst lernen, die vor uns liegende Höhe zu überspringen, bevor die Latte wieder ein kleines bisschen höher gelegt werden kann.

Das Leben eines Christen soll in erster Linie einfach sein, nicht kompliziert. Man muss kein reifer Gläubiger sein, um sich mit allen Mitteln auf das einzulassen, was der andere braucht. Schon »neugeborene Babychristen« können bei dieser Art von Evangelisation sehr erfolgreich sein. Unsere evangelistische Wirksamkeit hängt nicht davon ab, dass wir alle Antworten auf alle möglichen Fragen bereit haben, die Nichtchristen uns stellen können.

> *Unsere evangelistische Wirksamkeit hängt nicht davon ab, dass wir alle Antworten auf alle möglichen Fragen bereit haben, die Nichtchristen uns stellen können.*

Jesus behandelt uns genauso wie die Apostel. Er gibt uns genügend Zeit zum Wachsen. Er weiß, dass die meisten, die zu ihm gehören und sein Reich vertreten, noch lange mit ihm zusammen sein werden. Vielleicht werden Einzelne von uns zu besonderen Diensten mit hohem Risiko und viel Gnade ausgewählt, aber ich glaube, dass für die Mehrheit der Christen der Bereich mit geringem Risiko und viel Gnade vorgesehen ist. Unabhängig davon, in welchem in diesem Kapitel beschriebenen Bereich wir tätig sind, Gott möchte, dass wir eine Ebene von geistlicher Reife erreichen, auf der wir wie selbstverständlich seine Liebe Tag für Tag einer Umwelt vorleben, die sich unendlich nach seiner Gegenwart und Liebe sehnt.

Kapitel 4

Jenseits von uns und den anderen

*»Ein Mann steht lange mit offenem Mund da,
bevor eine gebratene Ente hineinfliegt.«
Chinesisches Sprichwort*

Stellen Sie sich bitte folgende kleine Geschichte vor. Eine Gruppe von Menschen hat eine mehrtägige Ausbildung an einer Schule für Fallschirmspringen absolviert. Die Lehrer haben jeden Abschnitt eines erfolgreichen Sprunges sorgfältig behandelt. Die Schüler haben gelernt, den richtigen Fallschirm auszuwählen, ihn zu packen, sogar über die richtige Farbzusammenstellung der Sprungkleidung wurde gesprochen. Man hat die großen Fallschirmspringer der Vergangenheit studiert, die Unfallstatistiken derer gelesen, die abgestürzt sind, und dann wurden Sprünge simuliert. Schließlich war die Ausbildung abgeschlossen, ein Test wurde geschrieben und eine große Abschlussfeier wurde organisiert, um die erfolgreichen Absolventen des Kurses zu ehren.

Der Rektor sprach über das lange, stolze Erbe der Schule und alle waren begeistert – bis auf einen Absolventen. Obwohl jetzt, inmitten der Feierlichkeiten, bestimmt nicht der richtige Ort dafür war, hob er seinen Arm. Der Redner fragte ihn, was los sei. Der Schüler stand schüchtern auf und äußerte seinen Einwand: »Ich komme mir komisch vor, jetzt eine Urkunde als geprüfter Fallschirmspringer zu erhalten, obwohl ich noch nie aus einem Flugzeug gesprungen bin.«

Alle Anwesenden drehen sich um und starren ihn an. Die kalte Antwort des Rektors ist: »Wissen Sie denn nicht, dass wir nicht mehr Fallschirm springen? Wir studieren es und reden darüber, das genügt.«

Die gleiche Einstellung begegnete mir, als ich mich in Evangelisation ausbilden ließ. Mitte der siebziger Jahre besuchte ich eine angesehene Bibelschule in Los Angeles. Dort war ich mit vielen jungen Leuten zusammen, die wie ich aus einem nichtkirchlichen Elternhaus kamen. Wir alle hatten tiefgreifende Veränderungen erlebt, seit wir durch die *Jesuspeople*-Bewegung oder in ihrem Umfeld ein neues Leben mit Jesus begonnen hatten. Es war die Zeit, als diese Erweckungsbewegung unter jungen Leuten im südlichen Kalifornien sehr stark war. Wir Bibelschüler waren alle noch nicht sehr lange mit Jesus vertraut und kümmerten uns wenig um christliche Traditionen. Als wir mit den Lehrern und dem Personal der Bibelschule zusammentrafen, die alle langjährige Christen waren, ergab dies eine explosive Mischung.

Auf der Bibelschule schloss ich mich bald dem »Evangelisationsteam« an, einer Gruppe von etwa zwölf Leuten, die sich immer freitagabends für drei Stunden trafen. Zu Beginn des Schuljahres waren wir alle voller Erwartung, hinauszugehen und den anderen Menschen von der Liebe Gottes zu erzählen. Bevor wir losgingen, mussten wir uns natürlich zunächst vorbereiten. Wir lasen also mehrere Bücher über das Thema, sahen einige Filme und diskutierten heftig über die effektivsten Methoden. Wir übten das Reden über unseren Glauben sogar in Rollenspielen.

Die Weihnachtsferien kamen und wir waren immer noch in der Vorbereitungsphase. Dann ging der Unterricht weiter – und die Zeit verging schnell. Ehe wir uns versahen, waren wir schon in den Frühlingsferien. Anfang Mai dämmerte es mir endlich. Das »Evangelisationsteam« hätte eigentlich eher den Namen »Vorbereitungsteam« verdient. Wir *hatten* überhaupt nicht evangelisiert. Wir redeten, beteten und übten das Evangelisieren. Aber in diesem Schuljahr ging unser Team kein einziges Mal hinaus in die Stadt.

Eines Freitags gegen Schuljahresende teilte ich dem Leiter meine Beobachtung mit. Mit väterlicher Geduld antwortete er mir: »Steve, ich schätze deine Begeisterung. Aber wir sind einfach noch nicht soweit, dass wir hinausgehen könnten. Wenn du reifer wirst im Herrn, wirst du erkennen, wie viel Weisheit in dem Evangelisationsunterricht lag, den wir in diesem Jahr zusammen hatten.« Man sagte mir praktisch, ich würde es später, wenn ich »reifer wäre im Herrn«, verstehen, warum es besser war, dass das »Evangelisationsteam« nicht wirklich evangelisierte. Aber ich habe es damals nicht verstanden und ich verstehe es heute immer noch nicht.

Die meiste Zeit meines Lebens als Christ war ich von allen möglichen Ängsten und falschen Vorstellungen über das Leben gefangen. Ich wurde zu einem Christen mit Platzangst. Ich liebte den Herrn, hatte aber Angst, sein Haus zu verlassen. Erst in den letzten Jahren habe ich mich aus dem christlichen Getto herausgewagt, in dem ich lange eingekerkert war. Ich wies die Ängste und falschen Vorstellungen zurück, die mich so lange eingeengt und passiv gehalten hatten. Mit anderen Worten: Ich wagte es jetzt, auch über die vorgegebenen Linien zu malen.

> Ich wurde zu einem Christen mit Platzangst. Ich liebte den Herrn, hatte aber Angst, sein Haus zu verlassen.

Das Königreich – theoretisch oder praktisch?

Jesus erzählt die Geschichte von drei Männern, die in den gleichen Ängsten gefangen waren (vgl. Lk 10,25-37). Während zwei von ihnen in ihrer Angst verharrten, machte der Dritte den mutigen Schritt heraus. Jesus war von einem zuhörenden Gesetzeslehrer gefragt worden: »Was muss ich tun, um das ewige Leben zu gewinnen?«

Die Antwort Jesu war grundsätzlich: »Es ist ganz praktisch. Liebe Gott und liebe deinen Nächsten.«

Der Mann, der versuchen wollte, seine eigene Verantwortung herunterzuspielen, fragte: »Wer ist denn mein Nächster?« Die Antwort Jesu war das Gleichnis vom barmherzigen Samariter.

»Ein Mann ging von Jerusalem nach Jericho hinab und wurde von Räubern überfallen. Sie plünderten ihn aus und schlugen ihn nieder; dann gingen sie weg und ließen ihn halbtot liegen. Zufällig kam ein Priester denselben Weg herab; er sah ihn und ging weiter. Auch ein Levit kam zu der Stelle; er sah ihn und ging weiter. Dann kam ein Mann aus Samarien, der auf der Reise war. Als er ihn sah, hatte er Mitleid, ging zu ihm hin, goß Öl und Wein auf seine Wunden und verband sie. Dann hob er ihn auf sein Reittier, brachte ihn zu einer Herberge und sorgte für ihn. Am anderen Morgen holte er zwei Denare hervor, gab sie dem Wirt und sagte: Sorge für ihn, und wenn du mehr für ihn brauchst, werde ich es dir bezahlen, wenn ich wiederkomme« (Lk 10,30-35).

Jesus fragte den Gesetzeslehrer: »Wer von diesen dreien hat sich als der Nächste dessen erwiesen, der von den Räubern überfallen worden war?« Dieser entgegnete: »Der, der barmherzig an ihm gehandelt hat.« Da sagte Jesus zu ihm: »Dann geh und handle genauso!« Jesu Antwort auf die Frage »Wer ist mein Nächster?« war kurz gesagt: »Dein Nächster ist die Person direkt vor dir, die ein Problem hat.« Egal, wie diese Person aussieht, auch wenn sie eigentlich unser Gegner ist, unser Auftrag ist es, dem Menschen in Not, den wir sehen, die Liebe Gottes zu zeigen.

Jesus sagt uns, dass man an der Art, wie wir andere behandeln, erkennen kann, in welchem Zustand unser Herz ist. Mit anderen Worten: Die Art und Weise, wie wir (die Gemeinde) sie (die Menschen außerhalb der Gemeinde) behandeln, ist ein Gradmesser für unsere geistliche Gesundheit. Die drei Männer im Gleichnis durchliefen alle dieselbe Prüfung. Was würden sie mit einem Mann tun, der fast totgeschlagen wurde und nun am Straßenrand lag? Keiner von ihnen war sich in dem Moment bewusst, dass er getestet wurde, und nur einer von ihnen bestand die Prüfung und nahm sich des Menschen an, der in Not war und ihm von Gott auf seinen Weg gelegt wurde.

> Mit anderen Worten: Die Art und Weise, wie wir (die Gemeinde) sie (die Menschen außerhalb der Gemeinde) behandeln, ist ein Gradmesser für unsere geistliche Gesundheit.

Offen gestanden habe ich selbst über weite Strecken meines christlichen Lebens so gedacht und gehandelt wie der Priester und der Levit, die direkt an dem Verwundeten vorbeigingen. Lassen Sie uns diese beiden Männer etwas näher betrachten. Sie hatten sich von der Welt abgesondert und waren im Gefängnis der gleichen Ängste, die auch unser Leben begrenzen, gefangen – vielleicht, ohne dass sie es wussten.

Der Priester und der Levit betrachteten das Reich Gottes als etwas von der Welt Abgetrenntes. Das Gesetz des Tempels stand für sie weit über allen menschlichen Erwägungen. Das Leben des Priesters drehte sich um seine vorgeschriebenen Aufgaben im Tempel, das Abhalten der wöchentlichen Gottesdienste, das Verlesen der Heiligen Schrift, das Opfern und Predigen. Seine Tätigkeiten im Tempel waren ihm wichtiger als die Schmerzen dieses Mannes am Straßenrand.

Der Priester war wahrscheinlich gerade auf dem Weg zu seinem Dienst, wahrscheinlich sollte er an diesem Tag im Tempel arbeiten. Sicherlich hatte er die Vorschrift vor Augen, dass jeder, der einen Toten berührt, sieben Tage lang unrein ist (vgl. Num 19,11). Vielleicht hatte der Priester Angst, dass der Mann tot sein könnte, und er wollte es nicht riskieren, unrein zu werden. In seinem Bestreben, rein und heilig zu bleiben, hatte er sich aus der unreinen Welt um sich her zurückgezogen; er hatte sich von denen entfernt, die verletzt sind und die Gott liebt.

Innerhalb seines engen religiösen Denkens war es sinnvoll für den Priester, den Verletzten nicht zu berühren. Doch wenn man die Welt als Ganzes sieht, ist dieses Verhalten nicht nachvollziehbar. In den Augen der Menschen außerhalb der jüdischen Religion waren diesem Priester die Tempelrituale wichtiger als das menschliche Leben. Der Priester konnte sich nur innerhalb seines gewohnten Rahmens, des Tempels, bewegen. In der Außenwelt wirkte er wie ein Pferd mit Scheuklappen.

Auch der Levit lebte in seiner eigenen Welt, die genauso scheinheilig (im wahrsten Sinne des Wortes) war wie die des Priesters. Dieser Mann hielt das Reich Gottes für einen Ort, an dem sich alles um das eine Ziel dreht: gerecht zu sein und Gott zu erkennen. Er war ein Experte des jüdischen Gesetzes und beschäftigte sich mit all den zugehörigen Theorien und Spekulationen. Für ihn bestand Gerechtigkeit darin, die Dinge richtig zu tun, und das gab ihm Macht. Für ihn war das Leben eine mathematische Gleichung und er sah sich selbst als Mann Gottes, der alle Antworten hatte. Das Problem bestand nur darin, dass niemand außerhalb seiner kleinen begrenzten Welt die Fragen stellte, die er hätte beantworten können.

Das Ziel der meisten Gemeindemitglieder ist, frei von seelischen Schmerzen zu sein. Doch solange wir leben, werden wir alle unter mehr oder weniger starken Schmerzen leiden. Alte Schmerzen heilt die Gegenwart und Kraft Gottes in unserem Leben zwar, aber es entstehen laufend neue Verletzungen, die wieder neue Schmerzen verursachen. Wir alle versuchen irgendwie, diese Schmerzen zu vergessen, die uns erstarren lassen und vom Zentrum des Wirkens Gottes fernhalten, die uns aber auch Türen hinein in die menschliche Gesellschaft öffnen könnten, in der wir leben.

Persönliche Schmerzen waren vielleicht der Grund, aus dem sich der Priester und der Levit aus dem Leben zurückgezogen und auf ihre innersten Ängste und ihre eigene Gedankenwelt beschränkt haben. Ich lerne, mich nicht von meinen Schmerzen lähmen und von der Welt fernhalten zu lassen, die doch Gegenstand der göttlichen Liebe ist. Und jedesmal, wenn ich den Schritt heraus aus dem Radius der Gemeinde wage und in die Welt der Kirchendistanzierten eintauche, erlebe ich ein weiteres Stück persönlicher Heilung, die Gott gerade dann in mir bewirkt.

Wenn wir eine echte Vision für das Reich Gottes haben, werden immer andere Menschen der Dreh- und Angelpunkt unseres Denkens und Lebens sein. Der Priester und der Levit konzentrierten sich auf ihr eigenes Innenleben und waren gefangen in den Vorschriften und Aktivitäten ihrer religiösen Welt. Sie hatten keine Zeit, denn sie mussten ihren Verpflichtungen nachkommen. Es waren würdevolle Aufgaben auf biblischer Grundlage, die sie im Gehorsam Gott gegenüber ausführten. Daran besteht meines Erachtens kein Zweifel. Und doch waren diese beiden Männer völlig am Ziel vorbeigegangen, weil sie nicht erkannt hatten, dass für Gott und in seinem Reich die Menschen das Wichtigste sind.

Intoleranz ist etwas anderes als Heiligkeit

Die Heilige Schrift fordert von den Menschen, die im Tempel dienen, ein integres Leben zu führen. Ohne Frage strebten der Priester und der Levit nach persönlicher Heiligung, was für alle Menschen natürlich sein sollte, die Jesus nachfolgen wollen. Aber diese beiden Männer lebten kein heiliges Leben, sondern eine billige Kopie dessen. Das wurde in dem Moment deutlich, als sie an dem verletzten Mann im Straßengraben vorbeigingen. Tatsächlich wollten der Priester und der Levit nicht in erster Linie Gott, sondern vielmehr den Menschen gefallen.

Kürzlich war ich als Gastredner in einer Gemeinde eingeladen. In der Predigt erwähnte ich, dass ich manchmal auch fernsehe und ins Kino gehe. Ich erklärte, dass ich gern ins Kino gehe, weil das für mich sehr entspannend ist. So erhole ich mich von dem strengen Terminplan, den ich sonst einhalten muss. Später in meiner Predigt verwendete ich ein Beispiel aus einem bekannten Film, der in dem gleichen Staat gedreht worden war, in dem auch die Gemeinde zu Hause war. Es war ein Film, den Christen sich ohne Probleme ansehen konnten. Ich fragte, wer den Film gesehen hatte. Nur zwei von den über zweihundert Anwesenden meldeten sich und gaben zu, in dem Film gewesen zu sein. Später sagte mir der Pastor der Gemeinde, dass er selbst von einigen Gemeindemitgliedern wusste, die diesen Film gesehen hatten. Aber sie wollten es nicht vor ihren Freunden zugeben!

Oft ist das, was Christen für Heiligkeit halten, nichts weiter als Intoleranz. Wenn wir die Nachfolge Jesu so naiv definieren, wird das christliche Leben scheinbar sehr einfach. Wer sich nicht an unsere Vorstellungen eines christlichen Lebenswandels hält, wird ausgeschlossen. Anbetungsgruppen sind oft typische Beispiele für diese schlichte Auffassung von Heiligkeit. Sie stellen für ihre Gemeinschaft einen Katalog von Verhaltensregeln auf, die in ihren Augen entscheiden, ob man ein Jünger Jesu ist oder nicht. Damit wird alles ganz einfach. Wenn unser äußeres Verhalten damit übereinstimmt, sind wir wunderbare Christen.

> *Oft ist das, was Christen für Heiligkeit halten, nichts weiter als Intoleranz. Wenn wir die Nachfolge Jesu so naiv definieren, wird das christliche Leben scheinbar sehr einfach. Wer sich nicht an unsere Vorstellungen eines christlichen Lebenswandels hält, wird ausgeschlossen.*

Ein besonders beliebtes kurzes Regelwerk lautet: »Meid tanzen, trinken, rauchen und solch' Sachen und alle Mädchen, die das gern machen.« Wenn man in theologischen Begriffen denkt, handelt es sich dabei um *Tatsünden*. Bei diesem Verständnis von Heiligkeit besteht jedoch die Gefahr, dass wir die Sünde übersehen, von der Jesus in dem oben zitierten Gleichnis sprach, denn diese war eine *Unterlassungssünde*. Wir dienen keiner Gottheit, die sich gern tolle Darbietungen vorführen lässt, sondern einem Gott, der gnädig ist und vergibt. Wenn Gott uns in eine Situation bringt, in der wir einem Menschen in Barmherzigkeit dienen sollen, und wir tun es nicht, dann sind wir ungehorsam und haben gesündigt.

Wir können nur vermuten, wie das Leben des Priesters und des Leviten in früheren Jahren verlaufen war. Vielleicht haben sie dramatische Umkehrungen erlebt, vielleicht sind sie aber auch schon in einem streng religiösen Elternhaus aufgewachsen. Doch unabhängig von ihrem früheren Leben hatten sie zum Zeitpunkt dieser Begebenheit den

Bezug zur Gesellschaft bereits verloren. Der Priester und der Levit sind ohne Zweifel Negativvorbilder für uns, weil wir alle in gewissem Maße auch so denken wie diese beiden und die Gefahr besteht, dass auch wir an dem verletzten Mann vorbeigehen.

Je weiter wir uns von dem Zeitpunkt unserer eigenen Umkehr, unserer persönlichen »v. Chr.«-Zeitrechnung entfernen, desto mehr verlieren wir den Bezug zu der Wirklichkeit eines Lebens ohne Jesus. Ich bin der Ansicht, dass in diesem Fall der Weg zu geistlicher Arroganz oder »heiligem Gedächtnisschwund« nicht mehr weit ist.

Je länger wir ausschließlich mit den anderen Christen zusammen sind und die weltliche Realität meiden, desto mehr neigen wir dazu, uns die Finsternis außerhalb unserer Kirchenwände übertrieben vorzustellen. Wir genießen den Herrn so sehr, dass wir vergessen haben, wie es ist, getrennt von Gott zu leben. Wir verlieren die ausgewogene Sichtweise des Psalmisten, der schreibt: »Hätte sich nicht der Herr für uns eingesetzt ...« (Ps 124,1). Mit anderen Worten: »Nur durch die Gnade Gottes bin ich.«

Welcher fromme Irrglaube hält Sie zurück?

Reagierte der Samariter immer so mitfühlend auf die Schmerzen anderer? Wahrscheinlich nicht. Es wäre nicht gerecht, wenn wir davon ausgingen, dass alle Samariter barmherzig sind oder dass alle Priester und Leviten ein kaltes Herz haben. Der Unterschied zwischen diesen drei Männern war, dass einer von ihnen nicht mehr dem falschen Denken unterworfen war, während die beiden anderen noch in diesen alten Gedanken gefangen waren. Trotz unserer zweitausendjährigen Kirchengeschichte ist es dennoch wahrscheinlich, dass einige dieser Mythen uns auch heute davon abhalten, Menschen in Not aktiv zu unterstützen.

Was ist ein »frommer Irrglaube«? Mark Twain sagte: »Im Leben gibt es Lügen und es gibt verdammte Lügen.« Oder in unserem Fall: Es gibt *offenkundige* Lügen und *unauffällige* Lügen. Ein Irrglaube ist eine subtile Lüge, eine Sichtweise, die so nah an der Wahrheit ist, dass man sie für die Wahrheit halten kann. Mythen sind für Christen besonders gefährlich, denn wenn wir sehen, wie andere Christen ihnen glauben und entsprechend leben, dann missverstehen wir sie leicht als Wahrheit. Wenn wir sie aufnehmen und ihnen Zeit einräumen, unser Denken zu beeinflussen, können sie unser Herz vergiften. Im Folgenden werde ich einige religiöse Mythen entlarven, die viele von uns erst noch aus ihrem Denken entfernen müssen.

Erster Irrglaube: Beim Evangelisieren besteht meine Hauptaufgabe darin, Nichtchristen in die Kirche einzuladen

Viele Christen glauben, dass die Menschen von allein an unsere Türschwellen kämen, wenn wir nur schönere Räume hätten oder gefälligere Programme. Menschen, die an diese Lüge glauben, haben in letzter Zeit keine Gemeinde gegründet. Denn meist suchen die Menschen, die in keine Kirche gehen, auch gar nicht nach einer schönen Gemeinde, der sie sich anschließen könnten. Als wir nach Cincinnati kamen, hörten wir immer wieder: »Aber es gibt doch schon so viele Kirchen in unserer Stadt.« Was natürlich für uns nicht heißt, dass Gott uns nicht trotzdem hierher geschickt hat, weil er eine spezifische Aufgabe für uns in dieser Stadt hat. Aber aus diesem Einwand lässt sich die Auffassung des durchschnittlichen kirchendistanzierten Menschen sehr gut ablesen. Dass er nicht in unsere Gemeinde kommt, liegt keineswegs daran, dass unsere Räumlichkeiten zu wenig einladend sind. *Er denkt, dass es schon zu viele Kirchen in den Vereinigten Staaten gibt*, und er ist weit davon entfernt, sich für eine Neueröffnung zu interessieren.

Zweiter Irrglaube: Wenn mich eine in Not geratene Person um Hilfe bittet, kann ich mich damit entschuldigen, dass ich nicht die Gabe der Hilfeleistung habe

Vielleicht dachte der Levit: »Das ist nicht mein Dienst. Barmherzigkeitsdienst ist nicht meine Stärke. Ich bin eher ein Lehrer. Ich bin gerne bereit, eine Bibelstudie über Barmherzigkeit an Hand der kleinen Propheten auszuarbeiten, aber ich bin kein praktischer Typ.« Keine Frage: Einige Christen beruft Gott zu einem bedeutenden Evangelisations-

> *»Jemand sollte wirklich etwas unternehmen, um dieser Person da drüben zu helfen. Natürlich bin ich nicht verantwortlich und ich habe auch keine Gabe, da etwas zu machen. Beim geistlichen Gabentest habe ich schließlich bei Barmherzigkeitsdiensten sehr schlecht abgeschnitten.«*

dienst, einige werden sogar die Dienstgabe des Evangelisten haben und als solcher tätig sein. Aber Paulus sagte auch, dass *jeder* Christ ein Botschafter für Jesus ist (2 Kor 5,18-20). Jesus sandte uns in die Welt, damit die Welt erkennt, dass der Vater ihn gesandt hat (Joh 17,18-21).

Leider neigen wir oft dazu, das Dienen allgemein denen zu überlassen, die nach unserer Ansicht die Gabe des Dienens haben. Dies ist ein bequemer Weg, die Verantwortung auf andere abzuschieben. In seinem kleinen Buch *Born to Reproduce* (»Geboren, um sich zu vermehren«) kommt Dawson Trotman zu dem Ergebnis, dass es für einen gesunden Menschen, der mit einem anderen gesunden Menschen verheiratet ist, normal ist, Kinder zu bekommen. Entsprechend sollte es auch für die Familie Gottes normal sein, Kinder ins Reich Gottes zu bringen und sich geistlich zu vermehren. Dies darf nichts Ungewöhnliches sein, sondern es muss der Standard für alle werden, die Jesus nachfolgen.

Wenn wir eine Person sehen, die sich in einer Notlage befindet, denken wir oft (wie der Priester):»Jemand sollte wirklich etwas unternehmen, um dieser Person da drüben zu helfen. Natürlich bin *ich* nicht verantwortlich und *ich* habe auch keine Gabe, da etwas zu machen. Beim geistlichen Gabentest habe *ich* schließlich bei Barmherzigkeitsdiensten sehr schlecht abgeschnitten.« Ich bin dafür, dass jeder in dem Bereich eingesetzt wird, in dem seine Stärken liegen. Andererseits erlebe ich immer wieder, dass Jesus darauf wenig Rücksicht nimmt und mich scheinbar bevorzugt mitten in solche Aufgaben stellt, bei denen ich mich besonders schwach fühle. Ich glaube, das ist eine seiner Methoden, mich zu trainieren, mit mir zu üben und mir beim Wachsen zu helfen.

Dritter Irrglaube: Diese Person sieht nicht so aus, als ob sie bereit wäre, umzukehren

Als ich irgendwo die Grundgedanken der dienenden Evangelisation erläuterte, kam die alarmierte Reaktion eines Pastors:»Was Sie da sagen, könnte gefährlich werden. Wir könnten die Kontrolle über die Ereignisse verlieren. Bevor wir uns versehen, würde die Welt in die Gemeinde kommen. Alles könnte sehr schnell aus den Fugen geraten.«

Meine Antwort war: »Ich will nicht verletzend sein, aber was Sie eben beschrieben haben, ist genau unser Ziel. Ich hoffe, dass die Dinge außer Kontrolle geraten. Es hat auch eine sehr erfrischende Wirkung, wenn sich mehr entwickelt, als eine Person kontrollieren kann.«

Das Wort »vorsichtig« ist ein anderer Ausdruck dafür, dass wir Dinge in der Hand haben, die vielleicht eher in Gottes Hand sein sollten. Wenn wir für eine Situation verantwortlich sind, wenn es auf unsere Stärke und unsere Fähigkeiten ankommt, dann werden wir unvermeidlich »vorsichtig« werden und uns Sorgen über die Resultate machen. Es ist nicht meine Berufung und auch nicht der Auftrag irgendeiner anderen Person, das göttliche Feuer in einem anderen Menschen zu entfachen oder in Gang zu halten. Wir sind Gottes Botschafter, aber wir tragen nicht die Verantwortung für Gottes Volk. Nur Gott selbst kann das gute Werk, das er angefangen hat, auch in uns vollenden (Phil 1,6). Ich bin überzeugt davon, dass Gott selbst die Dinge, die er begonnen hat, auch weiterführen wird.

Evangelisation im Stil des Samariters

Jesus erklärte den Samariter zum Helden der Geschichte. Das war ein Schock für die Juden, die Jesus zuhörten. Die häufigsten Witze gingen in jener Zeit auf Kosten der Samariter. Man lachte über sie und beschrieb sie als einfache, ländliche Menschen, die eine langsame Auffassungsgabe hatten und geringe Schulbildung besaßen. Und doch stellte Jesus gerade die Einstellung und das Verhalten dieses Mannes als Vorbild hin. Dieser Samariter spiegelt das Reich Gottes als Reich der Barmherzigkeit am besten wider. Wir lernen an seinem Beispiel, wie der Heilige Geist uns befähigen kann, den Nichtgläubigen Heilung zu bringen, sobald wir zu ihnen hingehen. Anders ausgedrückt: Das Reich Gottes fließt durch die Menschen, die bereit sind, seine Liebe und Gegenwart auszuteilen.

Jesus greift diesen Gedanken wieder auf, als er Jesaja, Kapitel 61 zitiert: »Der Geist des Herrn ruht auf mir; denn der Herr hat mich gesalbt. Er hat mich gesandt, damit ich [...] gute Nachricht bringe, [...] Entlassung verkünde, [...] den Blinden das Augenlicht, [...] in Freiheit setze, [...] ein Gnadenjahr des Herrn ausrufe« (Lk 4,18-19). Es besteht ein unmittelbarer Zusammenhang zwischen der Gnade, die Gott in uns hineinfließen lässt, und der Barmherzigkeit, die aus uns herausfließen und anderen helfen wird, mehr von Gottes Gnade zu erleben. Nach meiner Erfahrung erlebe ich Gottes lebendige Gegenwart besonders intensiv, während ich denen, die ihn noch nicht kennen und verletzt sind, seine Liebe weitergebe. Während wir die Botschaft von der Gnade Gottes zu den Nichtgläubigen und Bedürftigen bringen, ist seine Gegenwart nicht nur da, um ihnen zu helfen, sondern sie ruht auch in besonderer Weise auf uns.

Das Gleichnis vom verlorenen Schaf (Lk 15,3-7) zeigt uns die besondere Liebe Gottes für die »Schafe«, die noch nicht zu seiner Herde gehören. An dieser Stelle erfahren wir, dass die Freude über das eine Schaf, das verloren war und wieder gefunden wird, größer ist als die Freude über die neunundneunzig Schafe, die in Sicherheit sind. Jesus hat uns ständig die Auswirkungen des Reiches Gottes vorgelebt. Er kam, um alle Menschen zu suchen und zu heilen. Dazu zählen, wie wir in den Evangelien sehr zu erkennen können, auch die Kranken, die Gefangenen, die Gelähmten und die Armen. Der gute Hirte war immer auf der Suche nach Ungläubigen. Er ging so weit, dass er den größten Teil seines Dienstes bei denen ausübte, die außerhalb der traditionellen religiösen Welt und außerhalb der Gesellschaft lebten. Und während Jesus mit diesen Menschen zusammen war, spürte er immer die besondere Liebe des Vaters für diese Menschen und sein Verlangen, gerade *sie* in seinem Königreich zu haben.

Als der Samariter anhielt, um dem Verletzten zu helfen, war er von der Gnade Gottes erfüllt. Er liebte einen Menschen, dem Gottes besonderes Interesse galt, und diese Liebe wurde praktisch, indem er mit Barmherzigkeit auf alle Menschen zuging. Der Priester und der Levit spürten diese Auszeichnung nicht, weil sie nicht zu dem Verletzten hingingen. Ich vermute, dass sie zögerten, ihm zu helfen, weil sie dachten, dafür nicht befähigt oder von Gott geschickt zu sein. Vielleicht waren sie einfach nur müde. Hätten sie sich aber die Zeit genommen und dem Mann in Not ihre Hilfe angeboten, so hätten auch sie erlebt, wie das Wohlwollen Gottes alle *ihre* Bedürfnisse gestillt hätte.

Über den eigenen Schatten springen

Egal, wie lange wir schon eine falsche Haltungen einnehmen oder wie lange wir uns bereits gegenüber den Menschen außerhalb der Gemeinde falsch verhalten: Wir können uns ändern. Mit welchen praktischen Schritten werden wir zu Christen, die Gottes Liebe mit Erfolg weitergeben? Die folgenden Prinzipien können wir uns aneignen, indem wir den Priester, den Leviten und den Samariter betrachten.

Sich unter die Menschen mischen

Wenn Sie sich danach sehnen, verstärkt an dem teilzuhaben, was Gott am Herzen liegt, dann verbringen Sie doch einfach mehr Zeit mit den kirchendistanzierten Menschen. In der Apostelgeschichte wird immer wieder der Begriff »beim Volk« verwendet. Die Leiter der Urgemeinde waren immer im Volk, innerhalb und außerhalb der Gemeinde. Ihr Lebensstil war genau entgegengesetzt zu dem der zeitgenössischen Priester und Leviten. Diese erhofften sich den größten Erfolg durch ihre Absonderung vom Volk. Sie dachten, dass man Gott besser hören könne, wenn man sich aus dem Volk zurückziehe.

Es gibt ein altes Sprichwort, das Pastoren gern verwenden: »Entweder wir gehorchen Apostelgeschichte, Kapitel 1, Vers 8 oder wir werden Apostelgeschichte, Kapitel 8, Vers 1 erleben.« An der erstgenannten Stelle beauftragt Jesus uns, seine Zeugen zu sein, von Jerusalem ausgehend über Judäa, Samarien und schließlich bis an die Grenzen der Erde. Der zweite Text berichtet: »An jenem Tag brach eine schwere Verfolgung über die Kirche in Jerusalem herein. Alle wurden in die Gegenden von Judäa und Samarien zerstreut, mit Ausnahme der Apostel.«

Jesus hatte seine Jünger beauftragt, den Samen der Liebe Gottes überall auszustreuen und damit bis an die Grenzen der Erde zu gehen. Sie sollten die Herrschaft der Finsternis beenden, indem sie die Gute Nachricht verkündigten. Doch die Jahre vergingen und es wurde immer deutlicher, dass alle Christen sich in Jerusalem wohl fühlten und am liebsten ihre Samen dort aussäten. Keiner wollte Jerusalem verlassen und das Ende der Welt aufsuchen. Der gute Samen stapelte sich in Jerusalem und verrottete dort allmählich. Der südamerikanische Evangelist Luis Palau beschrieb diese Situation mit folgenden Worten: »Christen sind so etwas Ähnliches wie Kunstdünger. Wenn man zu viel davon an einer Stelle aufhäuft, dann brennt der Dünger ein Loch in den Boden unter sich. Aber wenn man ihn über ein großes Feld verteilt, kann er sehr viel Gutes bewirken.«

Christen sind so etwas Ähnliches wie Kunstdünger. Wenn man zu viel davon an einer Stelle aufhäuft, dann brennt der Dünger ein Loch in den Boden unter sich. Aber wenn man ihn über ein großes Feld verteilt, kann er sehr viel Gutes bewirken.

Gott wird nicht aufhören, Wege zu suchen, um seine Gemeinde aus ihrer kleinen Gemütlichkeit herauszuholen und unter die »normalen« Menschen zu mischen, die er so sehr liebt. Es ist ihm ernst damit, er will die Teile der Menschheit mit der Guten Nachricht von seinem Heil bekannt machen, die noch nie etwas davon gehört haben.

Aus der Wohlfühlzone heraustreten

Der Samariter ging im Glauben auf den Verletzten zu. Das war die Voraussetzung, dass er im Leben dieses Menschen etwas ausrichten konnte. Im Gegensatz zu dem Priester und dem Leviten war es nicht seine Absicht, sich abzuschotten. Er verhielt sich wie Jesus, ging mitten hinein in die Welt und setzte sich mit ihrem Schmerz von Angesicht zu Angesicht auseinander.

Das Verhalten des Samariters entspricht der Vorstellung Jesu vom Reich Gottes, das er mit dem Samenkorn einer Senfpflanze vergleicht: »Es [das Reich Gottes] gleicht einem Senfkorn. Dieses ist das kleinste von allen Samenkörnern, die man in die Erde sät. Ist es aber gesät, dann geht es auf und wird größer als alle anderen Gewächse und *treibt* große *Zweige, so daß in seinem Schatten die Vögel des Himmels nisten können*« (Mk 4,31-32).

Christen neigen dazu, sich zu versammeln. Es ist auch ganz natürlich, dass wir gerne beieinander sind, weil wir in der Gemeinschaft die Gegenwart Gottes besonders deutlich erfahren. Gemeinschaft ist ein Teil unseres neuen Wesens und Lebens. Aber eine Bündelung von Licht, das seinen Schein nicht nach draußen richtet, ist in Gefahr, sich gegenseitig zu verbrennen. Licht durchdringt die Dunkelheit. Das Wesen Gottes, das in jedem Christen ist, steht in direktem Konflikt mit unseren Bestrebungen, Gottes Wirken für *uns* festzuhalten, fast so verbissen wie der Geizige, der sich an seinem Gold festklammert.

Anderen Gott nahe bringen

Der Samariter brachte das Königreich Gottes, das die Antwort auf die seelischen Bedürfnisse des Verletzten war, zu ihm hin. Er verstand das Reich Gottes als etwas Lebendiges, Lebensnotwendiges, das die psychischen Schmerzen der Nichtgläubigen stillt. Jesus *vermittelte* uns nicht die Wahrheit und *erzählte* uns nicht vom Ewigen Leben, er *wurde* für uns zur Wahrheit und zum Leben. Er wurde ein Teil der Menschheit, um uns zu zeigen, wie menschliches Leben aussehen kann, wenn es in seinem Kern von Gottes Liebe erfüllt ist. Jesus sandte uns nicht die Liebe Gottes, er brachte diese Liebe zu allen, die in Not sind.

Ich vermute, der Samariter wurde schon bald von einigen Personen dafür kritisiert, dass er sich mit dem Verwundeten abgab. Wenn wir aus der Reihe treten, um Gottes Liebe weiterzureichen, werden wir auch missverstanden werden. Schon seit einiger Zeit gehe ich regelmäßig zu einer Abtreibungsklinik und diene dort beiden Seiten mit der Liebe Gottes. Ich bin ganz klar gegen Abtreibung, aber ich glaube, dass die Kraft der Freundlichkeit der beste Weg ist, um harte Herzen weich zu machen. Ich habe dort schon an sämtliche Parteien Kaffee verteilt, ihnen kalte Getränke geschenkt und ihre Windschutzscheiben geputzt.

Die Befürworter der Abtreibung denken, dass ich ein komischer Kauz bin. Vielleicht sagen sie sich: »Natürlich führt er etwas im Schilde, wir wissen nur noch nicht genau, was es ist.« Auf der anderen Seite urteilten die Christen oft nicht so großzügig über mich. Immer wieder höre ich böse Bemerkungen wie: »Bringen Sie doch gefälligst nächstes Mal Ihr Anti-Abtreibungs-Schild mit.« Die Gegner der Abtreibung sehen keinen Sinn in unserem Tun und vermuten, dass wir das Handeln der Ärzte und Frauen tolerieren.

Mutter Teresa setzt sich schon seit Jahren mit solchen und ähnlichen Missverständnissen auseinander. Sie hält ein sehr feines Gleichgewicht, das sich in der Beschreibung ihres Dienstes der *Sisters of Charity* (»Wohltätige Schwestern«) ausdrückt: »Wir sind für Gott abgesonderte Menschen, die aber vierundzwanzig Stunden täglich mitten in der Welt leben.« Auch der Samariter lebte diese Ausgewogenheit und Jesus stellte ihn uns zu Recht als einen Helden vor.

Die Realität wirklich erkennen

Es klingt so einfach, aber es ist unsere Entscheidung, ob wir unser Herz öffnen und uns Gedanken um andere machen wollen. Wir müssen uns entscheiden, ob unser Herz wieder weich sein soll, um den Schmerz anderer mitfühlen zu können. Gott hat unser Herz so geschaffen, dass wir die Dinge wahrnehmen können, die ihn schmerzen. In jedem Bereich, in dem unser Herz über die Jahre hart geworden ist, kann es wieder weich und zart werden. Beginnen Sie mit einem einfachen Gebet. Bitten Sie Gott, Ihnen zu zeigen, was *ihm* am Herzen liegt.

Sehen ist eine Sache, *wahrnehmen* eine andere. Der Priester und der Levit sahen den geschlagenen Mann mit ihren Augen, aber sie haben ihn nicht wirklich wahrgenommen. Das Herz des Samariters war empfindsam für den Schmerz des anderen. Sicher ging dieser Mensch nicht nur mit der einen Frage durchs Leben: »Wo ist jemand, dem ich helfen kann?« Er war vielmehr ein Geschäftsmann, der mit Terminen und Verabredungen lebte. Vermutlich war er auf einer Geschäftsreise und benutzte die offizielle Handelsstraße, die auch den Räubern bekannt war. Wahrscheinlich war er diese Straße schon sehr oft entlanggekommen. Das können wir aus der Reaktion des Wirtes ablesen. Ich bin sicher, dass er sich gedanklich mit wichtigen Geschäften auseinander setzte, aber dann stellte er sie zurück, weil er sich zuerst einmal um diesen Fremden kümmerte, der in Not war.

Stellen Sie sich zur Verfügung

Beten Sie zunächst für Gelegenheiten, anderen Menschen zu helfen, und halten Sie dann Ausschau nach denen, die Gott Ihnen über den

Weg schickt. Gott sucht immer Menschen, die sich von ihm gebrauchen lassen wollen, die bereit sind, seine Gnade in die Welt zu tragen. Gott hört jedes unserer Gebete, aber wenn wir uns ihm im Gebet zur Verfügung stellen, reagiert er besonders schnell. Über die Jahre habe ich viele Menschen ermutigt, sich auf den Weg zu größerem Engagement für das Reich Gottes zu machen. Dieser Weg beginnt mit der Bitte um Gelegenheiten, ihm zu dienen. Fast jeder berichtete später, wie Gott dieses Gebet umgehend und auf sehr ermutigende Weise erhörte.

Viele von uns waren zu Beginn unseres Lebens mit Jesus ganz für ihn verfügbar. Wir lebten mit der Haltung: »Alles, was du willst, Herr.« Wir waren überzeugt, dass die Kraft Gottes in der Lage ist, jedes menschliche Herz zu verändern, und wir waren willig, alles für Jesus aufs Spiel zu setzen. Aber dann verloren wir irgendwo unterwegs diese risikofreudige Einstellung. Enttäuschungen, unrealistische Erwartungen und die alltäglichen Verletzungen nahmen uns allmählich den Wind aus den Segeln. Vielleicht wurde unsere Begeisterung auch gedämpft, als wir andere Christen beobachteten, an denen wir viel weniger Verfügbarkeit und Gehorsam erkennen konnten.

> *Viele von uns waren zu Beginn unseres Lebens mit Jesus ganz für ihn verfügbar. Wir lebten mit der Haltung:* »Alles, was du willst, Herr.« *Aber dann verloren wir irgendwo unterwegs diese risikofreudige Einstellung.*

Jetzt sollten wir zu unserer ersten Liebe zu Gott zurückkehren. Eine Erkenntnis spielt für mich dabei eine zentrale Bedeutung: Ich muss nicht warten, bis alle meine Fragen beantwortet und alle meine Probleme gelöst sind. Stattdessen muss ich nur bereit sein, die Spannung auszuhalten zwischen meinem aktuellen Mangel und dem Versprechen Gottes, mich zu versorgen.

**Überwinden Sie Ihre Angst,
indem Sie sich einem Team anschließen**

Ich gehe mindestens einmal pro Woche in die Stadt, um irgendeine Form der dienenden Evangelisation zu praktizieren. Das mache ich in dieser Regelmäßigkeit schon seit etwa sieben Jahren. Und jedesmal, wenn ich losgehe, habe ich ein bisschen Angst davor. Ich vermute, dass wir von unseren Ängsten nie ganz frei sein werden. Sie sind einfach ein Teil unseres unvollkommenen Wesens. Um sie zu überwinden, ist es gut, sich mit anderen Ängstlichen zusammenzutun. Bevor wir zu einem Einsatz auf die Straße gehen, sage ich den Leuten in meinem Team: »Wir können gemeinsam Angst haben und zusammen in unsere Nachbarschaft hinausgehen.«

Wenn ich anderen Leuten von »freundlicher« Evangelisation erzähle, vermuten sie eigentlich nicht, dass ich fast immer, wenn ich zu einem Einsatz hinausgehe, Angst habe. Bei allen Persönlichkeitstests schneide ich immer als ausgesprochen introvertiert ab. Ich habe auch wenig Sehnsucht nach Abenteuern. Für mich ist die ideale Arbeitsform ein Tag im Büro, an dem ich ganz allein und ungestört an einem Projekt arbeiten kann. Seit mir bewusst ist, dass ich bis zu einem gewissen Grad immer vor dem Gespräch mit Nichtchristen Angst haben werde, versuche ich, mit meiner Angst zu leben. Auch als Leiter habe ich aufgehört, nach Menschen zu suchen, die furchtlos sind. Jetzt arbeite ich mit denen, die bereit sind, mit mir zusammen ihre Ängste zu überwinden. Entscheidend ist, dass wir uns innerhalb einer Gruppe bewegen. Dann ist es leichter für uns, das Handeln Gottes zu spüren. Außerdem ist Mut ansteckend!

Misserfolg ist vorprogrammiert!

Ich glaube, der Priester in der Geschichte, die Jesus erzählte, hatte große Angst davor, zu versagen. »Ich habe noch nie so etwas gemacht. Wenn ich das jetzt versuche, erlebe ich vielleicht eine totale Pleite!« Diese Angst ist berechtigt. Ich kann jedem an dieser Stelle versichern, dass Sie totale Pleiten erleben werden. Der Misserfolg ist vorprogrammiert! Seit mir das klar wurde, bin ich mutiger geworden.

Unseren Leitern und Mitarbeitern sage ich immer wieder: »Ist es nicht schön, dass wir dem Auftrag zur Evangelisation gehorchen können, obwohl wir wissen, dass wir Fehler machen werden? Wir wissen nur noch nicht, *welche* Fehler wir machen werden und *wann* genau sie passieren werden.« Wir haben einen Ausspruch von George Bernard Shaw zu unserem Motto gemacht: »Alles, was es wert ist, getan zu werden, lohnt sich auch, falsch gemacht zu werden.« Wir haben keinen Anspruch auf Erfolg, aber wir können jede Gelegenheit nutzen, bei der wir etwas lernen können, damit wir immer brauchbarere Diener Jesu werden.

Manchmal fühle ich mich wie die Personen in der Geschichte »Der Zauberer von Oz«. In diesem Märchen befinden sich Dorothy und ihre Freunde auf einer gefährlichen Reise. Während sie unterwegs sind, konzentrieren sie sich auf alles, was schief gehen könnte und singen: »Löwen, Tiger und Bären, oh weh!« Doch auf der ganzen Reise treffen sie keinen einzigen Löwen (außer ihrem Reisegefährten), Tiger oder Bären. Genauso ist es auch mit unseren Ängsten: Die meisten treffen in Wirklichkeit nie ein.

Über die Jahre, seit ich solche Einsätze in meiner Stadt mache, habe ich herausgefunden, dass meine Angst vor dem Misserfolg viel schlimmer ist als der eigentliche Misserfolg selbst. Kürzlich wurden in einer Umfrage mehrere hundert amerikanische Männer gefragt, wovor sie am meisten Angst hätten. Die Auswertung überraschte mich. Ich hätte erwartet, dass die Angst vor dem Tod an erster Stelle käme. Aber sie wurde erst auf Rang vier genannt. Sogar die Angst, eine Glatze zu bekommen, wurde noch häufiger genannt. Die größte Angst der Amerikaner war jedoch, ihren Arbeitsplatz zu verlieren. Sechs Monate später wurden unter den gleichen Personen diejenigen befragt, die tatsächlich ihre Arbeit verloren hatten. Sie sagten durchweg, dass der Verlust der Arbeitsstelle für sie eine der positivsten Erfahrungen ihres Lebens war. Viele von ihnen hatten eine neue Karriere begonnen, von der sie schon lange geträumt hatten. Doch solange sie noch in ungekündigten Arbeitsverhältnissen beschäftigt waren, hatte ihnen der Mut gefehlt, in diese Richtung zu gehen. Wenn wir uns umdrehen und unseren Ängsten ins Auge schauen, erkennen wir, dass die Angst vor dem Verlust schlimmer ist als der Verlust an sich.

Säen Sie großzügig!

Früher wurde ganz anders gesät als heute. Die Landwirte unserer Zeit pflügen zuerst den Boden, dann streuen sie den Samen darauf. Zur Zeit

Jesu hat man zuerst die Saat ausgestreut, dann wurde das Feld gepflügt. Der Samen landete bei dieser Methode mitunter auch an unmöglichen Stellen. Aber egal, wo ein Samenkorn hingefallen war, nach einiger Zeit keimte es in den meisten Fällen dann auch dort.

Wenn wir einen Samen der Liebe säen, können wir uns darauf verlassen, dass ein bisschen Gegenwart Gottes darin gespeichert ist. Es spielen viele Faktoren eine Rolle, aber irgendwann wird diese Saat hoffentlich aufgehen und eine Pflanze wird daraus wachsen. Obwohl die Erde zum Teil steinig, voller Unkraut oder flach ist, verhindert dies nicht, dass Samen auf sie fällt und zu wachsen beginnt. Wo der Boden am besten ist, wo die optimalen Lichtverhältnisse herrschen und die anderen Bedingungen stimmen, wird am meisten wachsen. Aber der Bauer in Jesu Beispiel vom Senfkorn hat sich beim Säen nicht auf diesen optimalen Boden beschränkt.

Als ich zehn Jahre alt war, haben mein Bruder und ich einen Garten hinter unserem Haus in Wichita/Kansas angelegt. Unsere Mutter ließ uns völlige Freiheit, die Aussaat so anzuordnen, wie wir wollten. Ich habe sorgfältig den Text auf der Rückseite des Samentütchens gelesen und sogar ein Lexikon zu Rate gezogen, in dem genau stand, wie man Karotten säen soll. Meine Reihen waren kerzengerade, parallel und im gleichen Abstand zueinander, genau wie es auf der Packung stand. Ich hatte wirklich alles richtig gemacht, bis auf eine Sache. Der Samen war zu tief in der Erde.

Mein Bruder Erik war damals erst vier Jahre alt und ging ganz anders vor als ich. Er nahm alle Samen aus seinen beiden Päckchen in seine Hände und warf alles auf die Fläche, die ihm gehörte. Nach ein paar Wochen hatten wir zwei völlig verschiedene Gartenstückchen. Auf Eriks Land waren viele bleistiftgroße Karotten gewachsen, aber bei mir war nichts zu sehen. Meine ganze mühsame Arbeit zeigte keinen Erfolg! Später fand ich dann heraus, dass ich meine Samen etwa zweieinhalb Zentimeter zu tief gesät hatte. Mein Bruder hatte fast gar nichts gemacht, aber weil der Samen gut und die Erde fruchtbar war, haben die Samen sich praktisch selbst eingepflanzt, Wurzeln geschlagen und sich in die Erde eingegraben. Die Methode von Erik sah nicht so hübsch aus, aber es wuchsen eine Menge Karotten heran.

Wir müssen in unserer Einstellung zur Evangelisation ein bisschen mehr wie Erik werden. Die wichtigste Lehre, die wir aus dem Gleichnis vom Sämann ziehen können, ist, dass Gottes Liebe in den Samen ist. Seine Kraft und sein Segen liegen auf jeder Saat, unabhängig vom Sämann. Das Leben ist im Samenkorn selbst enthalten. Diese Erkenntnis ist entscheidend. Die Aufgabe des Sämanns ist, den Samen auszuwerfen, wenn möglich auf guten Boden. Aber da er einen unbegrenzten Vorrat an Samen hat, macht er sich keine Sorgen um die Resultate.

Jesus lud alle ein, die ihn hörten, in die Familie Gottes zu kommen. Er kam, »um zu suchen und zu retten, was verloren ist« (Lk 19,10). »Suchen« heißt hier so viel wie »einladen«. Wir können davon ausgehen, dass Gott jeden Menschen aktiv in seine Nähe zieht, egal, ob es so aussieht, als würde der Mensch sich ziehen lassen, oder ob er sich äußerlich eher dagegen sträubt. Jesus macht keinen Unterschied. Es gibt nicht eine Gruppe von Menschen, die er zu sich einlädt, und eine weitere Gruppe, die er sich selbst überlässt. Gott möchte, dass die ganze Menschheit zu seiner Familie gehört, auch die größten Schurken auf dieser Erde.»... weil er nicht will, daß jemand zugrunde geht, sondern daß alle sich bekehren« (2 Petr 3,9). Es werden sich nicht alle Menschen einladen lassen, aber das ändert nichts an Gottes Einstellung zu ihnen.

Als ich zu evangelisieren begann, dachte ich, ich sei ein Sämann, dem Gott nur wenig Samen anvertraut hatte. Da ich davon ausging, dass ich nur einen Fingerhut voll Samen besaß, mit dem ich ein Leben lang auskommen musste, wäre es ungeschickt gewesen, wenn ich irgendwo anders als im optimalen Boden gepflanzt hätte. Folglich säte ich die Liebe Gottes vorsichtig und sparsam, ungefähr so, wie ich damals in Kansas meinen kleinen Garten angelegt hatte. Heute weiß ich, dass liebevolles Handeln großzügig ausgestreut werden sollte, so wie es uns der Sämann in Jesu Gleichnis vormacht.

Kapitel 5

Schritt für Schritt

»Wenn Fremde anfangen, sich wie Nachbarn zu verhalten ... dann werden Gemeinschaften zu neuem Leben erweckt.«
Ralph Nader

»Wenn ich einem anderen Wesen irgendeine Freundlichkeit oder irgend etwas Gutes erweisen kann, so laß es mich sofort tun, ich will nicht davor zurückschrecken und die Tat nicht versäumen, denn ich werde diesen Wegabschnitt kein zweites Mal gehen.«
William Penn

Cincinnati ist eine freundliche Stadt, aber auf eine abwartende, vorsichtige Art. Neue Ideen fassen hier nicht so leicht Fuß. Als wir gerade neu in die Stadt gezogen waren, fiel mir auf, dass die Menschen gleichzeitig Gürtel und Hosenträger trugen, ein klarer Hinweis auf ihre abwartende Haltung. Mark Twain schrieb vor mehr als hundert Jahren: »Wenn das Ende der Welt kommt, will ich in Cincinnati sein, denn dort passieren die Dinge erst zehn Jahre später.«

Für uns, die wir aus Kalifornien kamen, wirkte dort alles abweisend. Das Wetter war unangenehm kalt und dunstig. Hinzu kam, dass die Menschen auf unsere neuen Ideen mit Zurückhaltung reagierten. Die neue Gemeinde wuchs im Schneckentempo. Seit den Anfängen meines Christenlebens war ich es gewohnt, dass ich nur die Bibel aufzuschlagen hatte und schon waren Leute da, die zuhörten. Nicht so in Cincinnati.

Ich kam mir vor wie Howard Beale, die Hauptfigur aus dem Film *Network*. Dieser gealterte Journalist wird unerwartet vor die Alternative gestellt, entweder freiwillig zu gehen oder entlassen zu werden. Ein jüngerer Kollege soll seinen Platz bei der Zeitung einnehmen. In seinem letzten Artikel schreibt Beale nicht die freundlichen Abschiedsworte, die man von ihm erwartet, sondern er macht seinem Herzen einmal richtig Luft. Er beschreibt seine Enttäuschung darüber, dass sein Leben so nutzlos war, und gesteht, dass er sich vor allem von Ängsten hat beherrschen lassen.

Am Ende seiner Karriere bereut er, dass er immer nur Rollen gespielt und allen Erwartungen entsprochen hat, die andere an ihn gestellt haben. Jetzt, an seinem letzten Arbeitstag, entschließt er sich, das zu Papier zu bringen, was ihn selbst bewegt. Sein letzter Artikel endet mit dem Aufruf: »Wo auch immer Sie jetzt gerade sind, ich fordere Sie auf: Erheben Sie sich, gehen Sie zum Fenster, öffnen Sie es und rufen Sie, so laut Sie können: ›Ich bin stinksauer und ich mache das nicht mehr mit!‹« Und die ganze Stadt New York scheint im Film sofort in das rebellische Lied dieses Mannes einzustimmen.

Howard Beales Leben war wie eine Schallplatte, die hängen geblieben ist und immer wieder dieselbe Rille spielt: »Erfülle die Erwartungen, die man an dich stellt!« Er hatte nie erforscht oder entdeckt, wer er eigentlich war. Diese Art zu leben führt entweder in eine Lebenskrise, oder ein Stück von uns stirbt innerlich ab. Beale beschloss am Ende, sein wahres Ich und seine Überzeugungen zu offenbaren, ohne sich darum zu scheren, was die Kritiker in seiner Umgebung dazu sagen würden.

Auch ich war in meinem Leben an diesem Punkt angekommen. Ich war es so satt, immer vorsichtig sein zu müssen, während ich diese neue Gemeinde zu gründen versuchte, immer darauf achten zu müssen, dass alles auch wirklich »richtig« lief! Meine eigene Wirkungslosigkeit und meine Hemmungen, den Weg der risikoreichen Evangelisation zu gehen, den Jesus gewählt hatte, frustrierten mich. Auch in meinem Leben erklang ständig dieses Lied: »Spiel die Rolle, die man von dir erwartet.«

Nun hing ich in einem Teufelskreislauf der Vorbereitungen fest. Ständig bereitete ich mich auf die Arbeit im Reich Gottes vor. Ich sammelte Waffen für den geistlichen Krieg, die ich aber nie benutzen konnte, da ich nicht aus meinen Festungsmauern herausgetreten war. Als Leiter achtete ich sehr darauf, dass meine Leute gut vorbereitet waren. Mein Lebensmotto hätte man

> Mein Lebensmotto hätte man so ausdrücken können: »Fertig, zielen ... Fertig, zielen ... Fertig, zielen ...« Ich war hängen geblieben im Zustand des ununterbrochenen Vorbereitetseins. Aber ich kam nie dazu, abzudrücken, zu schießen.

so ausdrücken können: »Fertig, zielen ... Fertig, zielen ... Fertig, zielen ...« Ich war hängen geblieben im Zustand des ununterbrochenen Fertigseins. Aber ich kam nie dazu, abzudrücken, zu schießen. »Schuss« hätte bedeutet, Veränderungen herbeizuführen. Wie viele andere Christen hatte auch ich Angst, Gott wirklich zu gehorchen. Angst vor Neuem, Angst vor Versagen, Angst vor Enttäuschung, Angst, dass die Dinge sich nicht erwartungsgemäß entwickeln könnten. Ich hätte mir niemals eingestanden, dass ich die Vorwärtsbewegung des Reiches Gottes behinderte, aber meine furchtsame Haltung, die unbedingt Veränderung umgehen wollte, war eine ständige Blockade. Meine Vision war so klein und so eng, dass ich samt allen meinen Aktivitäten auf andere langweilig und unattraktiv wirkte. Obwohl meine Gemeinde zu dem Zeitpunkt nur eine sehr kleine Gruppe war, hatte ich trotzdem noch Angst, die paar Leute zu verlieren, die ich um mich versammelt hatte.

Der Wendepunkt kam eines Tages, während ich in einem Restaurant saß. Ich hatte gerade über meine Vision von der Gründung dieser neuen Gemeinde geredet – und war wieder einmal abgelehnt worden –, da spürte ich, dass der Herr zu mir sprach. In ganz kurzen Worten sagte er sehr viel zu mir. »Wenn du der Freund meiner Freunde wirst, dann werde ich mehr Leute zu dir schicken, als du verkraften kannst.«

Ich hatte keine Ahnung, wen Gott mit »seinen Freunden« meinte, aber diese Worte waren der Wendepunkt in meinem Herzen und in unserer »Babygemeinde«. Die pure Verzweiflung trieb mich dazu, das christliche Leben allgemein und besonders die Evangelisation neu zu bewerten. In den folgenden Wochen suchte ich in der Bibel, betete und fragte: »Wer sind Gottes Freunde?« Mir fiel dann eine grundlegende Tendenz im Neuen Testament auf, die ich nie zuvor erkannt hatte. Obwohl Jesus alle liebte, *genoss* er einige Leute mehr als andere. Sein Herz schlug besonders für die Armen, die Kranken und andere, die man aus der Gesellschaft ausgeschlossen hatte. Sogar die zwölf Männer, die er auswählte, waren (mit Ausnahme von Judas Iskariot) alle aus Galiläa, dem ärmsten Teil Palästinas.

Nun wusste ich zwar, dass ich den Verletzten dienen sollte, aber ich hatte keine Vorstellung, wie das gehen könnte. Ich war schon sehr häufig von Tür zu Tür gegangen und wusste zur Genüge, dass diese Methode bei mir nicht funktionierte. Im Gegenteil, die Leute wurden unserer neuen Gemeinde gegenüber immer kritischer. Meine Einladungen, die neue Gemeinde zu besuchen, waren schon etliche hundert Male zurückgewiesen worden.

Dann gewann eine neue Idee Gestalt. Wenn ich irgendeiner Person, die es gerade sehr schwer hatte, nur ein bisschen Schmerz lindern könnte, vielleicht würden wir dann die Aufmerksamkeit dieser Person gewinnen können? Wenn unsere Gemeinde den Menschen durch *dienen* begegnen könnte, wenn wir unseren Weg in ihre Herzen *dienend* gehen könnten, vielleicht würden sie uns dann zuhören. So entstand die Idee der *dienenden Evangelisation*. Es war die Einsicht, dass die Leute uns dann ihre Herzen und Leben öffnen würden, wenn wir ihnen in ihrer Not dienen könnten, egal, ob sie Essen, Gesundheit oder einen weisen Rat brauchten.

Ich war mit den falschen Zielen nach Cincinnati gekommen. Mein Plan, eine neue Gemeinde zu gründen, war viel zu beschränkt. Eigentlich hatte Gott ein ganz anderes Ziel, das ihm viel mehr am Herzen lag. Er wollte, dass ich den Menschen in dieser Stadt das Reich Gottes mit Taten der Liebe und Gnade nahe bringe. Das erste Gebot sagt, wir sollen Gott mit unserem Herzen, unserer Seele, mit ganzer Kraft und mit unserem Verstand lieben. Nur daraus entspringen dann alle anderen Eigenschaften und Taten eines im biblischen Sinne christlichen Lebens. Die *vertikal gerichtete Liebe*, die von Gott zu uns kommt und von uns zu ihm zurückgeht, ist die Voraussetzung für jede andere Liebe. Die *horizontal gerichtete Liebe*, die zu unseren Mitmenschen fließt, entsteht aus der Liebe Gottes zu uns und unserer Liebe zu Gott.

Wenn ich erst einmal von einem Ziel überzeugt wäre, würde ich erkennen, wie Gott handeln möchte. Die Struktur meines Denkens, Fühlens und Handelns ändert sich dann entsprechend. Mein neues Ziel war nun, das Leid der Menschen zu lindern. Aber wie sollte ich an die richtigen Leute herankommen? Wie sollte ich ihre kritische, abwartende Haltung durchbrechen? Was könnte ich tun, damit sie nicht jeden meiner Versuche falsch verstehen und negativ reagieren würden? Ich möchte im Folgenden fünf Entdeckungen beschreiben, die ich gemacht habe, während ich versuchte, Jesu Liebe zu den Menschen zu bringen.

1. Wenn ich die Menschen wie meine Freunde behandle, dann hören sie mir auch zu

Das Konzept der dienenden Evangelisation brachte in Cincinnati sofort sichtbare Ergebnisse. Wir stellten einige Schilder auf mit der Information: »Völlig kostenlose Wagenwäsche – Wir nehmen kein Geld!« Einige Christen standen an der Straße, hielten die Hinweistafeln hoch und wiesen den Fahrzeugen den Weg zu dem Wagenwaschteam. Sie wuschen die Autos, rieben die Fenster blank, polierten die Felgen und saugten den Innenraum. Gleichzeitig waren einige Leute im Team damit beschäftigt, den wartenden Autofahrern zu erklären, warum wir das taten. Viele Leute, die vorfuhren, sahen müde und gelangweilt aus, als wollten sie sagen: »Ja, ist schon gut. Es ist umsonst. Es gibt natürlich nichts umsonst. Die Sache hat einen Haken. Macht aber nichts.«

Viele andere Menschen wurden jedoch an diesem Nachmittag mehr berührt, als man das mit Worten hätte bewirken können. Unser Team beendete den Einsatz mit einem Dankgebet und war ebenfalls gerührt über das, was wir erlebt hatten. Jemand sagte zu mir: »Jesus hatte Recht. Geben ist wirklich seliger als Nehmen.« In drei Stunden hatten wir mehr als vierzig Autos gewaschen. Aber es war mehr als das. An diesem Tag haben wir zum ersten Mal auch die Schmerzen der Menschen, denen wir dienten, gesehen und gespürt. Wir erlebten, wie unsere Herzen sich öffneten und wir am Ende dieses Einsatzes ein bisschen mehr wie Jesus empfanden als zu Beginn des Tages. Wir hatten eine wichtige Entdeckung gemacht, die uns von diesem Tag an prägte. Menschen sind offen für das, was wir als Christen zu sagen haben, wenn wir ihnen als Freunde entgegenkommen.

Geschlossene Gesellschaft?

Im neunzehnten Jahrhundert schrieb der deutsche Soziologe Ferdinand Tönnies ein berühmtes Buch mit dem Titel: »Gemeinschaft und Gesellschaft«. In seiner Studie definiert er eine Gemeinschaft als eine kleine Gruppe, die auf direkten Beziehungen zwischen ihren Mitgliedern basiert und nach außen ähnlich abgeschlossen ist wie eine Familie. Die Gesellschaft dagegen verhält sich entgegengesetzt. Ihre Beziehungsstrukturen sind so angelegt, dass sie möglichst viele Personen aufnehmen kann.

In der Gemeinschaft sind die Beziehungen gemütlich und wohlig, aber nach außen nicht offen. Man gibt sich nach außen freundlich, will aber keine neuen Mitglieder, wenn diese anders sind, als es in der Gemeinschaft üblich ist. Die Mitglieder einer Gemeinschaft sagen: »Ich kann mich mit dir nicht zusammenschließen, solange du nicht so wirst wie ich. Verlasse deine alten Beziehungen und komme in meinen Kreis. Aber erwarte nicht, dass ich mich dir anpasse.« Es ist sehr schwer für einen Außenstehenden, in solch eine Gemeinschaft hineinzukommen, es sei denn, er ist bereit und fähig, sich in die soziale Struktur der Gruppe einzufügen.

Eine übliche Form, mit der Christen die neuen Gruppenmitglieder ausschließen, ist ihre sprachliche Ausdrucksweise. Die Neuen merken an unserer Sprache sehr schnell, ob unsere Gemeinschaft offen ist für Fremde oder nicht. Die folgende fromme Wiedergabe einiger einfacher Redewendungen will uns eine Vorstellung davon geben, wie sich Außenstehende fühlen, wenn wir uns unseres religiösen Sprachgebrauchs bedienen.

- *Erst denken, dann reden*: »Der Gebrauch des Verstandes sollte dem Gebrauch der Zunge vorausgehen.«
- *Lügen haben kurze Beine*: »Wer die Wahrheit verschmäht, wird keinen Bestand haben im Gericht.«
- *Wer zuletzt lacht, lacht am besten*: »Strebe nicht nach den flüchtigen Genüssen dieses Zeitalters, sondern sinne auf das, was ewigen Bestand hat, so wird deine Freude immer währen.«
- *Ich gehe gerne zum Gottesdienst*: »Ich verspüre einen starken Zug zur Gemeinschaft mit den Gläubigen.«
- *Guter Rat ist teuer*: »Wie kostbar sind Worte der Weisheit für den Menschen, der der Weisung bedarf.«

Während die typische Gemeinschaft eine eher geschlossene Gruppe ist, sollten wir Christen uns danach sehnen, wie Jesus die Leute aufzunehmen und zu integrieren, um immer mehr neue Menschen und neue Ideen in unsere »Gesellschaft« aufnehmen zu können. Wenn wir uns aber verschließen im Sinne einer geschlossenen Gemeinschaft, dann halten wir vieles aus unserem Leben fern.

Jesus sagt: »Wer zu mir kommt, den werde ich nicht abweisen« (Joh 6,37). Er bringt damit zum Ausdruck, dass er sich über jeden Menschen freut, der zu ihm kommen und sein Freund sein will. Während seines Lebens auf der Erde war er oft mit den Außenseitern und den Unbeliebten zusammen, mit den Prostituierten und Gesetzlosen, den Armen und Kranken und den von Dämonen Besessenen – nicht unbedingt die Gesellschaft, in der wir uns normalerweise bewegen. Und doch waren gerade sie offen für Jesus und seine Botschaft. Und das zählte. Weil sie bereit waren, sich von Jesus lieben zu lassen, konnte Gott seine Liebe über sie ausgießen.

Die Liebe Jesu schließt jeden ein, deshalb sollten auch wir versuchen, die Kapazität unserer Herzen zu erweitern. Unser Ziel sollte sein, die Menschen so zu lieben, wie sie sind, ohne Vorurteile und ohne kulturell bedingte Ansprüche, bis wir lernen, so zu lieben, wie Gott liebt. Unser Herz ist immer beweglich, entweder es wird größer oder es wird enger. Ein größer werdendes Herz erkennt man daran, dass es nicht von Menschen verletzt werden kann, die anders sind. Unser Herz wird weit, wenn wir in der *agape*, der bedingungslosen, göttlichen Liebe leben, die Jesus uns vorgelebt hat.

2. Wenn ich diene, berühre ich die Herzen

In unserer Gesellschaft ist die Ablehnung von Menschen, die vermeintlich »niedere« Arbeiten verrichten, weit verbreitet. Der klassische Tankwart, der sich um seine Zapfsäulen kümmert, den Ölstand prüft und Windschutzscheiben putzt, hat Freude an den einfachen Dingen des Lebens, denkt in einfachen Kategorien und hat keine Hoffnung auf eine bessere Zukunft. Dies ist in unserer Gesellschaft die gängige Vorstellung von Menschen, die dienen. Sie sind langsam von Begriff, haben keine Bildung, können nichts aus ihrem Leben machen und geben sich mit jeder Arbeit zufrieden, die sie finden können. Wenn wir über jemanden sagen: »Er arbeitet mit seinen Händen«, dann klingt das verächtlich, als ob er keine Arbeit bekommen hätte, bei der er mit dem Kopf arbeiten könnte.

Dieses Denken entspricht der Meinung großer Teile der Gesellschaft, aber die Bibel sieht das ganz anders. Für Christen ist Dienen ein Teil ihres Wesens. In uns wohnt der Heilige Geist, derselbe Geist, der auch durch Jesus lebte, während dieser auf der Erde war. Paulus beschreibt das Leben und Arbeiten Jesu in Begriffen des Dienens: »Seid untereinander so gesinnt, wie es dem Leben in Christus Jesus entspricht. Er war Gott gleich, hielt aber nicht daran fest, wie Gott zu sein, sondern er entäußerte sich und wurde wie ein Sklave und den Menschen gleich. Sein Leben war das eines Menschen; er erniedrigte sich und war gehorsam bis zum Tod, bis zum Tod am Kreuz« (Phil 2,5-8).

Wenn wir Jesus als unseren Herrn und Erlöser in unser Leben einladen, gibt Gott uns ein neues Wesen, das völlig verschieden ist von unserem alten, egoistischen Wesen, das sich ja immer so gern bedienen lässt. Sobald wir erkannt haben, dass Gott Realität ist, haben wir auch das Wesen Jesu erfasst. Dieser neuen Natur entspricht es, anderen zu dienen. Indem wir das tun, hinterlassen wir eine Wirkung bei den Menschen, denen wir dienen.

Der Auftrag Gottes ist unserer gesellschaftlichen Prägung genau entgegengesetzt. Ich bin in der gehobenen Mittelschicht aufgewachsen, in einem Zuhause, in dem harte Arbeit einen hohen Stellenwert hatte. Das unausgesprochene Motto meiner skandinavischen Verwandten war: »Du bekommst das, was du dir erarbeitet hast.« In diesem Denken erzogen, sah ich Arme, Kranke und Menschen, die »außerhalb« unserer Gesellschaft leben, als Leute, die das bekamen, was sie sich erarbeitet hatten, was sie verdienten. In meinem vereinfachten Weltbild glaubte ich, dass es meiner Familie gut ginge, weil wir klug waren und weil wir hart arbeiteten.

Im Johannesevangelium finden wir einen Bericht des letzten Abendmahls Jesu mit seinen Jüngern (vgl. Joh 13). Dort wird deutlich hervorgehoben, dass Dienen für Jesus das Wichtigste war. In dem Buch *The Jesus Style* (»Der Stil Jesu«) beschreibt Gayle Erwin die Bedeutung dieses Abends.

»Stell dir Jesus vor. Unter dem einteiligen Gewand ohne Saum ist das Spiel seiner Muskeln zu sehen. Der Umhang fällt geschmeidig von seinen Schultern herab. Er lehnt sich zurück, ist mit seinen

Freunden beim Abendessen. Die Mächte der Finsternis haben sich schon monatelang zusammengezogen und darauf vorbereitet, ihn zu töten. Aber es gibt keinen Grund zur Sorge. Die Fülle der göttlichen Kraft fließt in seinen Adern. Er erhebt sich, umgeben von einer unvorstellbaren Konzentration an dämonischen Kräften, geht zu seinen Jüngern, und mit all der unbeschreiblichen göttlichen Kraft, die in ihm ist, beginnt er – was zu tun? Er ›stand vom Mahl auf, legte sein Gewand ab und umgürtete sich mit einem Leinentuch. Dann goß er Wasser in eine Schüssel und begann, den Jüngern die Füße zu waschen ...‹ Das hat er mit all der Kraft getan, die in ihm war! Er wusch Füße.«[1]

Die Ebene des Herzens

Wir können uns überlegen, in welchem Bereich wir kämpfen wollen. Entweder wir versuchen, andere auf der *Verstandesebene* zu überzeugen, oder wir begeben uns auf die *Ebene ihres Herzens*. Die meisten traditionellen evangelistischen Versuche spielen sich auf der Ebene des Verstandes ab, nur selten kommen sie *aus* dem Herzen und zielen *auf* das Herz des anderen. Wir gehen davon aus, dass der andere unweigerlich zu Jesus kommen würde, wenn er nur gründlich nachdenken würde. Wir haben »Erlösung« gleichgesetzt mit dem verstandesmäßigen Annehmen einer bestimmten Lehre. Entsprechend versuchen wir, andere durch Argumentation zu gewinnen.

Natürlich spielt der Verstand auch eine Rolle, wenn wir zu Jesus kommen, aber der Wille ist ein Teil dessen, was die Bibel das »Herz« nennt. Das *Evangelical Dictionary of Theology*[2] definiert »Herz« im biblischen Sinne als »das Zentrum oder den Brennpunkt des persönlichen Lebens des Menschen, den Ursprung aller seiner Wünsche, Motive und moralischen Werte – tatsächlich aller seiner Verhaltensweisen«. Wenn wir demzufolge das Herz eines Menschen berühren, dann haben wir ihn auf der innersten, tiefsten Ebene erreicht.

Und die aufregende Nachricht lautet, dass das Herz nicht unerreichbar ist. Unsere Erfahrungen haben uns gelehrt, dass das Herz eines Menschen durch eine dienende Tat sehr schnell gewonnen werden kann. Ein norwegischer Ausdruck bringt dies sehr gut auf den Punkt: *kjokken veien*, was so viel heißt wie: »der Weg hinein durch die Küche«. Das bedeutet, die Hintertür zu nehmen, die angenehme, einfache Tür. Im Bereich von Evangelisation ist der Eingang durch die Küche all das, was mit praktischer Hilfe zu tun hat. Oder mit anderen Worten: Wir haben dann mit unserer evangelistischen Botschaft Zutritt zu dem Leben eines anderen Menschen, wenn wir sein Herz berühren können.

Wir können natürlich auch andere Zugänge wählen, können uns an den Verstand oder die Gefühle richten, aber letztendlich müssen wir gemäß dem biblischen Befund doch das Herz des anderen gewinnen. Und je eher wir das Herz dessen erobert haben, den wir zu Jesus führen wollen, desto besser können wir uns dann in der Tiefe seines Herzens mit ihm verbinden. Dienende Evangelisation ermöglicht uns, das Herz des anderen, den Ort in seiner Person, an dem er Entscheidungen fällt, schnell zu berühren und dort eine bleibende Veränderung zu bewirken. Wenn das Herz des Nichtchristen das Ziel unserer Evangelisation ist, warum versuchen wir dann nicht von Anfang an, dieses zu gewinnen?

3. Wenn ich diene, verändere ich das Bild vom Christsein

Ich bin davon überzeugt, dass wir durch Dienen das Vordringen des Reiches Gottes in der Welt beschleunigen. Unsere Glaubwürdigkeit nimmt zu, wenn wir einen dienenden Lebensstil annehmen. Wenn wir dazu auch noch göttliche Autorität empfangen, wird uns die Welt aufmerksam zuhören. Wir wissen einiges darüber, wie man mit Hilfe menschlicher Förderung mehr Macht bekommen kann, aber über wahre Autorität wissen wir wenig. Aus der jüngeren Kirchengeschichte lernen wir, dass die sehr Begabten nicht immer auch sehr viel Kraft und Einfluss hatten.

Jesus hatte Vollmacht, weil er als Diener kam. Paulus berichtet in seinem Brief an die Gemeinde in Philippi, was daraus entstand: »Darum hat Gott ihn über alle erhöht und ihm den Namen verliehen, der größer ist als alle Namen, damit alle im Himmel, auf der Erde und unter der Erde ihre Knie beugen vor dem Namen Jesu und jeder Mund bekennt: Jesus Christus ist der Herr – zur Ehre Gottes, des Vaters« (Phil

2,9-11). Als der größte Diener empfing Jesus die größte Autorität vom Vater. Da er den Menschen in Autorität diente, konnte er sie auch zur Umkehr aufrufen.

Mutter Teresa ist eine der einflussreichsten Persönlichkeiten auf dieser Welt, weil sie wahrscheinlich mehr gedient hat als irgendjemand sonst. Tony Campolo schildert, wie sie in einem Gottesdienst an der *Harvard*-Universität auftrat. Sie musste keine großen Worte machen. Ganz schlicht sagte sie im Laufe ihrer Ansprache: »Ich weiß, dass hier an dieser Universität viele Studenten sind, die Dinge tun, die Gott nicht gefallen. Ihr verletzt damit euch selbst und beleidigt Gott. Einige von euch trinken Alkohol und nehmen Drogen. Andere sind in alle Arten von sexuellen Sünden verstrickt. Ich habe eine Botschaft von Gott für euch: Kehrt um, wendet euch von dem ab, was ihr bisher getan habt.«

Die Reaktion der Anwesenden auf diese Ermahnung war überwältigend. Der ganze Hörsaal war voll besetzt. Alle standen spontan auf und applaudierten minutenlang. Der tosende Applaus wollte nicht aufhören. Sie gaben dieser einfachen Frau einen stehenden Applaus dafür, dass sie die Zuhörer zur Umkehr aufgerufen hatte! Sie ist eine Dienerin und als solche glaubwürdig, das ist die Ursache für ihre Autorität als Rednerin.

Wenn mir jemand sagt, er möchte die Menschen genauso lieben, wie Jesus es getan hat, dann frage ich ihn gewöhnlich, ob er auch bereit ist, selbst den Menschen praktisch zu dienen, von denen er weiß, *dass sie sich vielleicht niemals zum Glauben an Jesus entscheiden werden.* Wenn jemand bereit ist zu dienen, ohne mit einem Resultat zu rechnen, dann weiß ich, dass er anfängt, sich im Bereich der göttlichen Liebe zu bewegen.

4. Wir müssen die Dinge tun, bevor wir sie predigen

Wie ich bereits erzählte, gehen Teams aus unserer Gemeinde in der Weihnachtszeit schon seit mehreren Jahren in die großen Ladenpassagen, in denen sie im Rahmen eines dienenden evangelistischen Einsatzes kostenlos Geschenke einpacken. Im ersten Jahr waren wir zwei Wochen lang mit dieser Aktion beschäftigt und sind dabei insgesamt etwa mit 10 000 Menschen Kontakt gekommen. Eine von ihnen war

Claire, eine Frau, die kurz zuvor geschieden worden war. Sie war davon angetan, dass wir kein Geld für unsere Dienste nahmen, ließ sich eine Visitenkarte unserer Gemeinde mit unserem Namen, der Anschrift und den Gottesdienstzeiten geben, bedankte sich und ging weiter.
Kurze Zeit darauf kam Claire in unsere Gemeinde. Nach dem Gottesdienst sagte sie mir höflich, dass ihr die Veranstaltung gut gefallen habe. Mit diesen Worten verabschiedete sie sich – und für fast achtzehn Monate sahen wir sie nicht wieder! Vor etwa einem Jahr tauchte Claire wieder auf. Seither kommt sie regelmäßig und hat Kontakt zu anderen Gemeindemitgliedern aufgenommen. Erst vor ein paar Wochen baten wir sie, allen Mitgliedern unserer Gemeinde doch einmal zu erzählen, wie sie zu uns gekommen sei. Claire stand vor der versammelten Menge und erzählte mit ruhiger, klarer Stimme.

»Zum ersten Mal kam ich vor ein paar Jahren mit der Gemeinde in Kontakt, als ich meine Weihnachtsgeschenke von euch kostenlos einpacken ließ. Aufgrund von Ereignissen in meiner Vergangenheit hatte ich Angst vor Christen und vor der Kirche allgemein. Wenn damals irgendjemand versucht hätte, mir etwas von Jesus zu erzählen, dann wäre ich, so schnell ich gekonnt hätte, in die entgegengesetzte Richtung gelaufen. Stattdessen habt ihr aber meine Geschenke eingepackt, ihr habt euch erkundigt, wie ich mit meinen Einkäufen vorankomme, und ihr nahmt Anteil an meiner Situation. All das habt ihr gemacht, ohne um Geld zu bitten oder irgendetwas anderes von mir zu verlangen. Als ich das sah, wusste ich, dass ich keine Angst mehr zu haben brauchte.«

Durch unseren Dienst an dieser Frau bekam Gott eine Möglichkeit, an ihrem Herzen zu arbeiten. Claire erzählte weiter, dass dieses Wirken Gottes fast unbemerkt über ein Jahr lang weiterging – bis sie dann »reif« war. Heute hat diese alleinstehende Frau und Mutter von zwei Kindern eine persönliche Bindung an Gott als ihrem Schöpfer und wächst geistlich durch die regelmäßige Gemeinschaft mit anderen Christen.

»Wenn damals irgendjemand versucht hätte, mir etwas von Jesus zu erzählen, dann wäre ich, so schnell ich gekonnt hätte, in die entgegengesetzte Richtung gelaufen. Stattdessen habt ihr aber meine Geschenke eingepackt, ihr habt euch erkundigt, wie ich mit meinen Einkäufen vorankomme, und ihr nahmt Anteil an meiner Situation.«

Viel zu lange haben wir die Menschen so behandelt, als ob sie alle in gleichem Maße interessiert wären, an Jesus zu glauben. Aber das stimmt nicht. Wir waren viel zu unsensibel und dachten nicht oft darüber nach, wie weit der Einzelne auf seinem eigenen Weg hin zu Gott sein könnte. Wenn wir Claire gegenüber anders aufgetreten wären, hätte sie die Begegnung als ein weiteres unangenehmes Zusammentreffen mit »überdrehten« Christen verbucht. Wenn wir sie mit unserem evangelistischen Eifer in die Ecke gedrängt und ihr erklärt hätten, wie sie ihr Leben mit Gott in Ordnung bringen kann, hätten wir genau ihren Befürchtungen entsprochen. Ohne Erfolg hätten wir lediglich auf der Verstandesebene versucht, ihre Argumente gegen Gott zu widerlegen.

Es gab eine Zeit, in der ich glaubte, die Person mit den besten Argumenten sei der Sieger. Aber nach Jahren des Diskutierens mit vielen Nichtchristen weiß ich heute, dass unsere guten Argumente für den Glauben an Jesus nicht immer viel dazu beitragen, Menschen zu Jesus zu führen. Wenn wir Christen Diskussionen beginnen, wirken wir dabei oft hart und lieblos. Diejenigen Nichtchristen, die die »Streitgespräche« mit uns genießen, gehören nach meiner Auffassung zu den Menschen, die sowieso nur das glauben, was sie wollen, egal, wie überzeugend der Evangelist auch sein mag.

Ich glaube, dass der Weg hin zu Jesus vergleichbar ist mit der Situation von zwei Menschen, die sich kennen lernen, sich ineinander verlieben und dann später heiraten. Tatsächlich zieht sich ja das Bild von Jesus als dem Bräutigam und der Gemeinde als Braut auch durch das ganze Neue Testament. Aber ich kenne bislang niemanden, der innerhalb einer Viertelstunde seinen Traumpartner kennen lernte, sich verliebte und ihn dann heiratete.

Diese Vorgehensweise ist nach meiner Ansicht unsinnig, aber in unseren evangelistischen Versuchen haben wir oft versucht, etwas Derartiges zu erzwingen.

Jeder Christ hat eine Vorstellung von Evangelisation, die ich als die »evangelistische Gleichung« bezeichnen möchte, eine bestimmte Erwartungshaltung, wie ein Mensch nach seiner Ansicht zum Glauben an Jesus kommen kann. Von dieser Gleichung hängt es ab, auf welche Weise wir auf die Menschen zugehen. Als ich noch ein klassischer »Seelengewinner« war, sah meine Gleichung wie folgt aus:

> *Die Botschaft* erzählen + *zur Umkehr* auffordern =
> klassische Evangelisation

Nach dieser Gleichung sind die meisten christlichen Abhandlungen und evangelistischen Predigten aufgebaut. Unser Hauptaugenmerk liegt darauf, den Nichtchristen die Botschaft zu vermitteln. Im evangelikalen Lager hat man über lange Zeit gedacht, dass die Evangelisation umso mehr Erfolg haben wird, je klarer und präziser man die Botschaft vermittelt. Wenn man eine beliebige Anzahl bekannter evangelistischer Bücher daraufhin kurz untersuchen würde, könnte man überall erkennen, wie sehr die Vermittlung der Botschaft im Vordergrund steht. Ich glaube, dass wir damit zum Teil auch Recht haben, aber trotzdem haben wir damit den Prozess, der durchlaufen werden muss, bevor ein Mensch Christ wird, viel zu sehr vereinfacht.

Besonders bedauerlich ist dabei, dass wir auf Grund dieses Irrtums unsere stärkste Waffe nicht einsetzen können: die Güte und Freundlichkeit unseres Gottes. Es ist eine Sache, das Evangelium zu erzählen, aber es ist etwas ganz anderes, die Liebe Gottes auf eine Weise zu vermitteln, die der andere wirklich nachvollziehen und verstehen kann. Unsere Worte werden von dem anderen oft nicht verstanden. Und keiner will sich gerne etwas sagen lassen, es sei denn, sein Herz sehnt sich wirklich nach Gott.

Evangelistische Predigten üben oft Druck aus, indem sie den folgenden Bibelvers zitieren: »Jetzt ist sie da, die Zeit der Gnade, jetzt ist er da, der Tag der Rettung« (2 Kor 6,2). Jetzt ist der Tag der Rettung, *falls* es zufällig auch der Tag der Errettung im göttlichen Terminplan für diese Person ist. Was bewirkt der Geist Gottes in den Herzen derer, denen wir begegnen? Jesus sagte es so: »Niemand kann zu mir kommen, wenn nicht der Vater, der mich gesandt hat, ihn zu mir führt« (Joh 6,44). Wenn wir jemanden mit menschlichen Mitteln unter Druck setzen, schadet das mehr, als es nützt. Heute erwarte ich nicht mehr, dass jede Person, die ich treffe, die Gute Nachricht annimmt, umkehrt und sofort Jesus als seinen Herrn und Erlöser in ihr Leben einlädt. Aber ich erwarte, dass etwas Bedeutungsvolles in den Herzen der Menschen geschieht, ob sie Jesus in diesem Moment annehmen oder nicht.

Unser Ziel ist, dass Evangelisation ein Teil von allem ist, was wir tun. Jetzt erleben wir, dass Menschen in vielen verschiedenen Veranstaltungen in der Gemeinde und in allen unseren Gottesdiensten Jesus annehmen, egal, ob wir einen Aufruf zur Lebensübergabe machen oder nicht. Menschen nehmen Jesus auf dem Parkplatz an, in den Toiletten, in den Fluren. Meist also in den ungewöhnlichsten Augenblicken. Wir erleben, dass die Menschen dort zu Jesus kommen, wo Evangelisation wirklich willkommen ist, unabhängig davon, ob gerade eine evangelistische Veranstaltung läuft oder nicht.

Von Anfang an wollten wir eine Form der Evangelisation finden, die wir in unseren Alltag integrieren können. Dienende Evangelisation macht genau das möglich. Die Weitergabe der Liebe Gottes auf praktische Art ist der Schlüssel, um die Menschen in unserer Nachbarschaft zu erreichen. Immer wieder erleben wir, wie empfänglich die Menschen sind, wenn wir mit einem dienenden Herzen auf sie zugehen, anstatt sie zu belehren, anzupredigen oder von oben herab mit ihnen zu reden.

Heute sehnen sich mehr Menschen nach Gott als jemals zuvor. Aber wenn wir mit der Botschaft zu ihnen kommen: »Bring dein Leben mit Gott in Ordnung oder fahr zur Hölle«, dann zwingen wir sie entweder hinein oder hinaus. Sie wollen vielleicht ins Reich Gottes kommen, aber sie brauchen noch etwas Zeit für den Übergang. Viel zu oft zwingen wir die Leute zu einem viel zu frühen Zeitpunkt in ihrer Entwicklung zur Entscheidung für oder gegen Gott. Und oft halten wir ihre Reaktion für ein »Nein« zum Reich Gottes, obwohl es eigentlich ein »noch nicht« war.

> *Heute sehnen sich mehr Menschen nach Gott als jemals zuvor. Aber wenn wir mit der Botschaft zu ihnen kommen: »Bring dein Leben mit Gott in Ordnung oder fahr zur Hölle«, dann zwingen wir sie entweder hinein oder hinaus.*

Natürlich muss das Evangelium auch verbal vermittelt werden. Paulus sagte: »Wie sollen sie an den glauben, von dem sie nichts gehört haben?« (Röm 10,14). Und doch glaube ich, dass wir die natürliche Reihenfolge der Evangelisation verdreht haben. Zuerst müssen wir die Menschen lieben und danach können wir ihnen mit liebevollen Worten erklären, was es mit der Liebe Gottes auf sich hat. Natürlich sollen wir die Gute Nachricht von Jesus weitergeben, aber das darf nicht nur mit Worten geschehen.

Der heilige Franz von Assisi hat es vielleicht am besten ausgedrückt: »Wo immer du bist, predige das Evangelium, wenn nötig, auch mit Worten.«

5. Das Pflanzen hat Vorrang vor dem Ernten

Michelle Brandes wurde durch den christlichen Musiker und Schriftsteller Keith Green zu Jesus geführt und arbeitete danach jahrelang als seine Sekretärin. Wenn man die Herkunft von Michelle betrachtet, war dies eine unerwartete Entwicklung in ihrem Leben. Sie war in einem reformierten jüdischen Elternhaus in der Gegend von San Fernando Valley in Los Angeles aufgewachsen und hätte damals schon als »gottesfürchtig« bezeichnet werden können, obwohl sie noch in keiner Beziehung zu Jesus stand.

Keith und seine Frau Melody wurden Freunde von Michelle. Eines Tages lud Michelle dann Jesus in ihr Leben ein. Damit wäre diese Geschichte eigentlich schon zu Ende. Außer, dass nichts passierte, als Michelle dieses Gebet sprach. In dem folgenden Zeitraum von über zwei Jahren betete Keith noch sechs Mal mit ihr das gleiche Gebet der Lebensübergabe.

Nun werden einige fragen: »Warum sollte man das gleiche Gebet so oft wiederholen, wo doch ein einziges Mal schon ausreicht, um zu Gott zu kommen?« Keith hat ihr jedesmal die gleichen Grundlagen des Glaubens erklärt und jedesmal betete Michelle aus ganzem Herzen und mit tiefem Ernst, aber aus irgendwelchen Gründen »griff« das Gebet erst beim siebten Mal.

Die meisten Christen, die ich kenne, hätten Michelle die entscheidenden Bibelstellen gezeigt und ihr gesagt, dass sie einfach der Wahrheit des Wortes Gottes glauben solle. Um ein bekanntes christliches Heftchen zu zitieren, hätte sie einfach die richtige Reihenfolge von »Tatsachen-Glaube-Gefühle« einhalten müssen. Aber Keith war entweder klug genug oder besaß genügend Einfühlungsvermögen, um Michelle immer wieder aufzufordern, noch einmal ihr Leben Jesus zu übergeben, bis sie und Jesus schließlich zusammengekommen waren. Solange sie Zweifel hatte, säte er Samen der Liebe und des Glaubens.

Vor allem hatte Keith erkannt, dass Gott eigentlich derjenige ist, der evangelisiert. Wenn wir treu die Samen ausstreuen und begießen, dann wird Gott sich um die Ernte kümmern.

Einen Samen pflanzen, und nicht einen Handel abschließen

Seit ich die Apostelgeschichte und den ersten Brief an die Korinther nebeneinander gelegt und verglichen habe, glaube ich, dass Paulus in Athen seine eigene »Howard-Beale-Erfahrung« gemacht hat. Obwohl Paulus einer der gebildetsten Männer seiner Zeit war, gab es doch einen Tag, an dem sein Vertrauen in seine intellektuellen Fähigkeiten erschüttert wurde. Wie wir in Apostelgeschichte, Kapitel 17 lesen können, legte sich der berühmte Apostel mit den reichen, angesehenen und aus gutem Hause stammenden intellektuellen Bürgern Athens an, als er versuchte, auf ihre philosophische Weise zu evangelisieren.

Paulus hatte bis dahin gewaltige Erfahrungen gemacht. Wenn er sprach, geschahen großartige Dinge. Und doch schreibt Lukas an diesem Tag von einer sehr ernüchternden Reaktion auf die Predigt von Paulus: »So ging Paulus aus ihrer Mitte weg. Einige Männer aber schlossen sich ihm an und wurden gläubig« (Apg 17,33-34). Einige Männer sind besser als gar keine, aber Paulus war es nicht gewohnt, dass die Reaktion auf seine Predigten nahezu ausblieb und die »Ausbeute« so mager war. Als er von Athen nach Korinth weiterreiste, war der große Apostel durch diese Erfahrung bis ins Innerste erschüttert. Später schrieb er: »Zudem kam ich in Schwäche und in Furcht, zitternd und bebend zu euch« (1 Kor 2,3).

Es ist erstaunlich, dass Paulus von diesem Moment an nie wieder so vorgegangen ist wie in Athen (er hat allerdings vor seinem Besuch in der griechischen Hauptstadt auch nie auf diese Art und Weise gepredigt). Wir alle haben gewisse Vorstellungen und Konzepte, die uns scheinbar Erfolg versprechen. Aber erst, nachdem wir losgegangen sind, um sie auszuprobieren, wissen wir, ob sie wirklich gut sind. Nach Athen vertraute Paulus nicht mehr auf philosophische Worte, sondern er sagte: »Meine Botschaft und Verkündigung war nicht Überredung durch gewandte und kluge Worte, sondern war mit dem Erweis von

Geist und Kraft verbunden« (1 Kor 2,4). Paulus hat von da an nie wieder mit eigenen philosophischen Worten versucht, Gott zu dienen, sondern er verließ sich nur noch auf die Kraft des Heiligen Geistes, um seinen Dienst erfolgreich zu machen.

Paulus hat hier die wichtige Wahrheit erkannt, dass nur der Heilige Geist eine Person zum Glauben bringen kann. Er erkennt, dass Evangelisation immer ein Prozess ist: »Ich habe gepflanzt, Apollos hat begossen, Gott aber ließ wachsen. So ist weder der etwas, der pflanzt, noch der, der begießt, sondern nur Gott, der wachsen lässt« (1 Kor 3,6-7). Menschen können einen wichtigen Teil übernehmen, indem sie die Gute Nachricht zu den Leuten bringen, aber nur Gott selbst ist der einzige wirkliche Evangelist.

Wenn wir über Evangelisation reden, dann haben wir meist nicht diesen Prozess des »Pflanzen-Gießen-Erntens« vor Augen, von dem Paulus hier spricht. Wir denken eigentlich immer nur an die Ergebnisse, an die Ernte. Tatsächlich sind wir so fixiert auf diesen letzten Abschnitt des Prozesses, dass wir dadurch unser ganzes evangelistisches Vorgehen beeinträchtigen. Manchmal höre ich solche Bemerkungen wie:

- »Wie viele haben das Übergabegebet gesprochen?«
- »Wie viele Täuflinge waren es?«
- »Wie viele haben reagiert?«
- »Mit wie vielen bist du zum Abschluss gekommen?«

Wenn ich früher mit jemandem betete, der Jesus als seinen Herrn und Erlöser in sein Leben einlud, dann sagte ich später: »Ich habe eine Person zu Jesus geführt.« Heute benutze ich diese Formulierung nicht mehr, weil sie einfach nicht stimmt. Wir müssen begreifen, dass wir nicht in der Lage sind, irgendjemanden zu Jesus zu führen, es sei denn, der Heilige Geist arbeitet schon lange an der Person.

Evangelisation ist ein Prozess, der mit dem Pflanzen im Stil von Paulus beginnt. Er und andere, die dasselbe wie er taten, kamen in eine Stadt und sprachen von den Grundlagen des Lebens und des Evangeliums von Jesus. Einige hörten zu, andere hatten kein Interesse. Dann kamen Leute wie Apollos in die Stadt, die den gepflanzten Samen begossen und düngten. Zu irgendeinem Zeitpunkt hat Gott selbst dann die Ernte in Form von Menschen, die den Glauben an Jesus annahmen, eingesammelt.

Dieses Konzept ist den Vorstellungen unserer Gesellschaft, die immer nach schnellen Resultaten strebt, genau entgegengesetzt. Amerikaner haben keinen Sinn für langwierige Prozesse. Im äußersten Fall können wir eine Verzögerung des Endresultates akzeptieren. Wir lieben Abschlüsse. Resultate sind unser Ziel. Unsere Haushalte sind voller Produkte, die unserem Streben nach sofortiger Befriedigung entgegenkommen wie Mikrowellenherde, Fernbedienung für Kabelfernsehen mit unendlich vielen Kanälen oder Sekundenkleber, der in weniger als einer Minute zwei Teile für immer fest verbindet.

Wann haben Sie das letzte Mal gehört, dass jemand begeistert davon erzählte, dass er »Samen der Liebe Gottes« gesät habe? Unsere evangelistischen Bemühungen werden zu oft nach der Frage bewertet: »Mit wie vielen Menschen hast du gebetet, die ihr Leben Jesus übergaben?« Wenn wir nur eine niedrige Anzahl vorzuweisen haben, dann sind wir automatisch enttäuscht und murmeln: »Nun ja, ich habe es versucht.«

Paulus hatte dazu eine ganz andere Einstellung. Obwohl einige Wenige sofort an Jesus geglaubt haben, war die Reaktion in Athen insgesamt doch nicht sehr glanzvoll. Wenn er den Erfolg seines Dienstes an der »Ausbeute« dieses Tages gemessen hätte, dann hätte er wahrscheinlich schon bald seinen Dienst an den Nagel gehängt. Zum Glück verstand Paulus Evangelisation als einen Prozess. Einen Prozess, den Gott selbst bei jedem einzelnen Menschen überwacht. Paulus hatte dabei seine eigene, wichtige und besondere Rolle gespielt und wusste diese auch zu schätzen, unabhängig davon, ob er erleben konnte, wie aus den Samen dann schöne Glaubenspflanzen wuchsen oder nicht.

Wenn wir Evangelisation richtig verstehen, dann erkennen wir, dass es sowohl ein Wunder als auch ein Geheimnis ist, wie überhaupt ein Mensch Jesus kennen lernen kann.

Einmal beggenete ich einem Mann, dessen Herz offen war für die Gute Nachricht von Jesus, nachdem ihn die Freundlichkeit Gottes erreicht hatte. Das ist noch nicht lange her. Ich war in Las Vegas und hielt ein Seminar über Evangelisation. Wie immer, wenn ich irgendwo mehrere Tage lang über Evangelisation lehre, organisierte ich auch hier ein paar praktische Einsätze. Nachdem wir über Evangelisation gesprochen haben, ist es wichtig, immer den nächsten Schritt folgen zu lassen und hinauszugehen.

An diesem betreffenden Samstag hatten wir an mehreren Plätzen in der Stadt Cola verschenkt und Windschutzscheiben geputzt. Am folgenden Sonntag kam ein junger Mann, der wohl etwa Mitte Zwanzig war, zum Gottesdienst. Er trug ganz vorsichtig eine leere Coladose. Sein Blick war irgendwie »abwesend«. Einer der Ordner ging zu ihm hin, begrüßte ihn und fragte, ob er die Dose wegwerfen solle.

»Auf keinen Fall, nein! Diese Dose werde ich nicht wegwerfen. Die hebe ich auf. Wissen Sie, dies ist die Coladose, die mir der Christ gestern gegeben hat, um mir Gottes Liebe zu zeigen.«

Ich kenne die Geschichte des Mannes nicht. Aber die einfache freundliche Tat, ihm an irgendeiner Straßenecke, verbunden mit einem Gespräch von vielleicht zehn Sekunden, ein kaltes Getränk zu schenken, hat bei ihm einen bleibenden Eindruck hinterlassen. Ich glaube, dass dieser Mann durch die Freundlichkeit, die ihm erwiesen wurde, der Beziehung mit Jesus ein gutes Stück näher gekommen ist. Ich weiß nicht, ob er Jesus an diesem Sonntag als den Herrn seines Lebens angenommen hat, aber ich weiß, dass er auf dem Weg zu Jesus ist. Nur Gott weiß, wie seine Geschichte ausgehen wird.

Noch vor einigen Jahren wäre ich enttäuscht darüber gewesen, dass ich die Sache mit ihm nicht zu einem Abschluss bringen konnte, sondern dass er mir praktisch wieder entglitten ist. Ich hätte mich wohl auch ein wenig schuldig gefühlt, weil ich ihn nicht dazu gebracht hatte, gleich dort im Gottesdienst das Gebet der Umkehr zu sprechen. Aber jetzt habe ich diesen Druck nicht mehr, denn ich weiß, dass Gott selbst sich um den Prozess im Leben dieses Mannes kümmert. Das ist nicht meine Aufgabe.

Vielleicht fragen Sie sich jetzt, ob ich enttäuscht bin, wenn Leute nicht sofort reagieren? Nur sehr selten. Denn aus meiner langjährigen Erfahrung weiß ich, dass an jeder Person, die ich treffe, der Heilige Geist wirkt und sie näher zu Gott bringt. Meine wunderbare Aufgabe ist es lediglich, sie eine oder zwei Kerben weiterzuschubsen, indem ich diesem Menschen praktisch die Liebe Gottes zeige und ihm diene.

Kapitel 6

Fertig, Schuss, zielen! – Praktische Tips

*»Den Weg zu kennen ist kein Ersatz dafür,
einen Fuß vor den anderen zu setzen.«
M. C. Richards*

*»Leuchte, und die Dunkelheit wird von alleine verschwinden.«
Erasmus*

Als ich gerade neu nach Cincinnati gekommen war, traf ich mich jeden Sonnabend mit einigen anderen Männern zum Frühstück. Nach einiger Zeit lasen wir beim Frühstück auch in der Bibel. Es war alles sehr gemütlich. Bis eines Tages der Mann, der an diesem Morgen für den Bibeltext zuständig war, die Liebe Gottes zu den Armen als Thema auswählte. Er legte uns einige Stellen aus den Prophetenbüchern vor. Diese Propheten erklären ausnahmslos, dass Gottes Gegenwart dann erscheint, wenn das Volk Gottes zu den Verletzten geht, um deren Not zu lindern.

Wir sehnten uns sehr danach, Gottes Gegenwart unter uns zu erleben. So entschlossen wir uns, im Vertrauen auf Gott einen Sprung zu wagen. Unser »Frühstück plus Lesen der Bibel« wurde zu einem »Frühstück plus Lesen plus Tun der Bibel«. Wir begannen, die schriftlich festgehaltene Liebe Gottes zu den Menschen in die Tat umzusetzen und zu den Menschen zu gehen, die in Not waren. So gingen wir nach dem Frühstück und dem Bibellesen hinaus, um unseren Dienst zu tun. Damals begann das, was heute in unserer Gemeinde Tradition hat. Die Samstagvormittage sind dafür reserviert, uns selbst zurückzustellen und anderen auf praktische Art zu dienen.

Fertig, Schuss, zielen! – Praktische Tips

Da wir entschlossen waren, die Aussagen der Bibel aktiv umzusetzen, waren wir gezwungen, in unserem christlichen Leben von der Theorie zur Praxis zu gehen. Zu diesem Schritt werden wir nie wirklich bereit und vorbereitet sein. Wir werden, während wir gehen, immer weiter lernen, wie man effektiver evangelisieren kann. Aber wir dürfen uns nicht dahingehend festlegen, dass unsere Vorbereitung erst abgeschlossen sein muss, bevor wir anfangen, dem Herrn zu gehorchen. Wenn wir warten, bis wir alles verstehen, werden wir nie aus den Startlöchern kommen.

> Aber wir dürfen uns nicht dahingehend festlegen, dass unsere Vorbereitung erst abgeschlossen sein muss, bevor wir anfangen, dem Herrn zu gehorchen. Wenn wir warten, bis wir alles verstehen, werden wir nie aus den Startlöchern kommen.

Dienende Evangelisation setzt keinen Universitätsabschluss voraus, trotzdem ist sie so verschieden von anderen bekannten Einsatzarten, dass doch eine Menge Fragen aufgeworfen werden. Wir haben in den vergangenen acht Jahren, seit wir regelmäßig unseren Mitmenschen dienen, sehr viel gelernt. Es gibt elegante und weniger elegante Wege und es gibt auch völlig plumpe Ansätze, um das Evangelium im eigenen Stadtteil bekannt zu machen. Seit Jahren ist nun *unser Motto*: »Fertig, Schuss, zielen!« Ich hörte Kritiker sagen: »Das klingt ziemlich leichtsinnig.« Mag sein. Trotzdem bin ich dafür, einfach anzufangen, egal, ob wir uns vorbereitet fühlen oder nicht. In den vielen Jahren, die ich nun schon Pastor bin, habe ich zu viele Christen gesehen, die in der Vorbereitungsphase stecken geblieben sind und nie das tun, worauf sie sich eigentlich vorbereiten. Einmal hörte ich Billy Graham bei einer Großveranstaltung sagen: »Gott hat große Mühe, wenn er eine Rakete steuern soll, bevor sie fliegt. Erhebt euch von der Startrampe und dann wird Gott euch führen.«

Wir wollen uns in diesem Kapitel mit den praktischen Schritten befassen, wie wir hinein in die dienende Evangelisation »fliegen« können. Ich möchte einige Tips weitergeben, mit denen man während der Durchführung solcher Projekte Schwierigkeiten vermeiden und auftretende Probleme lösen kann. Diese einfachen Prinzipien haben uns geholfen, anderen Menschen zu vermitteln, was Gott in unserem Leben getan hat und auch in ihrem tun kann. Mit anderen Worten: unsere lebendige Beziehung zu Gott mit anderen Menschen zu teilen.

Bieten Sie für jeden Christen ein Projekt an, das genau seiner Bereitschaft entspricht, sich zu investieren

Um die Gemeindeglieder zur dienenden Evangelisation zu ermutigen, ist es eine Hilfe, wenn die Leiter viele verschiedene Projekte anbieten. Manche Leute lieben die große Herausforderung, aber die meisten gehen nicht so oft auf die Straße. Es ist wichtig, dass sich jeder auf der Ebene engagieren kann, zu der er bereit ist. Auf dieser Ebene wollen wir mit den Leuten arbeiten, nicht dort, wo wir sie gern hätten.

Ich unterteile die evangelistischen Einsätze in vier verschiedene Stufen der erforderlichen Hingabe und der gebotenen Herausforderung. Jeder Christ kann sich zu einer bestimmten Zeit nur auf einer der Stufen einbringen. Ein kleiner Teil der Christenheit bildet die Gruppe der »evangelistischen Rambos«, die auf der höchsten Stufe evangelisieren. Sie sind radikal und bereit, alle neuen Formen des Dienens auszuprobieren. Ich schätze, dass von den 2 000 Leuten unserer Gemeinde etwa fünfzig von ihnen auf dieser mutigsten Ebene operieren können. Sie gehen mindestens einmal pro Woche auf die Straße, wobei das Wetter für sie keine Rolle spielt. Natürlich sind sie eine Minderheit, aber mit ihnen kann man hervorragend neue Projekte ausprobieren.

Nicht viele Christen sind bereit, auf dieser Stufe zu evangelisieren und auch den hohen Preis zu bezahlen, der dort verlangt wird. Deshalb ist es wichtig, dass wir für die große Mehrheit der Christen viele einfache Projekte auf niederer Stufe anbieten. Es ist wichtig, vor allem auch an die Leute zu denken, die zum ersten Mal an einem Einsatz teilnehmen. Die Projekte auf der höchsten Stufe sind wichtig und wertvoll und wir dürfen sie auf keinen Fall vernachlässigen. Die radikalen Christen sind wie Sportler, die über die Zwei-Meter-Latte springen können. Aber wir müssen auch an den Fünfzehn-Zentimeter-Sprung für den »normalen«, vielleicht sogar introvertierten Christen denken, der auch Jesus liebt. Unser Ziel sollte sein, dass wir eine Palette von Projekten anbieten, an denen sich die durchschnittlichen Christen ohne besondere evangelistische Begabung beteiligen können.

Es gibt eine Gruppe von Christen, die bereit ist, einmal pro Monat an einem Einsatz teilzunehmen. Andere schließen sich einmal im Vierteljahr einer Aktion an. Dann haben wir noch eine große Zahl von

Leuten, die nur am Rande beteiligt ist und etwa einmal im Jahr bei einem Einsatz mitmacht. Ich ermutige die Gemeinde, dass jeder einmal im Monat an einem Einsatz teilnimmt. Wenn wir viele Menschen dafür gewinnen können, alle vier bis sechs Wochen einmal dabei zu sein, können wir viel in Bewegung setzen und dabei wird keiner übermäßig beansprucht. Die Kleingruppen in der Gemeinde können gut auf diesem Niveau einsteigen und geschlossen etwa einmal im Monat an einem evangelistischen Einsatz teilnehmen.

Beginnen Sie mit einfachen Projekten

Zu Beginn würde ich solche Projekte empfehlen, die billig sind und wenig Vorbereitung benötigen. Im ersten Teil des Anhangs haben wir eine Liste von etwa fünfzig Projekten zusammengestellt, die wir mit gewissem Erfolg durchgeführt haben. Überlegen Sie, welche Mittel Ihnen zur Verfügung stehen, und suchen Sie dann die Projekte aus, die sich am problemlosesten und mit wenig Vorbereitung umsetzen lassen.

In der vergangenen Woche hat eine Lebensmittelkette unserer Gemeinde eintausend Kartons mit Eiern gespendet. Wir haben noch nie Eier verschenkt, aber da die meisten Leute Eier essen, haben wir uns entschlossen, mit den Kartons von Tür zu Tür zu gehen. Es bildeten sich einige kleine Teams, die sich über die Stadt verteilten und jedem Haushalt ein oder zwei Dutzend Eier anboten. Zwei Leute sagten: »Das ist ja lustig, dass Sie jetzt mit Eiern vorbeikommen. Ich wollte gerade losgehen, um welche zu kaufen.«

Es ist nicht viel Organisation nötig, um ein erfolgreiches Projekt durchzuführen. Etwas so Schlichtes wie Eier in Verbindung mit ein paar hingegebenen Leuten, die bereit sind, an einige Türen zu klopfen, kann unter der Bevölkerung Ihrer Stadt schon eine Menge bewirken. Beginnen Sie also mit ganz einfachen Dingen, die möglichst wenig Voraussetzungen erfordern. Später, wenn Sie bereits einige positive Erfahrungen gemacht haben, können Sie sich an die aufwendigeren Aktionen heranwagen.

Irgendetwas ist immer besser als gar nichts. Aber wenn Sie mit dienender Evangelisation beginnen, dann organisieren Sie am besten mehrere verschiedene Projekte in kurzen Abständen nacheinander, damit Sie erst einmal »warm werden«. Wenn ich sechs Mitarbeiter hätte, würde ich gleich mit zwei verschiedenen Projekten anfangen, die beide auch mit einem kleinen Team durchführbar sein müssen.

Während Sie Erfahrungen sammeln, ist es günstig, eine Auswahl von verschiedenen Projekten zu haben, die man je nach Situation einsetzen kann. Evangelistische Einsätze haben gewisse Ähnlichkeit mit Angeln. Fische beißen bei jedem Wetter an, es kommt nur darauf an, welchen Köder man nimmt und welche Fischart man fangen will. Bei jedem evangelistischen Einsatz soll auch in gewisser Weise etwas »gefangen« werden. Teilen Sie zunächst Ihre Gruppe in mehrere kleine Teams auf, die alle etwas anderes machen. Sagen Sie ihnen: »Wir werden verschiedene Wege ausprobieren und auf irgendeinem werden wir auch Erfolg haben.« Vielleicht kommt das Windschutzscheiben-Projekt in Ihrer Gegend nicht so gut an. Aber möglicherweise ist das Parkuhren-Füttern die große Sensation. Sollte beides nicht funktionieren, könnten Sie immer noch versuchen, Toiletten zu putzen.

Finden Sie heraus, was Ihre Stadt braucht

Gott kennt die Menschen in Ihrer Stadt und ihre Bedürfnisse. Bitten Sie ihn, Ihnen die besonderen Nöte zu zeigen, während Sie unterwegs sind. Dort werden Sie vielleicht die besten und kreativsten Projekte entdecken oder auf individuelle Nöte stoßen. Gott hat uns versprochen, dass er sich uns offenbart, wenn wir ihn suchen: »Rufe zu mir, so will ich dir antworten und dir große, unfaßbare Dinge mitteilen, die du nicht kennst« (Jer 33,3).

Wenn Sie die sozialen Brennpunkte in Ihrer Stadt kennen, haben Sie einen entscheidenden Schlüssel in der Hand, um einen erfolgreichen Dienst zu tun. Was in einer amerikanischen Stadt der große Renner ist, kann in Deutschland fehl am Platz sein. Aber zum Glück liebt Gott alle Menschen und ist in der Lage, uns ganz genau zu zeigen, wie wir auf kreative Weise Zugang zu ihnen bekommen können.

Wir leben in einer Welt, die voller Bedürfnisse ist. Die Not der Menschen ist die offene Tür für uns, durch die wir ihre Herzen erreichen können. Die einfache Frage lautet: »Was können wir in Anbetracht unserer Möglichkeiten und Grenzen tun, um diese Menschen ganz praktisch mit Gottes Reich in Berührung zu bringen?« Gott hat mehr kreative Ideen, als wir in Millionen von Jahren im Dienst für ihn umsetzen können. Bitten Sie ihn, Ihnen ein paar von seinen Gedanken zu zeigen.

Als ich ein »frischer« Christ war, fielen mir die Schmerzen der Menschen in meiner Umgebung viel deutlicher auf als heute, weil ich damals selbst noch so verletzlich war. Aber jetzt, nach Jahren, in denen ich Gottes Liebe und Heilung aufgesaugt habe, bin ich oft nicht mehr so sensibel für die Nöte anderer. Ich bin dem Priester und dem Leviten um vieles ähnlicher geworden, die an dem Mann im Straßengraben vorbeigingen. Es kommt vor, dass ich zwar mit meinen Augen die Verletzten sehe, ihre Not aber nicht in meinem Herzen wahrnehme und geradewegs an ihnen vorbeigehe. Es ist wichtig, dass wir wieder empfänglich für die Nöte und Bedürfnisse der Menschen um uns herum werden. Das ist die Voraussetzung für alle evangelistischen Projekte, die wir starten wollen.

Wie können Sie feststellen, welche Schmerzen in Ihrer Stadt vorherrschen? Wenn Sie gar nicht wissen, wo Sie ansetzen sollen, dann gehen Sie doch wirklich einmal für ein paar Stunden im Einkaufszentrum oder der Fußgängerzone spazieren. Schauen Sie den Menschen in die Augen, die an Ihnen vorübergehen. Fragen Sie sich und fragen Sie Gott: »Welche Verletzungen haben diese Menschen? Was kann ich wirklich tun, um ihnen in ihren Schwierigkeiten ein bisschen zu helfen?« Ich bin sicher, Sie werden ganz neue Einsichten bekommen.

Einige der besten Ideen für evangelistische Einsätze bekam ich, während ich mit einer Tasse Kaffee in der Hand durch die Ladenpassage bummelte und die Leute beobachtete, die dort einkauften.

> Einige der besten Ideen für evangelistische Einsätze bekam ich, während ich mit einer Tasse Kaffee in der Hand durch die Ladenpassage bummelte und die Leute beobachtete.

Kalkulieren Sie schlechtes Wetter ein

Wir machen jetzt schon lange genug diese Einsätze, um zu wissen, dass das Gesetz von Murphy stimmt: »Alles, was schief gehen kann, geht schief.« Schlechtes Wetter ist kein Grund, keine Projekte durchzuführen. Wir müssen uns nur auf alles Mögliche vorbereitet haben, was an so einem Tag geschehen kann. Wenn das Wetter anders ist, als wir dachten, heißt das nur, dass wir den Nöten der Menschen ein bisschen anders begegnen als geplant. Vielleicht wollten wir eigentlich Autos waschen und dann fängt es an zu regnen. Dann könnte man stattdessen die Leute mit einem großen Schirm von dem Laden zum Auto begleiten. Ist es zu kalt, um Windschutzscheiben zu putzen, kann man ja auch von Tür zu Tür gehen und Glühbirnen anbieten.

Verlieren Sie nicht den Mut, nur weil das Wetter schlecht ist. Seien Sie vorbereitet. Wenn Sie in einer Gegend wohnen, die dafür bekannt ist, dass es dort häufig regnet – wie zum Beispiel in Seattle –, dann sollten Sie sich eine Reihe von Regenprojekten ausdenken, die den Bedürfnissen Ihrer Stadt entsprechen. In den kalten Gegenden wie in Kanada benötigt man zum Beispiel Projekte, die auch in den sechs kalten Monaten durchführbar sind, in denen Schnee liegt.

Finanzierung der Projekte

Ich werde oft gefragt: »Wie finanzierst du denn all diese Projekte?« Unsere Gemeinde hat von Anfang an fünfzehn Prozent ihres Budgets für Evangelisation und Dienst an den Armen reserviert. Aber für eine bestehende Gemeinde, die bisher keine Gelder für Evangelisation abgezweigt hat, ist das vielleicht nicht umsetzbar. Wenn aber eine Gemeinde der Meinung ist, dass Evangelisation wichtig ist, dann sollte sich das auch finanziell niederschlagen. Ich ermutige andere Pastoren immer wieder, sich auch finanziell zu engagieren, um die Menschen außerhalb der Gemeinde zu erreichen. Aber ich weiß, dass es eine gewisse Zeit dauert, bevor man im Gemeindehaushalt einen nennenswerten prozentualen Anteil für eine Sache erübrigen kann, die man bisher nicht berücksichtigt hatte.

Wenn Sie kein offizielles Geld erhalten, um die Projekte zu beginnen, dann überlegen Sie doch einfach, ob Sie nicht eigenes Geld investieren möchten. Die Mitglieder des Teams könnten ihr Geld in einen Topf werfen und davon ein paar Sachen kaufen. Für 30,- Mark bekommt man einiges an Fensterwischern und Putzmitteln und schon kann die Arbeit beginnen. Vielleicht könnte man auch innerhalb der Gemeinde um Spenden für die dienende Evangelisation bitten, um noch mehr Material kaufen zu können. Möglicherweise gibt es eine Missionskasse, die man »anzapfen« kann. Schließlich ist das, was Sie planen, nichts anderes als Mission!

Die meisten Projekte, die wir im Rahmen der dienenden Evangelisation durchführen, sind wirklich finanzierbar. Zum Teil kann man schon mit wenig Geld sehr vielen Menschen praktisch helfen. Eine Aktion, die wir zum Beispiel sehr gern machen, ist wirklich billig. Wir gehen mit Sechzig-Watt-Glühbirnen von Haus zu Haus und fragen, ob die Leute irgendwo in der Wohnung kaputte Birnen haben, die wir ersetzen können. Wenn man die Glühbirnen in großen Mengen kauft, kosten sie nur sehr wenig. Aber sie verschaffen uns Zutritt in das Leben von vielen Familien.

Die Rolle des Gemeindeleiters

Ich möchte Sie ermutigen, Ihrem Gemeindeleiter viel Zeit zu lassen, wenn Sie ihn von dienender Evangelisation überzeugen möchten. Fast jeder Pastor, den ich kenne, ist bereits überlastet. Der beste Weg, seine Aufmerksamkeit zu erhalten, ist, wenn Sie ihn über Ihre Pläne informieren, dann in eigener Initiative einige Projekte starten und ihm schließlich sehr ausführlich darüber berichten, was sich ergeben hat. Nach meiner Erfahrung suchen viele Pastoren nach durchführbaren Ideen, bei denen viele Gemeindemitglieder beteiligt werden können. Natürlich können Sie kein langfristiges, groß angelegtes Projekt aufbauen, ohne dass Ihr Pastor und der Kirchen-/Gemeindevorstand in irgendeiner Weise die oberste Verantwortung dafür übernehmen, aber es ist trotzdem sehr wichtig, dass Sie Ihre eigene Begeisterung mit Geduld, Weisheit und Taktgefühl und in der richtigen Dosis an Ihren Pastor vermitteln.

Ich bin inzwischen seit zwölf Jahren Pastor und weiß, dass die internen Probleme der Gemeinde den größten Teil meiner Arbeitszeit beanspruchen. Unwillkürlich geht der Schwerpunkt meiner Arbeit immer in diese Richtung. Ich reagiere in erster Linie auf Probleme. Evangelisation ist ein *Agieren*, das von mir ausgeht, im Gegensatz zum *Reagieren*, das mir von außen nahe gelegt wird. Aber ich denke, bei aller Arbeitsbelastung ist es doch gut, wenn jeder Pastor auch regelmäßig zu den Menschen seiner Stadt geht. Wenn wir diese Einsätze jedoch nicht als feste Termine planen, werden wir in dem Druck des Gemeindealltags vergraben bleiben und auf eine ungesunde Art immer nur nach innen gerichtet sein.

Pastoren haben ohne Zweifel eine tiefe Liebe für Nichtchristen, aber der Dienst eines Pastors kann ihn leicht isolieren und von der Welt abtrennen. Wir müssen aktiv dagegen ankämpfen, dass wir nur den anderen Christen helfen und nie Zeit haben für die Menschen außerhalb unserer christlichen Gemeinschaft.

Was ist in Bezug auf die Ausrüstung zu beachten?

1. *Verwenden Sie qualitativ hochwertiges Material.*

Die Menschen, denen Sie dienen, empfinden es als eine Wertschätzung ihrer Person, wenn Sie gute Produkte benutzen. Oder im umgekehrten Fall: Wenn Sie qualitativ schlechte Dinge einsetzen, widersprechen Sie der Botschaft, die Sie mit Ihrem Dienst eigentlich vermitteln wollen. Oft ist der finanzielle Unterschied zwischen mittelmäßigen und ausgezeichneten Produkten gar nicht so groß. Mit ein wenig mehr Einsatz können Sie eine viel größere Wirkung erzielen.

2. *Lernen Sie, Ihr Werkzeug richtig zu gebrauchen.*

Keines unserer Projekte erfordert irgendwelche Fachkenntnisse und dennoch benötigt man für fast jeden Einsatz ein bisschen Anleitung. Ich erkläre vor jedem Einsatz in wenigen Minuten die wichtigsten Dinge, die es zu beachten gilt.

Zum Beispiel ist es nicht allzu schwer, Windschutzscheiben zu putzen. Aber wer noch nie einen Wischer in der Hand hatte, kann auch leicht Streifen auf dem Fenster hinterlassen. Dem Fahrer wird es auffallen, ob seine Scheibe gut geputzt wurde oder ob sie Streifen hat. Wenn auf der Windschutzscheibe Streifen sind, kann das sehr unangenehm sein und ist manchmal schlechter als eine schmutzige Scheibe. Nehmen Sie sich deshalb vor jedem Einsatz Zeit, den Neuen im Team den Gebrauch des Wischers zu erklären.

Bei manchen Projekten ist es wichtig, dass man schnell und leistungsstark arbeitet. Bei dem Angebot der kostenlosen Autowäsche entsteht zum Beispiel oft dadurch ein Verkehrsstau, dass zu viele Autos in der Warteschlange stehen. Wir müssen hervorragende Arbeit leisten, wenn wir den Menschen dienen wollen, und wir dürfen auf keinen Fall zusätzlichen Ärger in ihrem ohnehin schon stressigen Alltag verursachen. Wenn wir mehr Zeit investieren, um unsere Arbeit vorzubereiten und zu üben, dann wird sich die Geschwindigkeit und die Qualität unserer Arbeit deutlich steigern.

3. *Kalkulieren Sie Ihr Material großzügig und richten Sie einen Raum für die Ausrüstung ein.*

Es ist viel besser, Material übrig zu haben, als dass mitten in einem Einsatz die Vorräte zu Ende sind. Wenn Sie nicht genügend Ausrüstung oder Materialvorräte haben, vermitteln Sie damit Ihren Mitarbeitern: »Wir haben heute eigentlich nicht damit gerechnet, dass hier etwas Besonderes geschehen wird.« Eine gute Faustregel ist, für diesen und auch schon für den nächsten Einsatz Vorräte zu besorgen. Was übrig bleibt, werden Sie früh genug verbrauchen. Die meisten Dinge, die wir für unsere Projekte benötigen, sind so billig, dass ein ausreichender Materialvorrat das Ergebnis guter Planung ist und nicht das Resultat eine guten Finanzlage.

In unserem Projekte-Raum haben wir Besen, Rechen, Fensterwischer, kistenweise Getränke, Kühltaschen, Ausrüstungen zum Toilettenputzen, Autoputzmaterial, Glühbirnen, Batterien für Rauchdetektoren, Werkzeug zur Laubbeseitigung, etc. Ich will, dass alle, die kommen, um zu dienen, spüren, dass wir auf jede Eventualität vorbereitet sind. Und ich will auch vermitteln, dass wir Kapazität für unbegrenzt viele Mitarbeiter haben. Ich hege dabei die Hoffnung, dass diejenigen, die heute bei dem Einsatz waren, nächste Woche ihre Freunde mitbringen, weil es ihnen so viel Spaß gemacht hat und weil es noch Möglichkeiten für mehr Leute gibt, mitzumachen.

Erklären Sie den Teammitgliedern möglichst genau den Ablauf der Aktion

1. *Stecken Sie den zeitlichen Rahmen.*
Sagen Sie zu Beginn des Einsatzes, wie lange dieser dauern wird. Es fällt uns viel leichter, bei einem evangelistischen Projekt mitzumachen, wenn wir den Zeitrahmen von vornherein kennen. Sagen Sie allen, bevor Sie losgehen, um welche Uhrzeit Sie sich wieder treffen werden, um zurückzugehen. An diesen festgelegten Zeitpunkt und alle anderen Absprachen sollten Sie sich halten, um die Teammitglieder ausreichend vorzubereiten und ihnen auch für die folgenden Aktionen Sicherheit zu geben.

2. *Setzen Sie einen »Betreuer« ein, wenn Teams aus mehr als zehn Leute bestehen.*
Da gerade auch Hauskreise und Gebetsgruppen angehalten werden, gemeinsam an evangelistischen Einsätzen teilzunehmen, sind die Leiter dieser Kleingruppen auch bei einem evangelistischen Einsatz für ihre Gruppe verantwortlich. Ihre Hauptaufgabe besteht darin, darauf zu achten, dass jeder Einzelne in der Gruppe Spaß an den Aktionen hat und sich rundherum wohl und sicher fühlt. Der Betreuer hat einerseits die Aufgabe, alle bei guter Laune zu halten, von einem zum anderen zu gehen, die Leute zu ermutigen und zu motivieren und sich zu erkundigen, wie alles läuft. Andererseits ist er auch eine Art »Springer«, der alles besorgt, was benötigt wird. Wenn die Leute sich schon die Mühe machen, zu einem Einsatz zu kommen und zu dienen, dann sollten sie auch ausreichend mit Material versorgt sein. Der Betreuer sollte sich um alle Belange der

Teammitglieder kümmern und Lösungen für die Probleme finden, die entstehen.

Braucht man eine Erlaubnis von öffentlichen Ämtern?

Wir scheinen in einer Zeit zu leben, in der man für alles eine amtliche Erlaubnis benötigt und in der unsere Gerichte durch kleinliche Streitereien überlastet sind. Besonders viele Geschäftsleute beklagen das. Ich würde bei der Frage, wann man eine Genehmigung benötigt, die folgenden Richtlinien empfehlen:

1. *Fragen Sie für die Durchführung eines Projektes um Erlaubnis.*
   In Bezug auf Genehmigungen kann man keine Regeln aufstellen, die »immer« oder »nie« enthalten. Lassen Sie sich von Ihrem Gefühl leiten. Wenn ich zum Beispiel in einer Ladenpassage Kaffee ausschenken will, werde ich auf jeden Fall die Geschäftsleitung des Komplexes um Erlaubnis bitten. Wenn ich aber auf dem Parkplatz desselben Gebäudes die Windschutzscheiben putzen will, werde ich wahrscheinlich nicht viel fragen. Das Ausschenken von Kaffee vor Bäckereien, eine Aktion, die wir häufig durchführen, ist in Deutschland wahrscheinlich meist nicht möglich, da diese Geschäfte dies oft auch selbst anbieten.

   In der Straße, in der auch unsere Gemeinde ist, befindet sich ein großes Warenhaus. Wir gehen regelmäßig mit Teams auf den Parkplatz des Hauses und waschen Windschutzscheiben. In all den Jahren habe ich noch nie um Erlaubnis gefragt, ob ich auf diesem Gelände meinen Dienst tun darf. Ganz bewusst putze ich die Scheiben auf dem Personalparkplatz zuerst. Würden wir um Erlaubnis fragen, lautete die offizielle Antwort wahrscheinlich: »Nein, Sie können auf unserem Gelände nicht arbeiten, denn Sie sind nicht versichert.« Es kann eigentlich nicht so viel passieren, wenn man Windschutzscheiben putzt. Und wir sind eindeutig dort, um zu dienen, nicht, um das Geschäft später zu verklagen. Aber so sind nun einmal die Gesetze. Seien Sie nicht überängstlich, aber akzeptieren Sie, dass die Gesetze in Ihrem Land vielleicht strenger sind als in den Verei-

nigten Staaten, dass die Besitzer der großen Geschäfte Beschwerden ihrer Kunden befürchten oder die Bürger Ihrer Stadt vielleicht generell ein wenig reserviert sind. Im Zweifelsfall sollten Sie sich also lieber bei den Geschäftsinhabern oder offiziellen Stellen erkundigen und die Kunden, deren Windschutzscheiben Sie waschen wollen, »vorwarnen«.

2. *Wenn man Ihnen an einem vielversprechenden Ort Ihr Projekt nicht erlauben will, dann bieten Sie den Verantwortlichen doch an, dem Personal des Unternehmens zu dienen.*

Oft habe ich erlebt, dass mir in schwierigen Fällen auf diese Weise doch die Türen geöffnet wurden. Wenn die Geschäftsleitung erst einmal weiß, dass Sie es ehrlich meinen, dann werden sie Ihnen auch erlauben, wiederzukommen und ihren Kunden zu dienen. Unlängst erhielten wir von einem sehr großen Warenhaus keine Erlaubnis, die Windschutzscheiben auf dem Kundenparkplatz zu reinigen. Dennoch hatten wir den Eindruck, dass dies ein idealer Ort für dienende Evangelisation wäre. Also gingen wir noch einmal zu dem Chef und boten ihm an, die Autos sämtlicher Bediensteten zu waschen. Das zeigte ihm, dass wir wirklich überzeugt von unserer Idee waren. Danach erlaubte er uns, wiederzukommen. Ich glaube, dass wir in diesem Warenhaus schon bald die Erlaubnis zu weiteren Projekten bekommen werden.

3. *Wenn Sie in Schwierigkeiten kommen, erinnern Sie sich daran, dass Ihr Lächeln sehr entwaffnend ist und die Kritiker zum Schweigen bringen kann.*

Wir stoßen sehr selten auf negative Reaktionen. Aber es ist immer weise, sich vorher zu überlegen, was man in einem solchen Fall tun würde. Vor kurzem haben wir auf dem Parkplatz eines Einkaufszentrums Windschutzscheiben geputzt. Da kam ein Angestellter aus dem Geschäft gerannt und schrie mich an: »Was glauben Sie denn, wer Sie sind? Sie können doch hier nicht einfach die Windschutzscheiben putzen!«

Meine einzige Reaktion war ein Lächeln. Auch wenn es mechanisch klingt, lächeln ist eine kraftvolle und wirksame Waffe im Umgang mit wütenden Menschen. Dann erklärte ich, was wir taten, und

entgegnete: »Das ist ein kostenloses Projekt zum Dienst an der Bevölkerung, das wir als Ausdruck der Liebe Gottes durchführen.« Sofort beruhigte sich der Angestellte und meinte: »Ach so, nun, wenn es ein Projekt zum Dienst an der Bevölkerung ist, dann ist das wohl etwas anderes.«
In einem anderen Fall erschien plötzlich ein privater Wachmann und fragte, was ich tat. In seinen Augen las ich die Drohung: »Ich weiß nicht, was Sie da tun, aber es wäre besser für Sie, wenn es etwas Gutes wäre.« Ich lächelte mein herzlichstes Lächeln und platzte sofort mit meinem Satz heraus: »Ich führe ein kostenloses Projekt zum Dienst an der Bevölkerung durch, um den Menschen die Liebe Gottes zu zeigen.« Der misstrauische Ausdruck in seinen Augen verschwand und er entgegnete ein geistreiches: »Ach so.« Kurze Zeit später war er aus seinem Fahrzeug ausgestiegen und ging mit mir von Wagen zu Wagen. Ich putzte weiter die Scheiben, wir unterhielten uns über viele Themen!

Was sollte man in Bezug auf Sicherheit und Verantwortlichkeit beachten?

1. *Tragen Sie leuchtend orangefarbene Westen, wenn Sie im Verkehr arbeiten.*

Sie sollten lieber auf Nummer Sicher gehen, wenn Sie in der Nähe von fahrenden Autos zu tun haben. Manchmal sind die Autofahrer durch unsere Arbeit abgelenkt und werden im Verkehr unaufmerksam. Achten Sie sich auf Ihre eigene Sicherheit im Verkehr und kleiden Sie sich am besten immer hell.

2. *Bilden Sie immer Teams, die aus mindestens zwei Personen bestehen.*

Teilen Sie die erfahrenen Leute mit den Anfängern zusammen ein und betonen Sie, dass sie auf jeden Fall zusammenbleiben sollen. Bei den meisten Projekten kann wirklich nichts passieren, aber wir wollen die Ängste der neuen Leute trotzdem ernst nehmen. Außerdem ist es biblisch und praktisch, zu zweit zu gehen. Als Jesus die siebzig Jünger aussandte, tat er das auch paarweise. Er wusste, dass die Erfahreneren den Neuen helfen, sie ermutigen und ihren Glauben stärken können. Warum nur zwei Personen, warum schickt man nicht mehr Leute zusammen los? Wenn drei oder mehr Leute zusammen auftreten, wirkt das auf andere einschüchternd, besonders, wenn alle Teammitglieder männlich sind. Bei manchen Projekten werden mehr Menschen benötigt, zum Beispiel zum Autowaschen. Aber selbst bei diesen Einsätzen empfehle ich, dass die Gruppe sich in Zweierteams aufspaltet, die jeweils zusammenarbeiten. So können sie besser voneinander lernen und haben einen schöneren Rahmen, sich gleichzeitig zu unterhalten und Freundschaft zu schließen.

3. *Benutzen Sie Namensschilder.*

Wir benutzen immer dann Namensschilder, wenn sie uns in einer Situation den Anschein von mehr Legitimität und Kompetenz verleihen. Ob ihr Gebrauch sinnvoll ist, hängt vor allem vom Einsatzort ab. Wenn wir in einem Wohngebiet unterwegs sind, in dem zum Beispiel hauptsächlich ältere Mitbürger oder Menschen der skeptischeren Mittelklasse wohnen, können Namensschilder uns zusätzliche Vertrauenswürdigkeit verleihen. Sie zeigen auch, dass wir Teil einer größeren Struktur, Teil einer christlichen Gemeinde sind. Auch den Geschäftsleuten ist es oft angenehmer, wenn die Menschen, die einen Stand vor ihrem Laden aufbauen, ein Namensschild tragen. Wenn Sie sich für den Gebrauch von Namensschildern entscheiden, empfehle ich, diese mit dem Computer auszudrucken. Sie sollten wirklich professionell aussehen und mit dem Namen Ihrer Gemeinde, dem Gemeindelogo und dem Namen der einzelnen Person bedruckt sein.

4. *Benutzen Sie Sprechfunkgeräte oder Handys.*

Bei einem Einsatz gehen wir zwar gewöhnlich alle in die gleiche Gegend, teilen uns dann aber in Zweiergruppen auf und verteilen uns an verschiedene Plätze. Wir sind alle nicht weit voneinander entfernt, aber wir können uns nicht sehen, Da sind Sprechfunkgeräte oder Handys eine wertvolle Hilfe, vor allem in den Großstädten. Man kann mühelos herausfinden, wem gerade das Material ausgeht, und entstehende Fragen im Team kann man sofort beantworten, ohne dass jemand erst vorbeikommen muss. Vergessen Sie nicht, das größte Ziel jedes Einsatzes ist, dass jedes einzelne Teammitglied ihn als sehr positiv in Erinnerung behält und sich schon auf den nächsten Einsatz freut.

Achten Sie darauf, sehr gute Arbeit zu leisten

Unsere kostenlosen »Liebesdienste« hinterlassen einen starken Eindruck bei den Leuten – vorausgesetzt, wir leisten gute Arbeit. In den Medien werden die Christen oft als altmodisch dargestellt, als Menschen, die nicht wissen, was »in« ist und die mit Mühe ihren Lebensunterhalt verdienen. Dieses Bild ist meist nicht wahr und zudem unfair und trotzdem müssen wir uns darauf einstellen, dass die Leute so von uns denken. Wenn wir erstklassige, hochwertige Arbeit leisten, dann werden wir auf lange Sicht diese Vorurteile abbauen können.

Auch in der Geschäftswelt ist es nicht immer einfach, die Qualität einer Arbeit oder eines Produktes beizubehalten, während das Geschäft expandiert. In diesem Sinne leiden Firmen ebenso wie Gemeinden zum Teil unter ihrem eigenen Erfolg. Wenn wir zunächst erfolgreich sind, werden viele Menschen angezogen und die Qualität der Arbeit kann dann darunter leiden. Doch wir können auch bewusst darauf achten, dass unsere Arbeit auf gleichbleibend hohem Niveau bleibt.

> Wir müssen nicht zu krankhaften Perfektionisten werden, aber jeder, der will, kann eine vergleichsweise gute Arbeit leisten.

Wir müssen nicht zu krankhaften Perfektionisten werden, aber jeder, der will, kann eine vergleichsweise gute Arbeit leisten. Wenn uns Leute anrufen, die wütend auf uns sind, lassen wir uns davon nicht entmutigen, sondern wir beschließen, bei unserem nächsten Einsatz noch bessere Arbeit zu tun.

Zuerst Taten und dann Worte

Die Worte spielen bei der dienenden Evangelisation eine große Rolle. Da wir unser Hauptaugenmerk auf unsere Taten legen, sollten wir uns die wenigen Worte, die wir sagen, vorher gut überlegen. Der Satz, den wir meist benutzen, lautet: »Wir führen ein kostenloses Projekt für unseren Stadtteil durch, um Ihnen die Liebe Gottes praktisch zu zeigen.« Wie ich schon sagte, hat das einfache Wort »kostenlos« eine große Wirkung. Leider wird es meist in Verbindung mit einem Hintergedanken verwendet. Wenn uns die Jugendgruppe der Gemeinde anbietet, kostenlos unsere Autos zu waschen, dann erwarten sie eigentlich doch eine Spende. Wenn wir von Tür zu Tür gehen, bekommen die Leute, die unser Angebot hören, oft diesen wissenden Ausdruck in ihren Augen: »Ja, natürlich ist es umsonst ... also, was wollen Sie nun wirklich von mir?« Wenn wir ihnen dann noch einmal versichern, dass unser Angebot wirklich umsonst ist, dass wir keine versteckten Absichten dabei haben, sondern nur dienen, weil es uns Freude macht und weil wir auf diese Weise die Liebe Gottes sichtbar machen können, dann wirft das die Leute regelmäßig um. »Sie meinen, Sie wollen mir sagen, das ist *wirklich* umsonst?«

Wenn wir diesen Ausdruck »Projekt für unseren Stadtteil« benutzen, dann stellen wir uns auf eine Ebene mit ehrenamtlichen Organisationen, mit Bürger- und Selbsthilfegruppen. Die Pfadfinder machen auch »Projekte für ihren Stadtteil«. Ich halte dies nicht für eine Vortäuschung, denn wir dienen mit unseren Projekten wirklich unserer Nachbarschaft.

»Gottes Liebe praktisch zeigen« ist der evangelistische Anteil in unserem Satz. Wir haben erlebt, dass dieser Satz uns wirklich die Türen öffnet und uns Zutritt verschafft zu den Leben und Herzen derer, denen wir dienen. Es ist auch oft kein Problem, ausgehend von diesem Satz in ein tiefgreifendes Gespräch über Jesus zu kommen.

Ich ermutige Sie, diesen Satz genau so zu verwenden, wie ich ihn notiert habe, zumindest in der ersten Zeit Ihres evangelistischen Dienens. Natürlich werden Sie im Laufe der Zeit noch bessere Formulierungen finden, um Ihre Botschaft kurz und prägnant zu übermitteln. Egal, welchen Satz Sie verwenden, es ist wichtig, dass Sie viel sagen, ohne viele Worte zu machen. Vergessen Sie nicht, dass es unser Ziel ist, möglichst viele Menschen zu erreichen und ihnen Stoff zum Nachdenken mit auf den weiteren Weg zu geben.

Gehen Sie wenn möglich immer wieder zu den gleichen Einsatzorten

Seit etlichen Jahren gehen wir in Cincinnati nun schon zu den gleichen Einkaufszentren. Zu Beginn waren die Geschäftsführer uns gegenüber ein wenig skeptisch. Natürlich fragten sie sich, was unsere wirkliche Absicht war. In der Regel waren an die Genehmigungen am Anfang noch etliche Bedingungen und Auflagen geknüpft. Doch nachdem wir inzwischen über mehrere Jahre in diesen Läden dienen, haben wir dort große Gunst gefunden. Das geht sogar so weit, dass in mehreren Fällen die Geschäfte darauf bestehen, für unsere Materialkosten aufzukommen! In der letzten Adventszeit bekamen wir in einem Fall Geschenkpapier im Wert von umgerechnet etwa 8 500 DM. In einem anderen Geschäft erhielten wir für ein Fotografie-Projekt Polaroidfilme für ungefähr 2 550 DM.

Wenn Sie häufig zu demselben Einsatzort gehen, achten Sie bitte darauf, dass Sie die Freundlichkeit der Leute nicht überbeanspruchen. Es könnte auch als Störung empfunden werden, wenn wir uns an einem bestimmten Punkt zu oft und zu lange aufhalten. Um die Geschäfte nicht zu behindern, haben wir es uns zur Regel gemacht, nie länger als eine Stunde an einer bestimmten Stelle zu stehen. Das bedeutet, wenn der Einsatz insgesamt zwei Stunden dauern soll, dann sind wir zum Beispiel zuerst für eine Stunde vor dem ersten Laden und verbringen dann die zweite Stunde vor einem anderen Geschäft. Wir wollen nicht, dass die Leute in einem Geschäft den Eindruck gewinnen, dass wir ihren Laden belagern. Außerdem wollen wir, dass sich die Ladeninhaber und die Geschäftsführer jedesmal freuen, wenn wir wieder auftauchen.

Planen Sie nach dem Einsatz noch Zeit für Feedback ein

Ich habe es in meinem Dienst immer als sehr angenehm empfunden, wenn nach einem Einsatz noch eine Zeit für Austausch zur Verfügung stand. Es ist die Zeit nach der Arbeit, in der wir über unsere Erlebnisse reden können. Dabei können wir unsere Eindrücke verarbeiten und uns entspannen. Es ist der letzte Teil des Lernprozesses. Wir können über die getane praktische Arbeit reden und über unsere Erfahrungen diskutieren. Jesus hat mit den siebzig Jüngern, die er in die umliegenden Dörfer und Städte geschickt hatte, um dort in der Liebe Gottes zu dienen, genau das Gleiche gemacht. Als sie von ihrem Einsatz zurückkamen, nahmen sie sich genügend Zeit miteinander, um sich gegenseitig alle Geschichten erzählen zu können, die sie erlebt hatten.

Unsere Ausbildung beginnt mit Worten. Dann setzen wir die Theorie in Praxis um und arbeiten. Und zuletzt vergleichen wir unsere Erfahrungen mit denen der anderen, die mit uns unterwegs waren. Nach einem gemeinsamen Einsatz entwickeln sich oft gute Diskussionen im Team. Praktisch machen wir es meist so, dass wir vor dem Einsatz eine feste Zeit vereinbaren, wann wir uns nach dem Einsatz in einem Restaurant wieder treffen. Während wir dann zum Beispiel mexikanische Tacos essen, drehen sich die Gespräche zunächst meistens um solche Fragen wie:

- »Wie erging es dir?«
- »Waren die Leute, denen du gedient hast, offen für Gespräche?«
- »Welches Projekt hat dir am meisten Spaß gemacht?«
- »Was hast du gemacht oder gesagt, das uns helfen könnte, nächstes Mal noch wirksamer zu dienen?«
- »Wohin sollten wir nächstes Mal gehen?«

Wenn wir etwas Neues ins Leben rufen wollen, ist es immer besser, das Ganze locker anzugehen. Dabei ist es eine Hilfe, wenn wir uns zunächst nur als Ziel setzen, dass wir diese Einsätze genießen und miteinander eine schöne Zeit haben wollen. Dann wird Evangelisation zum Nebenprodukt unserer guten gemeinsamen Zeit. Neulich vertraute mit jemand, der ganz neu in die dienenden Projekte miteingestiegen ist, an: »Man kann so viel Spaß mit Geld gar nicht kaufen.«

Ausdauer ist gefragt!

Es dauert eine Weile, bis wir die Ergebnisse der dienenden Evangelisation erkennen können. Ich empfehle Ihnen, die Resultate Ihrer Arbeit erst nach sechs Monaten auszuwerten. Der Fehler liegt nah, dass wir, kaum haben wir begonnen, schon sehen wollen, was unsere Aktionen bringen, und damit entmutigen wir uns selbst. Besser wäre es, nach etwa sechs Monaten kontinuierlicher Evangelisation einen Blick zurück zu werfen und dann erst auszuwerten.

Andererseits empfehle ich aber auch, Buch zu führen über die Anzahl der Menschen, mit denen Sie und Ihr Team bei Ihren Aktionen zusammenkommen. Diese Buchführung wird Sie motivieren, wenn Sie in ein tiefes Loch fallen, weil Ihr Engagement scheinbar erfolglos bleibt: »Wenn wir so vielen Menschen gedient haben, haben wir bestimmt auch einige wichtige Samen in manche Herzen gelegt.« Wir wollen jedoch nicht in das andere Extrem verfallen und für jede Person, die wir evangelisiert haben, eine Kerbe in unsere Bibel schnitzen. Dennoch sollten wir darauf achten, dass unsere Motivation und unsere Begeisterung erhalten bleiben.

Ich ermutige Sie, statt eines »evangelistischen *Programms*« eine »evangelistische *Atmosphäre*« in Ihrer Umgebung zu schaffen. Sie sollten jedoch bedenken, dass es eine Weile dauert, bis eine solche Atmosphäre entsteht. Zwar geschehen bereits mit Ihrem ersten Heraustreten gute Dinge, aber bis die Früchte Ihrer Arbeit heranreifen, wird Zeit vergehen. In der Regel vergehen auch sechs Monate, bis eine Gemeinde sich in ihrer ganzen Breite für diese neue Art der Evangelisation öffnet.

Widerstehen Sie der Versuchung, die Resultate ihrer Arbeit *zu* ernst zu nehmen. Unsere Erfahrung hat uns gelehrt, dass durch jede Person, der wir gedient haben, indirekt zwei oder drei weitere Leute erreicht werden. Die Leute, mit denen wir in Berührung gekommen waren, gehen weiter und erzählen: »Stell dir vor, was mir gerade passiert ist ...«

Ich glaube, dass wir in Bezug auf die Auswirkungen unseres Dienstes meist nur die Spitze des Eisberges sehen. Die besten Geschichten werden wir wahrscheinlich nie erfahren. Ich vermute, dass wir im

Himmel dann von einigen Resultaten unserer Projekte hören werden. Ich rechne damit, dass einige Leute auf mich zukommen, sich vorstellen und sagen: »Ich bin der Typ, dem du damals in der Innenstadt von Cincinnati eine Tasse Kaffee gegeben hast. Damit begann für mich mein Weg zu Jesus.«

Halten Sie Ihre Erfahrungen schriftlich fest

Es ist keineswegs Zeitverschwendung, wenn Sie sich nach jedem Einsatz die Mühe machen, Ihre Erfahrungen zu protokollieren. Sie werden von Mal zu Mal besser erkennen, wie man die Liebe Gottes praktisch weitergeben kann. Notieren Sie, welche guten Formulierungen Ihnen eingefallen sind, welches Material am besten ist und wie viel man von den verschiedenen Vorräten mitnehmen muss. Schreiben Sie auf, welche Einkaufszentren am offensten auf Ihre Angebote reagiert haben, damit Sie wieder dorthin gehen können. Es gibt wahrnehmbare atmosphärische Unterschiede zwischen verschiedenen Geschäften und Stadtteilen. Manche sind eindeutig empfänglicher und freundlicher als andere.

Führen Sie auch Buch darüber, wie viele Menschen bei jedem Einsatz auf welche Art und Weise erreicht wurden und wie viel Material dafür benötigt wurde. Ein zahlenmäßiger Überblick ist einerseits eine Hilfe, selbst motiviert zu bleiben, andererseits weiß man dann auch besser, wie viel Material man benötigt. Darüber hinaus ist es gut, wenn man Entwicklungen beobachten und bewerten kann, um daraus Schlüsse für die Zukunft zu ziehen.

Beten Sie vorher, währenddessen und hinterher

1. *Bereiten Sie Ihre Projekte mit Fürbitte vor.*
Ich möchte noch einmal daran erinnern, dass dienende Evangelisation in die Kategorie »Geringes Risiko – viel Gnade« fällt. Man kann die geistliche Seite dessen, was sich in den Herzen der Men-

schen ereignet, sehr leicht unterschätzen. Wir dürfen nie vergessen, dass wir ausschließlich auf Gott angewiesen sind, wenn wir Früchte unseres Dienstes sehen wollen. Wenn Gott unseren Dienst segnet, dann werden die Menschen, mit denen wir in Kontakt treten, zu Jesus gezogen werden. Wenn der Heilige Geist nicht mitwirkt, sind unsere Projekte nette Gesten, mehr nicht. Unsere Einstellung sollte sein: »Wenn Gott heute wirkt, dann geschieht hier etwas Großes. Wenn er nicht mit uns ist, dann werden wir nicht viel Auswirkungen sehen.« Jesus sagte, sein Wille für uns ist, dass wir Frucht tragen, die bleibt (vgl. Joh 15,16). Unsere Frucht bleibt dadurch, dass wir bei unserem Tun auf den Segen und die Unterstützung Gottes vertrauen.

2. *Beten Sie, während Sie dienen.*
Während wir unsere Projekte durchführen, beten wir einfache Gebete wie zum Beispiel: »Komm, Heiliger Geist, segne diese Arbeit. Gebrauche diese einfachen Zeichen der Liebe, um jeder einzelnen Person, der wir heute begegnen, deine Realität und deine Liebe zu zeigen. Sie sollen uns vergessen, sich aber an dich erinnern.«

3. *Beten Sie, nachdem Sie Ihre Aktion beendet haben.*
Ich empfehle Ihnen, dass Sie nach Beendigung Ihres Einsatzes auch noch ein paar Augenblicke beten, um alles, was Sie getan haben, noch einmal Gott anzubefehlen. Sagen Sie ihm, dass der Erfolg Ihrer Arbeit von ihm abhängt. Bitten Sie den Heiligen Geist, mit den Menschen nach Hause zu gehen, die Sie angesprochen haben.

4. *Beten wir eigentlich auch für die Leute, während wir unsere Projekte durchführen?*
Es ist erstaunlich, wie viele Leute offen sind für ein Gebet mitten in der Öffentlichkeit. Nicht immer ist es angebracht, dass wir mit den Menschen, denen wir dienen, beten oder ihnen auch nur Gebet anbieten. Aber manchmal passt es gut dazu. Unsere Faustregel dazu lautet: »Sei offen, für Menschen zu beten, wenn sie es wollen.« Wir wollen, dass sie darum bitten. Wir werden sie zu nichts drängen.

Falls jemand doch möchte, dass Sie für ihn beten, bringen Sie ihn nicht in Verlegenheit und vermeiden Sie alle für ihn ungewohnten Handlungen. Vielleicht würde es Ihnen nichts ausmachen, mutig und laut zu beten, aber seien Sie bitte sensibel für das geistliche Stadium, in dem sich Ihr Gegenüber befindet. Legen Sie keine Hände auf, denn dies kennen die meisten Menschen nicht. Es ist völlig in Ordnung, wenn Sie nur kurz und mit offenen Augen beten. Nachdem wir für jemanden gebetet haben, bitten wir ihn meistens, sich bei uns zu melden und zu berichten, was auf das Gebet hin geschehen ist. Wir hoffen, dass die Menschen anfangen, nach dem Wirken Gottes in ihrem Leben Ausschau zu halten und dass sie so weitere Beweise seiner Liebe erleben.

Grundlegende Fragen zum Thema »Dienende Evangelisation«

Wenn Christen sich zum ersten Mal mit dem Konzept der dienenden Evangelisation befassen, haben sie meist viele Fragen. Ich habe eine Liste der Fragen zusammengestellt, die man mir am häufigsten stellt, und hoffe, mit den Antworten auch einige Ihrer eigenen Befürchtungen anzusprechen.

Was ist das Besondere an dienender Evangelisation?

Man kann die Einzigartigkeit dieser Form der Evangelisation wie folgt zusammenfassen:

- Sie geht schnell.
- Sie findet viel Beachtung.
- Sie wird in Teams durchgeführt.
- Sie entspricht der jeweiligen Kultur.
- Sie schafft dem Heiligen Geist eine offene Tür, um die zu überzeugen, denen wir dienen.

- Sie ist eine Möglichkeit für schüchterne Menschen, effektiv die Liebe Gottes weiterzugeben.
- Christliche Familien können gemeinsam daran teilnehmen.
- Junge Christen können leicht miteinsteigen.
- Sie ist einfach.
- Sie ist freundlich, übt keinen Druck aus, ist nicht aggressiv.
- Sie kann für jeden Stadtteil angewandt werden, da man unter vielen verschiedenen Aktionsformen wählen kann.
- Sie enthält kaum emotionales Risiko für diejenigen, die mit früheren evangelistischen Einsätzen schlechte Erfahrungen gemacht haben.
- Sie gibt, anstatt zu fordern.
- Sie ist ein sicherer Rahmen für ehrgeizige Christen, um sich voll zu investieren.
- Sie ermöglicht Gott, übernatürlich einzugreifen.
- Sie macht großen Spaß!

Wie ergänzen sich dienende Evangelisation und andere evangelistische Aktivitäten?

Gott selbst überwacht den Prozess der Evangelisation in jedem einzelnen Leben. Wir streuen die Saat aus, er ist der große Gärtner. Gott benutzt die verschiedensten Zusammenhänge, um neue Mitglieder in seine Familie zu bringen. Ich bin immer wieder begeistert über die Vielfalt der Geschichten, wie Einzelne zum Glauben an Jesus gefunden haben.

Jeder Mensch befindet sich auf seinem eigenen Weg hin zu Jesus Christus. Die dienende Evangelisation holt jeden, mit dem sie in Kontakt kommt, dort ab, wo er sich auf diesem Weg gerade befindet und zieht ihn ein kleines Stückchen näher hin zu dem Punkt, an dem er Jesus als Herrn und Erlöser annehmen wird. Mitunter werden wir die ersten Christen sein, mit denen eine Person in Berührung kommt. Dann wieder begießen wir die Samen, die andere vor uns schon gepflanzt haben.

Für sich allein gesehen ist die dienende Evangelisation als Ansatz, das Evangelium weiterzugeben, unvollständig. Die herkömmlichen Methoden wiederum sind aber, für sich allein betrachtet, auch nicht ausreichend.

Für sich allein gesehen ist die dienende Evangelisation als Ansatz, das Evangelium weiterzugeben, unvollständig. Die herkömmlichen Methoden wiederum sind aber, für sich allein betrachtet, auch nicht ausreichend. Da sich die dienende Evangelisation vor allem mit den frühen Phasen des Pflanzens und Gießens beschäftigt, ist sie es, die die Herzen der Menschen vorbereiten kann, damit diese später die Botschaft der Liebe Gottes aufnehmen können. Ich glaube, dass dienende Evangelisation allein nicht ausreicht. Wir brauchen auch die herkömmlichen Methoden, um die Menschen, die bereit sind, Jesus anzunehmen, dann auch wirklich »geistlich zu ernten«. Während wir den Menschen dienen, wird Gott für Möglichkeiten sorgen, dass wir mit ihnen über die Gute Nachricht reden und vielleicht auch die Lebensübergabe an Jesus betend mit ihnen vollziehen können.

Wie reagieren die Menschen, wenn man ihnen dient?

Unsere dienenden Projekte lösen meist irgendeine Reaktion aus, in der Regel sind es Fragen nach unserer Gemeinde. Eine der häufigsten Fragen lautet: »Wie lange dauern Ihre Gottesdienste?« Andere, die wissen wollen, aus welcher »geistlichen Ecke« wir kommen, fragen: »Glauben Sie in Ihrer Gemeinde an die Bibel?«

Im Übrigen sind die Reaktionen sehr verschieden. Leute, die gerade gut aufgelegt sind, reagieren überrascht und dankbar. Großstadtmenschen, die grundsätzlich etwas skeptischer sind, wollen wissen, was unser Ziel ist und was wir von ihnen wollen. Sie sind meist auch in Eile und so müssen wir unsere Projekte ihrem Tempo anpassen. Wir treffen im Allgemeinen nicht so viele Leute, die offen und entspannt sind. Aber mit ihnen ergeben sich dann auch längere Gespräche. Von allen, mit denen wir länger reden können, sind etwa fünf Prozent bereit, sofort Jesus in ihr Leben einzuladen.

Was sind die häufigsten Fragen, die uns gestellt werden?

- »Was für Leute sind Sie eigentlich?«
- »Was verkaufen Sie?«
- »Wie heißt Ihre Gemeinde?«
- »Wann finden Ihre Gottesdienste statt?«
- »Wie lange dauern Ihre Gottesdienste?«
- »Kann ich Ihnen eine Spende geben?«
- »Woran glauben Sie?«
- »Gehören Sie zu den Christen, die an Gebet glauben?«

Ich finde es sehr interessant, dass uns nur sehr wenige theologische Fragen gestellt werden. Fast nie fragt uns jemand danach, was wir denn ganz genau glauben.

Werden die Menschen Angst haben oder beleidigt sein?

Die Reaktionen sind sehr verschieden, aber meist sind die Leute nicht allzu verärgert über uns. Ein Freund von mir, der in New York City lebt, ist jetzt seit einem Jahr dabei, dort Projekte dienender Evangelisation durchzuführen. Er hat in dieser Stadt, die zu den unfreundlichsten Städten der Welt gerechnet wird, buchstäblich Tausende von Windschutzscheiben geputzt. Bis heute stieß er nur einmal auf eine negative Reaktion, und das ausgerechnet von seiten zweier Frauen, in deren Auto eine große Bibel lag! Die beiden verscheuchten ihn, bevor er ein Wort der Erklärung äußern konnte.

Wenn Menschen Angst vor uns haben, dann liegt das in der Regel daran, dass sie nicht wissen, wie sie mit einem solch ungewöhnlichen Angebot umgehen sollen. Nach meiner Erfahrung entspannen sich die Leute, wenn ich sie so breit wie möglich anlächle. Lächeln ist unglaublich entwaffnend. Vor nicht allzu langer Zeit ging ich auf dem Park-

Sagen Sie das Wort »kostenlos« mit einem breitem Lächeln, damit bringen Sie fast alle negativen Reaktionen zum Schweigen.

platz eines Einkaufszentrums von Wagen zu Wagen und wusch die Windschutzscheiben. Ich war bei dem einen Auto gerade halbfertig, als drei große junge Männer auf mich zurannten. Ihr Misstrauen schlug in Lachen um, als ich mich lächelnd ihnen zuwandte. Sie entschuldigten sich damit, dass sie angenommen hatten, ich wollte ihr Auto aufbrechen, bedankten sich überschwenglich und gingen wieder.

Wenn wir den Menschen direkt in die Augen sehen, können wir ihnen auch vermitteln, dass sie keine Angst vor uns haben müssen. Auch mit selbstsicherem und souveränem Auftreten bringen wir zum Ausdruck, dass wir nichts Böses im Schilde führen. Entsteht dann doch eine irgendwie angespannte Situation, gebe ich immer so schnell wie möglich das Wort »kostenlos« von mir. Die Menschen sind gewohnt, um Spenden gebeten zu werden, und gehen automatisch davon aus, dass wir eine Gegenleistung für unsere Dienste von ihnen erwarten. Sagen Sie das Wort »kostenlos« mit einem breitem Lächeln, damit bringen Sie fast alle negativen Reaktionen zum Schweigen. Wenn wir von Tür zu Tür gehen, haben die Menschen manchmal so viel Angst, dass sie uns erst gar nicht öffnen. Vielleicht rufen sie: »Wer ist da?« durch die geschlossene Tür. Ich rufe dann meist zurück: »Ich bin Steve. Wir verteilen kostenlose Sachen.« Damit kann ich meist ihre Angst ausräumen.

Welche negativen Reaktionen haben Sie schon erlebt?

Im Normalfall fragen wir nur dort um Erlaubnis, wo es unbedingt nötig ist. Oft waschen wir Windschutzscheiben und füttern Parkuhren von Autos, deren Fahrer gar nicht in der Nähe sind. Machmal kommen die Autobesitzer dann auf uns zu, während wir uns an ihrem Wagen zu schaffen machen, und sagen: »Moment mal, lassen Sie Ihre Finger von meinem Auto!« Aber sobald sie unsere Erklärung hören, sind sie dann meist verständnisvoll.

Manchmal gehen uns die Leute aus dem Weg, weil sie denken, dass wir etwas verkaufen wollen. Vor allem in den geschäftigen Stadtzentren, in denen viele Bettler unterwegs sind, vermeiden die Fußgänger jeden Blickkontakt mit anderen Menschen.

Bei jedem Projekt stoßen wir auch auf ein gewisses Maß an Widerstand seitens derer, denen wir dienen wollen. Ob wir Getränke verteilen, Laub kehren oder Vogelhäuschen mit Futter füllen, es gibt immer Leute, die nur ein rigoroses »Nein« für uns haben und das auch nicht weiter erklären. Wir sind von solchen Reaktionen nicht enttäuscht, denn wir sehen bei allen Projekten, dass die Kraft, die in unserem Tun enthalten ist, nicht an die praktische Tat gebunden ist. Die Kraft liegt darin, dass wir unseren Dienst anbieten, um die Liebe Gottes zu zeigen. Dieses Angebot ist so gewaltig, dass es manchen Menschen wirklich unangenehm ist.

Seit Monaten putzen wir die Schaufenster eines Spirituosengeschäftes. Als wir den Geschäftsinhaber das erste Mal fragten, ob wir seine Scheibe putzen dürften, sagte er: »Natürlich, Sie arbeiten umsonst. Dieses Mal. Aber was wird es nächstes Mal kosten?« Wir haben noch nie von irgendjemandem Geld für unsere Arbeit genommen und so machten wir selbstverständlich auch bei diesem Mann keine Ausnahme. Nachdem wir ihm jetzt seit fünf oder sechs Monaten helfen, spricht er uns mit dem Vornamen an. Kürzlich vertraute er uns an, dass er wieder die Kirche besucht, in der er aufgewachsen ist und die er schon vor Jahren verlassen hat. Er tat das, weil wir angefangen hatten, ihm zu dienen. Zuerst wies er unser Angebot verächtlich zurück, aber nach einer Weile veränderte sich seine Haltung.

Wenn wir irgendwo zum ersten Mal fragen, ob wir die Toiletten reinigen dürfen, werden wir in etwa fünfzig Prozent der Fälle zurückgewiesen. Im schlimmsten Fall verbietet man uns den Zutritt, meist mit der Begründung, dass die Angestellten sich erst bei ihrem Chef rückversichern wollen. Manchmal sind die Leute auch einfach sprachlos und wissen nicht, was sie uns erwidern sollen. Wenn uns der Zutritt verwehrt wird, bieten wir gewöhnlich an, nach einiger Zeit wiederzukommen, um dann irgendwie praktisch zu helfen. Wir achten dann sehr genau darauf, dass wir dieses Geschäft oder diese Wohnung wirklich ein paar Wochen später ein zweites Mal aufsuchen. Bei unserem zweiten Besuch werden wir meistens nicht abgewiesen.

Wie geht man mit Ablehnung um?

Schon bevor wir den Gemeindeparkplatz verlassen, ist uns bewusst, dass ein gewisser Anteil unserer freundlichen Angebote zurückgewiesen werden wird. Es gibt Menschen, die fast zu allem Nein sagen, was ihnen im Leben angeboten wird. Ich habe Menschen getroffen, die durchs Leben gehen, als stünde quer über ihrem Gesicht ein großes »NEIN« geschrieben. Diese Leute sind fast immer wütend. Personen, die unser Angebot zurückweisen, sind meistens schon wütend, bevor wir sie überhaupt erst angesprochen haben. Wenn wir im Rahmen eines dienenden Projektes Fünfzigmarkscheine verteilen könnten, würden sie unser Angebot wahrscheinlich auch ablehnen. Aber auch an diesen Menschen arbeitet die Gnade Gottes, doch wahrscheinlich sind sie einfach noch nicht reif für die Ernte.

Schon bevor wir den Gemeindeparkplatz verlassen, ist uns bewusst, dass ein gewisser Anteil unserer freundlichen Angebote zurückgewiesen werden wird.

Mit anderen Worten: Wir nehmen Ablehnung nicht persönlich. Denn wir haben keinen Grund dazu. Wir verbringen so gut wie keine Zeit mit den Menschen und tun auch nichts, was ihre Ablehnung auslösen könnte. Sie kennen uns praktisch überhaupt nicht, also können sie uns auch nicht ablehnen. Wenn sie ablehnend sind, dann gilt das dem Angebot der Freundlichkeit. Unsere Aufgabe ist es, das Reich Gottes zu den Menschen zu bringen, die Menschen zu suchen, die offen sind und sie in Gottes Familie einzuladen. Die Leute, die damit noch nichts anfangen können, lächeln wir an und lassen sie in Ruhe. Wichtig ist, dass eine negative Reaktion in uns keine Angst auslösen und uns von der nächsten Person abhalten darf, die vielleicht viel offener ist.

Wir können unmöglich wissen, was in den Menschen vorgeht, denen wir begegnen. Aber ich habe eine Theorie, die erklären könnte, warum manche Leute so ablehnend auf unsere Angebote reagieren. Ich glaube, dass gerade bei vielen von ihnen der Heilige Geist bereits wirkt, und wir sind ein weiterer Stein des Anstoßes für sie auf dem Weg, auf dem sie schließlich in Kontakt mit Jesus kommen werden. Irgendwie ist unsere Anwesenheit als Botschafter Gottes für sie unangenehm und sie werden wütend. Ein Beispiel für meine Theorie ist Paulus, der unmittelbar vor seiner eigenen Umkehr auf der Straße nach Damaskus so wütend auf die Christen war wie nie zuvor (Apg 9,1-9).

Welche Aktionen funktionieren nicht?

Wir haben auch schon viel falsch gemacht. Doch wir nehmen jeden Fehler als eine Gelegenheit, um daraus zu lernen und effektivere Diener Gottes zu werden. Tatsächlich sind die meisten unserer Misserfolge eigentlich tolle Ideen, die nur noch ein bisschen angepasst oder feineingestellt werden müssen. Im Folgenden will ich von einigen der kreativeren Fehlern berichten.

- *Aus Versehen wurde ein Kühler mit Scheibenreiniger nachgefüllt.* Das Vorratsgefäß für das Wasser der Scheibenwischer sieht dem Kühler nicht unähnlich! Wir bezahlten die siebzig Mark, die es die Fahrerin kostete, um den Kühler ausspülen zu lassen.
- *Bei einem sauberen Auto wurden die Scheiben geputzt.* Wir bezahlten dafür, dass das Auto noch einmal durch die Waschstraße fahren konnte.
- *Es wurden die Scheiben eines Autos geputzt, in dem einige Hunde eingeschlossen waren.* Die Hunde waren nervös und wurden wild. Sie zerstörten einen Teil der Innenausstattung des Wagens. Wir erklärten uns bereit, die Kosten zu übernehmen, aber der Fahrer hat sich nie mehr gemeldet.
- *Es gehen immer wieder Alarmanlagen los.* Manchmal lösen wir schon dadurch den Alarm aus, dass wir den Scheibenwischer anheben, um die Scheibe zu reinigen. Das ist uns schon viele Male passiert. Aber nur einmal war deswegen ein Fahrer böse auf uns. Er war sehr in Eile und durch unsere Aktion warfen wir seinen engen Terminplan durcheinander. Normalerweise sind die Leute, die kommen, um nachzusehen, was los ist, immer erleichtert, wenn sie dann nur uns antreffen, die ihnen etwas Gutes tun wollen. Wir achten auch immer darauf, ob an dem Auto ein Hinweis auf eine Alarmanlage angebracht ist, aber nicht alle Autos haben solch eine Warnung. Unsere Faustregel ist, von allen Autos die Finger zu lassen, die so aussehen, als würden sie mehr als fünfunddreißigtausend Mark kosten. Die Besitzer alter Autos waren noch nie verärgert darüber, dass wir ihnen dienen wollten.

Das ist die Liste unserer Misserfolge bis heute. Aber ich bin sicher, dass sie noch viel länger werden wird.

Was sind die sofortigen Resultate der dienenden Evangelisation?

1. *Das Wichtigste ist, dass Nichtchristen anfangen, ihr Herz für Gottes Liebe zu öffnen.*
Manchmal sind Menschen wie Stachelschweine. Entweder sie zeigen uns ihre sanfte, verletzliche Seite, oder sie greifen mit der stacheligen, skeptischen Seite an, die uns vermittelt: »Ich will nichts von diesem Jesus hören, über den Sie da reden.« Eine kostenlose Wagenwäsche in New York veranlasste ein »Stachelschwein«, uns seine sanfte Seite zu zeigen. Dieser Mann arbeitete für die Stadtreinigung. Als er zu unserem Waschteam fuhr, war er wütend und aufgebracht, weil sich durch unser Autowaschen auf seiner Strecke ein Stau gebildet hatte.

Diese emotionsgeladene Situation veränderte sich schlagartig, als wir ihm anboten, seinen ganzen Müllwagen umsonst zu putzen. Bevor er etwas dagegen einwenden konnte, hatten wir bereits begonnen. Der Mann stand schweigend und reglos am Straßenrand und schüttelte nur den Kopf. Einige Mädchen aus dem Team erklärten ihm, dass wir ihm auf diese Weise die Liebe Gottes praktisch zeigen wollten. Der Fahrer des Müllwagens murmelte: »Ich weiß, wenn ich auf den Betriebshof zurückkomme, wird mir keiner glauben, dass das wirklich passiert ist.« Augenblicke später bat er um Gebet für einige Bereiche seines Lebens, direkt dort am Straßenrand der Hauptverkehrsstraße.

2. *Christen werden mutiger und lernen, mit Nichtchristen über ihren Glauben an Jesus Christus zu sprechen.*
Ich habe herausgefunden, dass etwa die Hälfte aller Christen schon einmal mit Außenstehenden über ihren Glauben geredet hat, aber nur etwa ein Fünftel der Christen hat schon einmal mit einer Person gebetet, die ihr Leben Jesus übergeben wollte. Dienende Evangelisation ist der vorsichtige Anfang, von dem aus wir lernen können,

auch mutigere evangelistische Schritte zu tun. Hier begegnen sich ängstliche Christen und dankbare Nichtchristen in einer sicheren, freundlichen Atmosphäre. Diese Erfahrung ist ein Erfolg für die Christen, weil sie fast immer positiv abläuft. Dadurch lernen sie allmählich, mit anderen über das zu reden, was Jesus für sie getan hat.

Was sind die langfristigen Resultate der dienenden Evangelisation?

1. *Die Gemeinde wird aktiver.*

Die Gemeinde muss sich ständig neu definieren. In den Vereinigten Staaten ist die Gemeinde Jesu zur Zeit sehr nach innen gerichtet. In dieser Woche erhielt ich den monatlichen Prospekt von einem der größten christlichen Buchverlage in den Staaten. Unter eintausend Titeln waren nur fünf Bücher über Evangelisation und evangelistische Einsätze. Etwa fünfundzwanzig Bücher befassten sich mit der Frage, wie man Teenager erzieht, es gab rund hundert Bücher über die Probleme von Verwandten oder Freunden süchtiger Menschen und fünfzig Bücher beschäftigten sich mit Fragen der Endzeit.

Angesichts von so viel Introvertiertheit müssen wir uns die Frage stellen: »Warum existiert die Gemeinde eigentlich?« Gewiss, wir leben, um Gott anzubeten, um vollkommener und Christus ähnlicher zu werden. Aber Jesus sagte auch deutlich, dass wir uns selbst loslassen müssen, wenn wir weiter wachsen wollen. Im Missionsbefehl Jesu kann man die Verbindung zwischen Gottes Gegenwart und der Bewegung der Gemeinde erkennen, die hinaus in die Welt gehen soll. »Darum geht zu allen Völkern, und macht alle Menschen zu meinen Jüngern ... Seid gewiß: Ich bin bei euch alle Tage bis zum Ende der Welt« (Mt 28,19-20). Gott ist unmittelbar bei uns, wenn wir sein Leben in die Welt tragen.

Ich bin der Überzeugung, dass die Menschen von Natur aus egozentrisch sind. Als Gemeinde müssen wir diesen Tendenzen von Zeit zu Zeit aktiv entgegenwirken und uns bewusst nach außen orientieren. Jesus hat versprochen, dass »Ströme lebendigen Wassers« aus allen Herzen fließen werden, die an ihn glauben. Was auch immer wir versuchen, Gott wird nicht zulassen, dass wir seinen Strom des

Lebens zu einem abgestandenen Teich machen. Aber wenn wir das Reich Gottes in unserer Gesellschaft verbreiten, dann werden wir die Welt verändern, in der wir leben.

2. *Die Gemeinde wird von ihrer Umwelt neu bewertet werden.*

In den vergangenen Jahren musste die Gemeinde Gottes viele Schläge einstecken, vor allem durch Skandale in den Bereichen Geld und Sex. Für unsere nichtchristliche Umwelt entstanden dadurch verschiedene falsche Bilder von der Gemeinde. So denken viele Menschen heute, dass sie nur aus Bettlern besteht, die sich geschäftlich am Rande des Ruins bewegen. Die Gemeinde bekam auch das Image eines Händlers, der ständig versucht, wertloses Zeug zu verhökern. Und unsere Umwelt, die uns aufmerksam beobachtet, sieht in der Gemeinde auch ein unattraktives Kloster, dessen Bewohner nur eine Botschaft haben: »Komm und schließe dich uns an.« Menschen haben kein Interesse, sich auf ein sinkendes Schiff zu begeben! Daran ändern auch die Überredungskünste raffinierter Rhetoriker nichts. Sie bestätigen das negative Bild nur, auf sie wird bestimmt niemand hereinfallen.

Aber wenn wir unserer Gesellschaft dienen, können wir die Identität der Gemeinde Jesu neu formulieren. Wir wollen nicht länger in einem Elfenbeinturm leben und andere Menschen immer nur verurteilen. Wir haben die Möglichkeit, Vergebung, Annahme und Liebe Gottes zu verbreiten. Es ist nicht einfach, ein Urteil der Bevölkerung zu verändern, und eine neue Definition von Christsein wird sich nicht über Nacht durchsetzen, aber wenn wir mit unserer Arbeit nicht nachlassen, wird die Gesellschaft dies irgendwann zur Kenntnis nehmen. Wenn wir aufhören, uns nur um uns selbst zu drehen, und beginnen, durch unseren Dienst die Herzen der Menschen zu gewinnen, dann werden wir auch in den Augen unserer Umwelt wieder lebensfähig werden. In einer Zeit, in der die Gemeinde scheinbar bedeutungslos geworden ist und keinen Bezug mehr hat zu den Nöten und Schmerzen der Menschen, wollen wir uns den Herausforderungen stellen und uns als vertrauenswürdig und zuverlässig zeigen!

3. **Die Gesellschaft wird gesättigt werden durch die Vielzahl der freundlichen Taten.**

Auf den ersten Blick mag »Sättigung« im Zusammenhang mit Evangelisation ein ungewöhnlicher Begriff sein. Aber im Hinblick auf die langfristige Wirkung unserer Einsätze kann man doch von »Sättigung« sprechen. Mag sein, dass Cincinnati eine Ausnahme ist, doch das Beispiel unserer Stadt zeigt, wie viel Einfluss wir als Christen auf unsere Mitbürger haben können. Seit acht Jahren engagieren wir uns ununterbrochen in dienender Evangelisation und jedes Jahr nimmt die Zahl unserer Einsätze zu. Im vergangenen Jahr kamen wir im Großraum von Cincinnati mit etwa 100 000 Menschen direkt in Kontakt. Rechnen wir dann noch die Einsätze der anderen Gemeinden in der Stadt dazu, dann kommen wir auf eine Gesamtzahl von rund 120 000 Menschen, denen im Verlauf eines Jahres in irgendeiner Form durch Christen gedient wurde.

Im Moment leben in Cincinnati 1,75 Millionen Menschen. Das heißt, wir bewegen uns darauf zu, im Laufe eines Jahres mit einem Zehntel der Stadtbevölkerung mindestens einmal im direkten Kontakt zu sein. Natürlich treffen wir viele Menschen mehrmals pro Jahr, aber trotzdem kommen wir jedes Jahr mit einem großen Bevölkerungsanteil in Kontakt. In Zukunft wollen wir unsere Aktivitäten noch steigern und ausweiten. So hoffen wir, eines Tages zehn oder sogar zwanzig Prozent der Bevölkerung jährlich zu erreichen. Über mehrere Jahre gesehen, können wir also einen Großteil der Menschen in Cincinnati persönlich ansprechen.

Aber missbrauchen Sie diese dienenden Projekte nicht, um letztendlich doch die eigene Gemeinde in der Stadt bekannt zu machen?

Ich kann ehrlich sagen, dass dies nicht der Fall ist. Als Nebeneffekt unserer Einsätze wächst unsere Gemeinde tatsächlich, aber wir wären unehrlich, wenn wir wegen des erhofften Gemeindewachstums dienen würden. Mit dieser Haltung würden wir unseren Dienst seiner Kraft berauben und wir könnten bei den Menschen, denen wir dienen, nichts

> *Wir investieren uns nicht, weil wir eine Gegenleistung erwarten. Auch wenn die Gemeinde gar nicht mehr wachsen würde, würden wir unverändert mit unserer Arbeit fortfahren.*

ausrichten. Wir investieren uns nicht, weil wir eine Gegenleistung erwarten. Auch wenn die Gemeinde gar nicht mehr wachsen würde, würden wir unverändert mit unserer Arbeit fortfahren. Wir müssen dienen, um selbst geistlich gesund zu bleiben. Wenn die Gemeinde wächst – und damit darf man rechnen –, ist das ein Grund zu großer Freude und ein Geschenk Gottes.

Während wir durch unsere Stadt gehen und die Menschen nur mit dem einen Hintergedanken lieben – sie zu Gott zu führen –, scheint *Gott* bei einigen dieser Aktionen doch seine eigenen Hintergedanken zu haben. Er scheint zwischen sich selbst und der Person, der wir dienen, ein Band zu knüpfen. Bevor wir zu einem Einsatz in die Stadt gehen, beten wir oft: »Herr, bewirke du, dass sie *uns* vergessen, aber dass sie *dich* nie wieder vergessen!«

Während wir uns bei unserem Dienst mit allen Mitteln auf das einlassen, was unsere Mitmenschen brauchen, schickt Gott Menschen in unsere Gemeinde. Vielen von ihnen haben wir noch nie gedient! Eine Art geistlicher Sog zieht die Menschen stattdessen zu uns. Obwohl wir nur sehr wenig Werbung gemacht haben, kamen im vergangenen Jahr etwa 5 000 Gäste zu uns, von denen etwa sechzig Prozent kirchendistanzierte Menschen waren. Wahrscheinlich fragen Sie sich jetzt: »Bedeutet das, dass Gott die Menschen trotzdem zu uns bringt, obwohl wir bei unserem Dienst unsere Gemeinde *nicht* bekannt machen wollen?« Ja, genau das erleben wir in Cincinnati!

Kapitel 7

Kinder sind Naturtalente

»Es muss doch mehr im Leben geben, als alles zu haben!«
Maurice Sendak

Der Zeitdruck, unter dem die meisten Familien stehen, wird immer schlimmer. Im Durchschnitt haben Amerikaner heute laut Statistik siebzehn Prozent weniger Freizeit als noch vor zehn Jahren. Meine Frau und ich haben jedoch beschlossen, trotz aller Alltagshektik zweimal im Monat mit unseren Kindern zusammen einen evangelistischen Einsatz zu machen. Dieser hat in unserem familiären Zeitplan Priorität. Janie und ich stimmen überein, dass die geistliche Erziehung unserer Kinder lückenhaft wäre, wenn sie nur mit den biblischen Geschichten vertraut wären und den Kindergottesdienst besuchen würden. Unsere Kinder sollen das Hinaustreten aus der Gemeinde und den Besuch bei den Armen als einen normalen Bestandteil des christlichen Lebens kennen lernen.

Wir nehmen unsere Kinder mit, wenn wir Einsätze mit den Gemeindebussen machen. Diese Fahrzeuge haben keine Sitze, stattdessen aber Regale und viel Stauraum für Lebensmittel und Kleidung. Sie sind speziell für den Dienst an den Armen eingerichtet worden. In einen Bus passen etwa hundertfünfzig Säcke mit Backwaren sowie genügend Kleidung, um eine kleine Armee auszustatten. Ist der Bus voll beladen, fahren wir in die Gegenden von Cincinnati, in denen besonders viele notleidende Menschen leben. Oft haben diese Leute gar keine Transportmöglichkeiten, um sich irgendwo Hilfsgüter abzuholen. Deshalb fahren wir direkt zu ihnen. Wenn wir dort angekommen sind, spielen wir moderne christliche Musikkassetten und laden alle Anwohner zu kostenlosem Essen und zu Gratis-Kleidung ein.

Unsere achtjährige Tochter Laura hatte zugesagt, mich bei einem solchen Einsatz zu begleiten. Aber als es dann Samstagmorgen und Zeit zum Gehen war, sah sie sich gerade Zeichentrickfilme an und wollte nicht mehr mitkommen. Nach einer kleinen Diskussion einigten wir uns darauf, dass ich nach dem Einsatz mit ihr zu *McDonald's* gehen würde. Diese kleine Bestechung war erfolgreich. Im Handumdrehen war sie fertig angezogen und saß im Auto.

In einem innenstädtischen Wohnkomplex entluden wir dann unseren Bus und halfen den Leuten, ihre Tüten in die Wohnungen zu tragen. Darunter waren einige junge Mütter. Laura und ich gingen mit ihnen zusammen zum Haus und halfen beim Tragen. Wir plauderten im Gehen, als ich plötzlich in meinem Geist das Bild eines Knies sah, an dessen linker Seite ein rotes Licht. Ich fragte die junge Frau neben mir, ob sie Probleme mit ihrem Knie habe. Sie bejahte. Im nächsten Augenblick konnte ich noch andere Dinge erkennen. Irgendwie wusste ich jetzt, dass sie im Januar auf einer gefrorenen Stelle vor ihrer Wohnung ausgerutscht war. Und ich wusste, dass der Arzt ihr eine Operation nahe gelegt hatte. Diese Aussicht machte ihr Angst.

Die Frau war völlig sprachlos, als ich ihr erzählte, was ich wusste. Sie sagte: »Ich weiß, wer Sie sind – ein Mann Gottes!« Sie war nicht nur offen für unser Gebet, sie war absolut begeistert! Ich bat Laura, ihre Hände auf das Knie zu legen, und dann beteten wir zusammen, dass die Kraft Gottes die Schmerzen nehmen und das kaputte Gewebe entfernen möge. Laura war fasziniert, als sie merkte, dass Gott diese Frau mit ihrer Hilfe heilen wollte. Das verletzte Knie wurde warm, und die Stelle, die bis dahin wehgetan hatte, fühlte sich nach Aussage der Frau jetzt taub an.

Ich war über Gottes Wirken und diese Heilung aufgeregt. Aber jetzt erzähle ich diese Geschichte nicht in erster Linie als Zeugnis des Wirkens der Kraft Gottes, sondern vielmehr als einen Bericht über Gottes zukunftsgerichtetes Wirken in Lauras Leben. An diesem Vormittag hat Laura etwas sehr Bedeutungsvolles gesehen, das sie wahrscheinlich ihr ganzes Leben begleiten wird. Sie erkannte, dass die Kraft Gottes in Bewegung war und eine Frau heilte. Sie erkannte, dass Gott durch unvollkommene Menschen wirkte – sogar durch ihre Eltern! Und vor allem erlebte sie, dass die Kraft Gottes durch sie, ein achtjähriges Mädchen, floss und Wunder tat.

Die Gemeinde unserer Zeit braucht eine neue Sicht für die Rolle der Kinder im Dienst an anderen. Kinder können unglaublich von Gott gebraucht werden. Als Samuel noch ein Junge war, bewies er seine Fähigkeit, die Stimme Gottes zu hören, Gottes Willen genau zu erkennen und in die Zukunft weisende Prophetien zu geben. Viel zu oft sehen wir in Kindern die Gemeinde von morgen, aber in Wirklichkeit sind sie ein wichtiger Bestandteil der Kirche von heute, unabhängig von ihrem Alter. Wenn wir den Kleinen bei unseren evangelistischen Einsätzen nicht mehr Raum geben, verschenken wir diese Möglichkeit, dass einige unserer besten Evangelisten die Welt berühren. Um der Kinder willen sollten die Familien, in denen sie aufwachsen, das Christentum nicht nur theoretisch kennen, sondern jedes christliche Elternhaus sollte dadurch gekennzeichnet sein, dass von dort aus ständig die Liebe und Gnade Gottes anderen Menschen gegenüber zum Ausdruck gebracht wird.

Kinder – unsere besten Evangelisten

Am Palmsonntag warnte Jesus die jüdischen Leiter, dass die Steine schreien und ihn preisen würden, wenn die Menschen schwiegen (vgl. Lk 19,29-40). Manchmal habe ich mich schon gefragt, warum Jesus nicht wirklich die Steine nahm. Es gibt so viele von ihnen, sie sind gehorsam und immer bereit. Menschen dagegen sind unbeständig und unzuverlässig. Aber kleine Kinder haben nach meiner Ansicht viel Ähnlichkeit mit den Steinen. Es gibt viele von ihnen, meist sind sie gehorsam, und sie sind auf jeden Fall eher verfügbar als Erwachsene. Im Gegensatz zu Erwachsenen knüpfen Kinder nicht so viele Bedingungen an ihren Gehorsam. Es macht ihnen Freude, wenn sie sehen, dass Gott ihre Gebete in die Tat umsetzt. Während es in einigen Gemeinden nichts Außergewöhnliches ist, dass Kinder aktiv evangelisieren, empfinden es andere Gemeinden vielleicht als »Missbrauch«. Seien Sie im Folgenden bitte nicht entsetzt, wenn Sie einiges, das ich Ihnen schildere, als schockierend empfinden. Möglicherweise sind Kinder die besten Evangelisten der Gemeinde. Lassen Sie uns gemeinsam diese Möglichkeit betrachten.

Kinder sind offen für das Wirken Gottes

Eines der größten Wunder in den Evangelien geschah durch den Gehorsam eines kleinen Jungen. Nachdem Jesus mehrere Tage lang gelehrt hatte, waren die mehr als 1 000 Menschen hungrig. Da die Stadt zu weit entfernt war, gingen die Apostel durch die Menge und fragten: »Wer hat etwas zu essen dabei, das er mit den anderen teilen möchte?«

Die Jünger hatten jedoch das Pech, dass ihnen nur ein winziges bisschen Essen zur Verfügung gestellt wurde – das Mittagessen eines kleinen Jungen. Ich gehe davon aus, dass noch mehr Leute etwas zu essen hatten, aber keiner von ihnen war bereit, es zu teilen. Sie fanden alle eine vernünftige Erklärung, warum sie ihre Vorräte selbst brauchten. Am Ende hatten die Jünger nur ein bisschen Brot und zwei Fische, das Mittagessen, das die Mutter ihrem Jungen mitgegeben hatte.

Jesus schien unbesorgt zu sein. Er dankte dem Vater für das, was sie bekommen hatten, und dann wies er die Jünger an, den Menschen, die auf dem Berg versammelt waren, das Essen auszuteilen. Ich glaube nicht, dass dieses kleine Mittagessen sich plötzlich in einen riesigen Essensberg verwandelte. Vielmehr vermute ich, dass immer wieder etwas da war, wenn die Jünger einen Teil weggegeben hatten. Jesus zeigte, dass auch wenig, wenn die Kraft Gottes dazukommt, mehr als genug ist, um auch eine Menge von 1 000 Menschen zu sättigen.

Während der geschäftigen Sommermonate haben viele Leute kaum Zeit, sich um ihren Rasen zu kümmern. Also laden wir regelmäßig mehrere Rasenmäher auf unsere Transporter und fahren durch die Wohngegenden Cincinnatis auf der Suche nach langem Gras. Es ist wirklich kein Problem für unsere Rasenteams, herauszufinden, wer ihren Dienst brauchen könnte. Als wir bei einem dieser Einsätze auf ein Haus zufuhren, hörten wir schon durch die nur aus einem Fliegengitter bestehende Tür die Geräusche eines Basketballspiels. Der Leiter unseres Teams klopfte und erklärte, was wir tun wollten. In dem Sessel vor dem Fernseher saß ein Mann, Bierdose in der Hand, und zeigte keine Regung. Seine einzigen Worte waren: »Klar können Sie meinen Rasen mähen. Alles, was Sie wollen.« Wir waren überrascht, dass er gar nicht verwirrt auf unser ungewöhnliches Angebot reagierte. Wie oft kommt das denn vor, dass jemand vor Ihrem Haus hält und Ihnen anbietet, Ihren Rasen zu mähen?

Das Team machte sich an die Arbeit und dreißig Minuten später war der ungepflegte Rasen gemäht, die Kanten waren getrimmt und das abgeschnittene Gras war in Plastiksäcken verpackt. Der Teamleiter klopfte wieder an die Tür und rief dem Mann zu, dass wir das getan hatten, um ihm Gottes Liebe so zu zeigen. Seine einzige Reaktion war: »In Ordnung, danke.« Er zeigte wirklich keinerlei Gefühle.

Das Team ging die Auffahrt entlang zurück zum Auto, als der zehnjährige Adam seinem Vater sagte, dass Gott gerade zu ihm gesprochen habe. Wir haben unsere Kinder in der Gemeinde gelehrt, dass es nichts Ungewöhnliches ist, wenn Gott zu Menschen spricht. Auch das Gebet für Kranke ist regulärer Bestandteil des Unterrichts im Kindergottesdienst. Bei früheren Gelegenheiten hatte Adam schon häufig solche Eingebungen gehabt und diese Aussagen hatten sich immer als sehr exakt erwiesen. Aus diesem Grund nahmen die Erwachsenen im Team ihn auch jetzt ernst.

Adam fühlte, dass Gott wollte, dass wir für diesen Mann beten sollten, damit dessen Schmerz nachließe. Wir wussten nicht, was diesen Mann bedrückte, aber wir wollten sorgfältig auf das Reden Gottes hören und die Gelegenheit nutzen, die Gott vorbereitet hatte. Da wir soeben den Rasen gemäht hatten, fühlten wir uns auch irgendwie berechtigt, noch einmal zu dem Mann zu gehen und mutig zu sagen: »Bevor wir gehen, würden wir gerne kurz für Sie beten.«

Der Mann willigte zögernd ein. Da Gott zu Adam gesprochen hatte, war es angebracht, dass dieser auch betete. Alle standen in einem Kreis und der Junge betete ganz einfach: »Herr, komme jetzt und heile den Schmerz, der im Herzen dieses Mannes ist.«

Was dann geschah, war auch für die langjährig dienenden Evangelisten im Team überraschend. Der Mann brach in haltloses Schluchzen aus! Nach einigen Minuten war die Schulter des Christen, der neben ihm stand und an den er sich gelehnt hatte, völlig durchnässt. Nur langsam konnte er sich beruhigen. Dann erzählte er, dass seine Frau in der Klinik sei und operiert werden müsse. Sein neunzehnjähriger Sohn war in der vergangenen Nacht verhaftet worden, als er versuchte, ein Auto zu stehlen, um Geld für seinen Rauschgiftkonsum zu bekommen. Dieser Mann war an jenem Morgen so überwältigt von den Nöten in seiner Familie, dass er wie betäubt in seinem Zimmer gesessen hatte.

Diese Geschichte zeigt uns die Vorteile von Kindern gegenüber den komplizierteren Erwachsenen. Die erwachsenen Teammitglieder hatten vor allem die Zeit im Auge und wollten möglichst schnell zum nächsten Haus gehen. Aber weil das Kind überhaupt keinen Zeitdruck verspürte, konnte es wahrnehmen, dass Gott bei diesem Mann noch mehr tun wollte. Hinzu kommt, dass viele Erwachsene immer Angst haben vor peinlichen Situationen in der Öffentlichkeit. Aus diesem Grund scheuen sie sich oft, fremden Menschen Gebet anzubieten. Hätte aber Adam dieses einfache Gebet nicht gebetet, wäre das Herz des Mannes wahrscheinlich verschlossen geblieben und er hätte den Trost Gottes nicht erleben können.

Was dieses Erlebnis bei Adam selbst auslöste, ist fast genauso wichtig wie das eigentliche Wunder. Ich habe mehrmals mit seinen Eltern über diesen Tag gesprochen. Sie glauben, dass etwas Wichtiges in das Herz ihres Jungen gepflanzt wurde, als er erlebte, wie dieser Mann auf sein Gebet hin einen ersten Schritt auf dem Weg der Heilung ging. Kinder lernen unter anderem durch das, was man ihnen sagt, doch in erster Linie erinnern sie sich an ihre Erfahrungen. Für diesen Jungen ist es kein Problem zu glauben, dass es Gott wirklich gibt und dass Gott ihn gebrauchen möchte, um die Welt zu beeinflussen. Viele erwachsene Christen haben Mühe mit der Vorstellung, dass Gott sie gebrauchen möchte oder auch nur gebrauchen *könnte*, wenn sie sich ihm zur Verfügung stellen würden.

Kinder sind glaubwürdig

Vor einigen Jahren erlebte ich im Zusammenhang mit Kindern im evangelistischen Dienst etwas, das einerseits schrecklich war, mir aber andererseits auch die Augen geöffnet hat. Als ich die Bibelschule besuchte, gehörte es zum Unterricht über Sekten, dass wir einmal eine Veranstaltung der »Zeugen Jehovas« besuchen mussten. Ich sah so etwas zum ersten Mal und war ziemlich eingeschüchtert und froh, einige meiner Freunde, die mit mir gekommen waren, um mich zu haben.

Die Leiter der Veranstaltung lehrten zuerst ein bisschen aus der Bibel, dann ermahnten sie die Anwesenden vor allem, aktiver zu werden und verstärkt zu evangelisieren. Im Verlauf des Abends übten sie mehrmal das evangelistische Gespräch in Form von Rollenspielen in kleinen Gruppen. Ein Teil der Veranstaltung war für mich sehr interessant. Sie setzten auch Kinder für evangelistische Aufgaben ein. Obwohl ihr Glauben durchzogen ist von unbiblischen Vorstellungen über Gott und das Leben, war ich doch beeindruckt von ihrer Einstellung über die Rolle der Kinder, die leicht die Herzen der Menschen öffnen können. Aber diese jungen »Zeugen Jehovas« waren wie kleine Roboter, die auswendig gelernte Lehrsätze von sich gaben! Den Leitern war bewusst, dass viele Leute, die sofort die Tür zuschlagen, wenn ein erwachsener »Zeuge Jehovas« bei ihnen klingelt, dies nicht tun, wenn ein Kind vor ihrer Tür steht.

Kinder sind entwaffnend. Wir dürfen Kinder niemals missbrauchen, denn Gott gebraucht sie, um Menschen auf sich aufmerksam zu machen. In jedem Erwachsenen steckt dicht unter der Oberfläche auch noch das Kind, das eine individuelle Vorstellung von Gott hat. Kinder erinnern uns daran, wie schlicht unsere Beziehung zu Gott sein sollte. Wenn ein Kind sagt: »Wir dienen Ihnen, um Ihnen zu zeigen, dass Gott Sie lieb hat«, dann hören Erwachsene zu.

Ich mag es nicht, wenn Kinder geistliche Wahrheiten von sich geben, die sie nicht verstehen. Tatsächlich brauchen sie eigentlich gar nicht viel zu sagen. Kinder zeigen die Liebe Gottes schon einfach in ihrem kindlichen Wesen. Ihre Einfachheit und ihr Vertrauen sind für uns als Kinder Gottes ein schönes Vorbild. Diese Haltung entspringt aus einem Leben im Gehorsam zu Jesus. Vielleicht hat Jesus deshalb gesagt, wir sollen wie Kinder werden, um in das Reich Gottes zu kommen (Mt 18,3).

Kinder können für Außenstehende die Tür zur Gemeinde sein

Wenn Kinder sprechen oder auch weinen, dann hören Erwachsene wirklich zu. Meine Frau Janie und ich haben das beobachtet, als unser erstes Kind gerade ein paar Monate alt war. Wir hatten nicht damit gerechnet, dass wirklich jeder Mensch Babys so liebt. Wenn wir irgendwo Essen gingen, lächelten uns völlig fremde Menschen an und erzählten uns von ihren eigenen Kindern oder Enkelkindern. Dabei kamen wir meist auch recht schnell auf andere Themen und oft redeten wir dann auch über Gott. Scheinbar macht die Gegenwart von Kindern es leichter, an Gott zu denken. Ich habe es zum Beispiel häufig erlebt, dass Ehepaare, die Kinder bekommen, sich oft eine Gemeinde suchen, obwohl sie sich bis dahin nicht mit dem Thema »Glauben« beschäftigt haben.

Neulich lernte ich bei einem Kaffeetrinken für die neuen Besucher unserer Gemeinde eine Frau um die siebzig kennen. Ich fragte sie ganz locker, wie sie denn auf diese Gemeinde gestoßen sei. Daraufhin erzählte sie mir eine wunderschöne Geschichte. Sie war seit Monaten ans Haus gefesselt gewesen, da sie bei einem Unfall einen Wirbel gebrochen hatte. Eines Sonntags lag sie auf dem Sofa, sah einen Gottesdienst im Fernsehen und wünschte sich, gesund zu sein und in die Kirche gehen zu können. In diesem Augenblick klingelte es an ihrer Tür. Auf ihrer Schwelle standen zwei kleine Jungs, ein Erwachsener und eine Topfpflanze.

Als diese Frau ihnen die Tür öffnete, sagten die Kinder: »Wir verschenken heute morgen Pflanzen, um Ihnen praktisch zu zeigen, dass Gott Sie lieb hat.« Die Frau war davon so berührt, dass sie selbst Monate später, als sie mir die Geschichte erzählte, wieder weinen musste. Als es ihr dann wieder besser ging, wollte sie herausfinden, was das für Christen waren, die Blumen verschenken als Zeichen der Liebe Gottes. So kam sie und beschloss zu bleiben.

Kinder haben keine Angst

Aus der Verhaltensforschung wissen wir, dass wir nur mit wenigen natürlichen Ängsten, die wir zum Überleben brauchen, auf die Welt kommen. Aus diesen gesunden, lebensnotwendigen Ängsten entstehen dann die weniger gesunden Ängste. Während wir älter werden, wird es für viele Menschen normal, mit Ängsten zu leben. Wenn wir nicht lernen, mit Angst umzugehen, werden wir im Laufe des Lebens immer vorsichtiger.

Die meisten Erwachsenen scheuen sich vor evangelistischen Einsätzen, weil sie Versagensängste haben. Uns wurde beigebracht, dass

Versagen etwas Schmerzhaftes ist, das man nach Möglichkeit vermeiden sollte. In Wirklichkeit ist Versagen aber der natürliche Weg, um zu wachsen und viele Dinge im Leben zu lernen. Kinder legen keinen Wert auf Sicherheit. Viele von ihnen sind ganz frei von den Ängsten, die Erwachsene quälen und lähmen und sind noch erfüllt von dem Vertrauen auf Gott, der ihre Gebete mit Sicherheit erhören wird.

Wie viele Erwachsene kennen Sie zum Beispiel, die bereit wären, sich neben die Bäckerei zu stellen und Süßigkeiten zu verkaufen? Bei uns sieht man das oft. Fast jedes Mal, wenn ich einkaufen gehe, stehen die Kinder aus dem Fußballverein oder die Pfadfinder-Mädchen da und verkaufen am Ausgang der Ladenpassage Süßigkeiten. Ich kann Kindern, die etwas verkaufen, nicht widerstehen. So kaufe ich immer etwas, oft sogar Dinge, die ich gar nicht mag.

Eine Gemeinde in New York City lässt nicht zu, dass ihre evangelistischen Aktivitäten aus Angst vor Versagen gebremst werden. Unter der Aufsicht von Erwachsenen gehen Scharen von Kindern regelmäßig in die Nachbarschaft der Gemeinde und dienen den Anwohnern mit vielen kreativen Ideen. Innerhalb weniger Stunden kommen sie mit vier- bis fünfhundert Menschen in Kontakt. Ihre Angebote sind kostenloses Porträtzeichnen, Verschenken von Gasballonen, Sofortbilder von Passanten machen und Getränke verteilen. Dabei ist es für diese Kinder ganz natürlich, den anderen Kindern aus der Nachbarschaft von Jesus zu erzählen. Die Eltern der anderen Kinder sind von der Freundlichkeit der Gemeindekinder sehr beeindruckt und es haben sich dadurch schon einige Familien der Gemeinde angeschlossen.

Der Nutzen für die Kinder

Kinder, die mit ihren Eltern zusammen regelmäßig an Einsätzen in der Nachbarschaft teilnehmen, ziehen selbst großen Gewinn daraus. Ich möchte mich im Folgenden mit einigen dieser Faktoren beschäftigen, die sich in der Entwicklung der Kinder vorteilhaft auswirken.

Kinder sind offen für die Gesellschaft

Das elektronische Zeitalter, in dem wir leben, hat unseren Lebensstil verändert und dazu beigetragen, dass die Menschen insgesamt in sich gekehrter geworden sind. Bis ein Kind erwachsen ist, hat es gelernt, mit Kabelfernsehen umzugehen, es ist gewohnt, sich Essen zum Mitnehmen aus dem Imbiss zu holen, es kennt Videorecorder, Telefon, Faxgerät, Computer, Versandhäuser, tragbare Stereoanlagen mit Kopfhörern und Videospiele. Das sind an sich alles keine schlechten Geräte und Möglichkeiten, aber neben aller Hilfe können sie auch dazu beitragen, dass wir viel Zeit allein verbringen. Viele von uns sind zu häufig allein und lassen zu, dass ihr Freundeskreis immer kleiner wird.

Die Zukunftsforscherin Faith Popcorn beschreibt in ihrem Buch *The Popcorn Report* (»Der neue Popcorn-Bericht«), den großen Trend in den USA zum *cocooning*. Damit meint sie, dass die Menschen dazu neigen, sich wie eine Raupe in ihrem privaten Kokon einzuspinnen. Wir vergraben uns in unseren hoch technologisierten Höhlen, in denen wir vor der bedrohlichen Außenwelt in Sicherheit sind. Im Bericht wird eine Entwicklung beschrieben, die es uns schon bald ermöglichen wird, wochen- und monatelang nicht aus unserer sicheren Wohnhöhle kommen zu müssen.

Auch in der christlichen Welt ist das Phänomen des *cocooning* nicht unbekannt. Neulich unterhielt ich mich mit einem Mann, der vom Kindergarten bis zum Studienabschluss immer christliche Schulen besuchte. Nachdem er für nahezu zwei Jahrzehnte lückenlos geschützt und abgeschirmt war, wurde ihm bewusst, dass er nur sehr ungenügend auf das Leben in der Realität vorbereitet worden war. Nun ist er dabei, seine geistliche Panik hinter sich zu lassen. Er erzählte mir, er wolle jetzt einen neuen, wirklichkeitsnahen christlichen Lebensstil finden, in dem auch Platz ist für Menschen, die Jesus nicht kennen. Dienende Evangelisation bietet eine Möglichkeit, diese Offenheit gegenüber der Außenwelt schon in jungen Jahren zu lernen.

Kinder entwickeln ein Gespür für das Wirken des Heiligen Geistes

Für junge Kinder ist es leicht, sich vorzustellen, dass Gott durch sie wirken möchte. Doch wenn dieses Wissen nicht zur Anwendung kommt, wird es im Laufe des Heranwachsens verloren gehen. Wenn sie selbst erleben können, wie der Heilige Geist wirkt, ist das der beste Weg für Kinder, in ihrer Sensibilität dem Heiligen Geist gegenüber zuzunehmen. Dass Gott wirklich existiert und das Leben von Menschen völlig verändern kann, ist keine Idee, die man aus Büchern lernen und verstandesmäßig erarbeiten kann, sondern wir lernen in der Praxis und in unserem Herzen, während wir anderen dienen. Wenn wir vielen Menschen dienen, wird in unseren Kindern und in uns selbst das Bewusstsein wachsen, dass etwas ganz Besonderes im Leben jeder einzelnen Person geschieht, mit der wir in Kontakt kommen.

> *Dass Gott wirklich existiert und das Leben von Menschen völlig verändern kann, ist keine Idee, die man aus Büchern lernen und verstandesmäßig erarbeiten kann, sondern wir lernen in der Praxis und in unserem Herzen, während wir anderen dienen.*

Etwas verändert sich in uns, wenn wir sehen, wie der Heilige Geist deutlich sichtbar an anderen Menschen wirkt. Jesus sagte, dass »das Auge dem Körper Licht gibt« (Mt 6,22). Was wir mit unseren Augen sehen, fällt als Licht in unsere Herzen. Wenn Kinder sehen, dass Menschen geheilt und mit den Gaben des Heiligen Geistes ausgestattet werden, dann werden sie selbst hungrig nach der Berührung durch Gott und die Erfüllung durch den Heiligen Geist und möchten sich selbst für ihn engagieren. Ich glaube, dass in Kindern, die Gottes Wirken sehen, etwas gepflanzt wird, das sie für ihr ganzes Leben prägt.

Wenn Kinder beobachten können, dass ihre Eltern von Gott gebraucht werden, erkennen sie, dass Gott Realität ist

Es gibt so viele Situationen, in denen die Kinder die Unvollkommenheit und Unzulänglichkeit ihrer Eltern erkennen können. Umso wichtiger ist es, dass sie sehen, was Gott trotzdem für uns in unserem Leben bedeutet.

Die Bibel empfiehlt uns: »Erzieh den Knaben für seinen Lebensweg, dann weicht er auch im Alter nicht davon ab« (Spr 22,6). Diese Erziehung beinhaltet viel mehr als die verbale Weitergabe von Wissen. Wir müssen ihnen Jesus, den Sohn Gottes, den Weg, die Wahrheit und das Leben zeigen. Kinder lernen am meisten, indem sie etwas Praktisches ausprobieren, sie lernen nicht so sehr durch das Hören biblischer Geschichten oder durch das Antrainieren von biblischen Daten und Fakten. Wirkliche Veränderung geschieht im Inneren. Wir sollten unseren Kindern vorleben, wie sich unser eigenes Leben verändert, während wir als Agenten der Gnade Gottes in der Gesellschaft leben.

Es ist von grundlegender Bedeutung, dass die Kinder erkennen können, dass die Eltern ihren Glauben mit Worten und Taten praktisch zum Ausdruck bringen. Experten haben herausgefunden, dass nur etwa zehn Prozent unserer Kommunikation verbal geschieht. Durch unser Verhalten formen und verändern wir ständig unsere Haltungen. Unsere Kinder achten demzufolge viel mehr auf das, was wir tun, als auf das, was wir sagen. Kinder sollten erleben können, dass beides dazu gehört, wenn wir Jesus nachfolgen wollen, seinen Willen zu kennen und seinem Willen zu gehorchen. Sie brauchen Eltern, die die Wahrheit Gottes nicht nur theoretisch kennen, sondern die auch darin leben.

Als Eltern sollten wir uns immer wieder fragen: »Welche Art Christentum lebe ich meinen Kindern vor? Befinde ich mich in einem gesunden Gleichgewicht, in dem ich das göttliche Leben empfange und weitergebe, oder bin ich wie das Tote Meer, das sehr viel aufnimmt, nichts abgibt und dabei immer salziger wird?« Unsere Kinder werden wahrscheinlich die Form von Christsein übernehmen, die sie an uns beobachtet haben, unabhängig von den vielen biblisch korrekten Worten, die wir ihnen zu unserem vielleicht nicht ganz so biblischen Leben dazugegeben haben.

Wie man mit seiner Familie zu den Menschen in der Umgebung gehen kann

Unsere Zeit ist gekennzeichnet von extremer Rebellion und großer Verwirrung. Immer mehr schlechte Nachrichten überschatten die wenigen erfreulichen Berichte. Unsere Gesellschaft wird immer gefährlicher, vor allem auch für Kinder. Die natürliche Reaktion auf das alles ist, wegzulaufen und sich zu verstecken. So dient auch die Gemeinde vielen Menschen in erster Linie als ein Zufluchtsort vor der »feindlichen« Umwelt. Doch das biblische Verhalten ist, mit Weisheit in die Gesellschaft hineinzulaufen.

Wir sind dazu berufen, das Licht Gottes scheinen zu lassen. Es ist gar nicht so aussichtslos, unsere Umwelt zu »erhellen«. Im Folgenden schildere ich Ihnen einige praktische Anregungen, die ich während unserer eigenen Einsätze entdeckte und die illustrieren, wie ich zusammen mit meiner Familie Menschen die Liebe Gottes nahe bringen kann.

Beginnen Sie mit einem einfachen, »sicheren« Projekt

Eines der größten Ziele, die wir mit dienender Evangelisation für Kinder verfolgen, ist, den Kindern eine positive Einstellung zur Evangelisation zu vermitteln. Wir wollen ihren Mut fördern, so dass sie später darauf vorbereitet sind, in größere Dienste für Gott hineinzuwachsen. Alle Projekte, die im ersten Teil des Anhangs aufgelistet sind, kann man mit Kindern durchführen. Suchen Sie sich einfach diejenigen aus, die Sie am ehesten ansprechen.

Zunächst müssen Sie natürlich das Alter und die Fähigkeiten Ihrer Kinder berücksichtigen. Zum Beispiel wäre es keine gute Idee, mit kleinen Kindern, die gar nicht an die Scheiben heranreichen können, zum Windschutzscheiben-Putzen zu gehen. Auch für größere Kinder ist es oft nicht so einfach, streifenfrei zu putzen, da sie noch nicht so gut auf diese Feinheiten achten können. Auch beim Autowaschen gibt es immer wieder Situationen, in denen sich die Arbeit nicht mit der Beteiligung von Kindern vereinbaren lässt. Mit zuverlässiger Regelmäßigkeit wollen die kleinen Kinder immer den Wasserschlauch halten. Das ist keine gute Idee. Die meisten Kinder sind nicht in der Lage, diesen Schlauch, aus dem das Wasser strömt, richtig zu führen. Im schlimmsten Fall wird das ganze Team einschließlich der Menschen, denen wir einen Dienst erweisen wollen, dabei durchnässt. Das sollten wir unbedingt vermeiden!

Aber man kann die Kinder durchaus zum Autowaschen mitnehmen. Sie können zum Beispiel die Felgen und die Stoßstangen polieren. Es gibt andere Projekte, die für Kinder sehr geeignet sind. So machen Kinder sehr gerne beim Füttern der Parkuhren mit, vorausgesetzt, dass sie groß genug sind, um an die Uhr heranzureichen. Während das Kind die Münze einwirft, kann der Erwachsene die Visitenkarte unter den Scheibenwischer stecken.

Schon seit einigen Jahren haben sich in den Vereinigten Staaten verschiedene Gemeinden aus dem ganzen Land zusammengetan und im Sommer ein Projekt durchgeführt, das sie *Summer of Service* oder *SOS* (»Sommer des Dienens«) nennen. Die Teilnehmer sind junge Leute von Highschools, Universitäten und Berufsschulen, die beabsichtigen, später in den vollzeitlichen Dienst zu gehen. Ihnen geben wir die Gelegenheit, in einem sicheren Rahmen verschiedene Einsatzmöglichkeiten kennenzulernen und dabei positive Erfahrungen zu sammeln. Viele dieser jungen Leute sind zunächst bei der Vorstellung, in der Stadt evangelisieren zu müssen, gelähmt vor Angst. Doch schon nach wenigen Tagen erleben sie häufig einen großen persönlichen Durchbruch. Und nachdem sie einmal gute Erfahrungen mit Evangelisation gemacht haben, können sie leichter in Dienste gehen, die ein größeres Risiko bieten.

Beaufsichtigen Sie Ihre Kinder

Fraglos leben wir in einer gefährlichen Welt. Aber wenn die Kinder unter guter Beaufsichtigung in die raue Wirklichkeit gehen, können sie viele wertvolle Dinge lernen, die sie für ihr ganzes Leben brauchen werden. Wir müssen diese Einsätze aber unbedingt klug planen. Schon bevor wir losgehen, reden wir mit den Kindern über einige Dinge, die ihnen vielleicht begegnen werden. Wir müssen sie auf die Realität vorbereiten. Wir kommen zwar mit Gottes Liebe und Gnade zu den Menschen, aber einige von den Leuten, denen wir dienen, sind sehr verletzt und innerlich zerstört. Wir haben einige Regeln zur Sicherheit der Kinder aufgestellt, die wir bei unseren Einsätzen immer berücksichtigen.

- *Jeder Einsatz wird gemeinsam mit Erwachsenen durchgeführt.* Auch als Erwachsene machen wir nahezu jeden Einsatz als Team. Für Kinder ist dieses Prinzip noch wichtiger. Einige der Orte, die wir aufsuchen, sind schmutzig und unangenehm. Wir müssen diese Plätze nicht grundsätzlich vermeiden, aber wir gehen nur zu bestimmten Tageszeiten, zu denen wir uns sicher fühlen können, dorthin. Im Team sind immer mehrere Erwachsene, damit diese sich ausreichend um die Kinder kümmern können.

- *Die Kinder müssen sich immer in der Nähe des Erwachsenen aufhalten, der für sie verantwortlich ist.* Die Kinder können auch mit Fremden reden, aber nur in Gegenwart eines verantwortlichen Erwachsenen. Wir schärfen den Kindern immer ein, dass sie auf keinen Fall die Gegend verlassen dürfen, in der das Projekt durchgeführt wird. Die Kinder sollen Spaß haben, deshalb lassen wir sie fast alles machen. Dennoch beobachten wir sie dabei. Je nach Art des Projektes und Alter der Kinder versuchen wir, genügend Erwachsene (mindestens einen Erwachsenen für drei Kinder) einzuteilen, um in jeder Situation angemessen reagieren zu können.

Gehen Sie regelmäßig mit Ihren Kindern zu einem Einsatz

Ich rate gewöhnlich, Einsätze immer terminlich festzulegen, sonst wird es oft über längere Zeiträume nicht dazu kommen. Meines Erachtens ist ein Einsatz pro Monat ideal und realistisch. Für viele Familien ist der Samstagvormittag der beste Termin. Und ich empfehle Ihnen auch, nicht länger als zwei Stunden für einen Einsatz einzuplanen. Die Kinder sollen den Einsatz genießen und Spaß haben, also brechen Sie lieber früher ab, als dass sich die Kindern überfordert fühlen. Wir wollen den Einsatz nicht dadurch ruinieren, dass wir ihn mit Gewalt durchziehen. Bei jüngeren Kindern, die sich noch nicht lange konzentrieren können, muss man entsprechend noch kürzere Einsätze planen.

> *Die Kinder sollen den Einsatz genießen und Spaß haben, also brechen Sie lieber früher ab, als dass sich die Kindern überfordert fühlen. Wir wollen den Einsatz nicht dadurch ruinieren, dass wir ihn mit Gewalt durchziehen.*

Planen Sie nach dem Einsatz eine Zeit, in der alle wieder zur Ruhe kommen können

Am besten ist es, nach dem Einsatz in ein Restaurant zu gehen und dort noch einmal in Ruhe über alles zu reden. Es ist der ideale Moment, um die Meinung der Kinder zu erfahren. Solange die Eindrücke noch frisch sind, können Sie sie nach positiven Erlebnissen und Einsichten, aber auch Ängsten fragen, die sie während des Dienens hatten. Kinder brauchen auch unsere Hilfe, um ihre Erlebnisse geistlich zu beurteilen. Denken Sie bitte immer daran, dass die Einsätze bleibende Eindrücke in den Kindern hinterlassen, die ihre Einstellung zu Gott, dem Leben und Ihrem eigenen Christsein prägen werden.

»Wo der Geist des Herrn ist, da ist Spaß!«

Über die Jahre hat sich bei uns ein Satz eingebürgert, der fast biblisch klingt: »Wo der Geist des Herrn ist, da ist Spaß.« Viel Spaß zu haben ist ein sicherer Weg, um das Reich Gottes im Leben Ihrer Kinder fest zu verankern. Über einen längeren Zeitraum tun wir alle nur das, was uns auch Spaß macht. Kinder neigen dazu, die Dinge nach dem Lustprinzip zu bewerten. Ich habe auch herausgefunden, dass mein Dienen mir selbst Spaß machen muß, sonst wird es auch meinen Kindern keine Freude bereiten.

Wenn Kinder erkennen, dass ihre Eltern aus Pflichtgefühl und bloßer Hingabe einen Dienst tun, dann werden Gemeinde, Dienst, vielleicht sogar Gott einen schlechten Nachgeschmack für sie haben. Ich bin überzeugt, dass viel mehr Kinder durch pflichtbewusstes Christsein von Gott ferngehalten werden, als durch die Aufklärungsbewegung und andere »Feinde« der tradierten Offenbarungsreligion. Wenn Sie Ihren Kindern vorleben, dass es attraktiv ist und Spaß macht, Christ zu sein, dann wird es diesen viel leichter fallen, auch ihr Leben Gott zur Verfügung zu stellen. Und vor allem werden sie ein positives Bild bekommen von einem »menschlichen« Gott, dem man sich anvertrauen kann.

Eine unserer Strategien ist die monatliche »Matthäus-Party«. Sie entstand in Anlehnung an die Party, die der Zöllner Matthäus anlässlich seiner Entscheidung gab, Jesus, dem Messias, nachzufolgen (vgl. Lk 5). In seiner Freude lud er alle seine Freunde ein, die Jesus noch nicht kannten, und veranstaltete ein großes Essen für alle. Wir organisieren solche Feste in verschiedenen Gegenden und laden alle Leute ein, die jeweils in der Nähe wohnen. So kommen wir immer wieder mit unseren Nachbarn in Kontakt und lernen ihre Sorgen und Nöte kennen.

Jesus will, dass bei jedem von uns die Taten mit den Worten übereinstimmen. Um das umzusetzen, brauchen wir neue Leiter, die frei sind von den Ängsten, die so viele Christen in der Vergangenheit gebremst haben. Es gibt eine Gruppe in der Gemeinde, die das umsetzt und von der wir Kühnheit lernen können – unsere Kinder!

Kapitel 8

Dynamik in Kleingruppen

»*Niemand kann ernsthaft versuchen, einem anderen zu helfen, ohne dabei sich selbst zu helfen. Dies ist eine der schönsten Arten, wie das Leben einen entschädigt.*«
Ralph Waldo Emerson

Als meine Gemeinde noch klein war, begannen wir, Gruppen mit jeweils etwa fünf oder sechs Mitgliedern zu bilden. Die Mitglieder dieser Gruppen sollten sich jeweils im Alltag und im geistlichen Leben unterstützen. In meiner Gruppe befanden sich ein Maschinenschlosser, eine Karate-Lehrerin (mit schwarzem Gürtel!), ein Portier, ein Handelsvertreter und eine Hausfrau. Abgesehen von unserer Beziehung zu Jesus hatten wir scheinbar nichts gemeinsam. Aber dieses Wenige reichte aus, um uns eng zusammenzuschweißen.

Die meisten Gemeinden haben irgendwelche Gruppen, die sich zu allen möglichen Zwecken treffen. Diese Gruppen können dem Einzelnen auf einer persönlicheren Ebene dienen als die große Gemeinde, da sie nicht an feste Strukturen gebunden sind, und bieten die Gelegenheit, tiefere Beziehungen zu knüpfen. Die meisten Gruppen werden, wenn sie sich selbst überlassen bleiben, innerlich sehr gemütlich, schotten sich jedoch nach außen ab. Will jemand neu zu einer Gruppe dazustoßen, wird er eher toleriert als willkommen geheißen und er wird Mühe haben, in der Gruppe aufgenommen zu werden. Wenn solche Gruppen aber gemeinsam Projekte dienender Evangelisation durchführen, ist das eine der besten Methoden, diese Entwicklung hin zu einer »geschlossenen Gesellschaft« zu verhindern.

Eines Tages hatte sich eine neue Kleingruppe gebildet, der auch ich angehörte. Es war unser zweites Treffen. Wir redeten darüber, ob wir auch einmal einen evangelistischen Einsatz zusammen machen wollten. Eine sehr spontane Person sagte: »Warum gehen wir nicht jetzt sofort los? Wir packen ein paar Taschen mit Lebensmitteln zusammen und gehen raus!« Ich bin von Natur aus nicht so spontan, ich überlege und plane meine Einsätze lieber in Ruhe. Aber plötzlich entstand in dieser Gruppe so eine Art Gruppendynamik und bevor ich ein Wort der Warnung sagen konnte, waren wir schon unterwegs! Wir hatten beschlossen, in einer nahen Wohnsiedlung, in der viele arme Leute wohnten, Essen zu verteilen. So gingen wir zum Supermarkt, kauften einige Grundnahrungsmittel, luden einen Kombi voll und fuhren los. Wir teilten uns in Zweiergruppen auf und vereinbarten, nach einer Stunde wieder zusammenzukommen.

> Aber plötzlich entstand in dieser Gruppe so eine Art Gruppendynamik und bevor ich ein Wort der Warnung sagen konnte, waren wir schon unterwegs!

Unser Vorgehen war einfach. Wir klingelten an den Wohnungstüren, boten Lebensmittel an und fragten, ob wir für etwas beten könnten. Mein Partner und ich verteilten vier Tüten mit Nahrungsmitteln an verschiedene Familien. Zweimal kamen wir zu Familien, die sagten:»Wir könnten schon etwas gebrauchen, aber ... ist wirklich in Not. Vielleicht wäre es besser, wenn Sie zuerst dorthin gehen würden, und wenn dann noch etwas übrig ist, könnten Sie wieder zu uns kommen.« Eine alleinerziehende Mutter sagte nicht nur, dass sie Lebensmittel bräuchte, sondern sie wollte auch gerne wissen, was es bedeute, Christ zu sein, und wir erklärten es ihr.

Die Stunde, die wir uns vorgenommen hatten, verging wie im Flug, fast als ob wir einen Zeitsprung gemacht hätten. Wir trafen uns und erzählten einander von unseren Erlebnissen. Einige davon konnte man kaum glauben. Auch ein anderes Team hatte mit einer Person gebetet, die Jesus als ihren Herrn und Erlöser annahm. Ein drittes Team war auf eine Familie getroffen, die schon tagelang nichts zu essen hatte. Erst eine Woche später sollten sie wieder Essensgutscheine erhalten. Wieder ein anderes Team war zu einer Frau gekommen, deren Arm seit einem Schlaganfall vor noch nicht sehr langer Zeit gelähmt war. Sie hatten ein einfaches Gebet gesprochen:»Komm, Jesus, und heile den Arm dieser Frau.« Wenn die Frau nicht mit diesem Team mitgekommen wäre, hätte ich die Geschichte nicht geglaubt. Vor mir stand eine ältere Dame, die begeistert berichtete, dass sie sofort nach dem Gebet einen leichten elektrischen Schlag verspürt hatte, der von ihrer Schulter über den Arm bis in die Fingerspitzen ging. Seither hat sie wieder Gefühl in dem Arm und kann ihn voll bewegen.

Wir waren allesamt sprachlos. Was wir heute erlebt hatten, war genau das, was in der Apostelgeschichte berichtet wird. Auch einige Jahre danach habe ich diesen Abend immer noch als einen der spektakulärsten Einsätze meines Lebens in Erinnerung. Wir sahen zum ersten Mal, wie beeindruckend Gott durch »normale« Gläubige wirken kann, wenn sie den Schritt hinaus in ihre Nachbarschaft wagen, um dort Jesus zu dienen. Ich hatte auch früher schon für Kranke gebetet und viele Lebensmitteltüten verteilt. Und eigentlich passierte meist auch etwas Schönes dabei, wenn ich hinausging und den Menschen dienen wollte. Aber ich war eigentlich immer als Einzelkämpfer unterwegs gewesen.

Doch durch diese Erfahrung habe ich erkannt, wie sehr es Gott gefällt, wenn er durch eine Gruppe wirken kann, die gemeinsam hinausgeht und anderen Menschen dient. Es hat sich gezeigt, dass Kleingruppen geistliche Gewächshäuser sind, in denen das Leben des Heiligen Geistes üppig blühen kann. Im Moment ist die Zahl der Gruppen in unserer Gemeinde auf etwa hundertzwanzig gewachsen. Es gibt klassische Bibelgruppen, Frauengruppen, Männergruppen, Gruppen für Leute, die früher die gleiche Sucht hatten, etc., und dann gibt es alle Arten von Interessengruppen, die ein gemeinsames Hobby verbindet wie Fahrrad fahren, Angeln oder irgendeine kreative handwerkliche Arbeit. Solche gemeinsamen Erfahrungen schmieden Gruppen zusammen.

Vielleicht gibt es auch in Ihrer Gemeinde schon viele Gruppen, einen Chor, ein Frauentreffen oder verschiedene Komitees – jede Gruppe hat ihre eigenen Ziele und Schwerpunkte. Und jede Gruppe kann ein geschlossener Kreis werden, der nur für sich selbst existiert; sie kann aber auch eine Brücke sein, die Gottes Liebe aus der Gemeinde hinaus in ihre Umwelt trägt. Machen Sie doch einmal ein Experiment. Brechen Sie doch einfach das nächste Treffen Ihrer Gruppe nach der Hälfte der üblichen Zeit ab und gehen Sie dann mit allen zusammen hinaus, um in der restlichen Zeit zum Beispiel Windschutzscheiben zu putzen. Mit ziemlicher Sicherheit werden die Beziehungen innerhalb der Gruppe durch diese gemeinsame Herausforderung intensiver werden. Die Lebensdauer der Gruppen, die eine Perspektive haben, die über die eigenen Ziele hinausgeht, ist meines Erachtens bedeutend länger. In solchen Gruppen herrscht eine gesunde Atmosphäre, die für alle Mitglieder heilsam ist.

Das Licht des Leuchtturms

Seit etwa zwanzig Jahren bin ich ständig Mitglied in verschiedenen Kleingruppen. Zunächst ist der Gedanke, hinauszugehen und der Nachbarschaft zu dienen, für jede Gruppe gewöhnungsbedürftig. Aber ich habe auch herausgefunden, dass Gruppen, die das nicht tun, nicht sehr lange bestehen bleiben. Sie richten sich zunehmend nach innen und ihre Energie wird immer mehr von den Beziehungsproblemen innerhalb der Gruppe verbraucht, was zum Auseinanderbrechen der Gruppe führen kann.

Jede Gruppe hat die Kraft eines Leuchtturms. Die einzelnen geistlichen Taschenlampen-Lichter der verschiedenen Mitglieder ergeben zusammen das starke, schöne Licht eines Leuchtturms, der seine Strahlen auf die geistliche Finsternis der Gesellschaft richtet, in der er steht. Das kraftvolle Licht des Heiligen Geistes in uns kann weit über uns hinausstrahlen. Gruppen, die ihren gebündelten Lichtstrahl nicht hinaus richten, stehen in der Gefahr, sich mit ihren Taschenlampen gegenseitig in die Augen zu strahlen, sich zu blenden, zu stören und zu verletzen.

Die Ortsgemeinde, egal, wie groß sie ist, hat keine wirkliche Existenzberechtigung, wenn sie sich nicht in ihre Umgebung hineininvestiert. Ich kenne eine Gruppe, die anfing, den Obdachlosen in einem nahegelegenen Park Essen zu bringen. Sie kochten für Dutzende von Leuten, boten ihnen nach dem Essen Kaffee an und plauderten mit den Gästen. Ihre Bereitschaft, sich zu öffnen und zu dienen, wurde allmählich mit immer mehr Dynamik innerhalb der Gruppe belohnt. Heute existiert diese Gruppe seit zwei Jahren, sie versorgt unverändert die Obdachlosen, aber inzwischen haben sie dafür ein jährliches Budget von über 50 000 DM, das sie über den sogenannten »Zehnten« und Spenden bekommen.

Die Gemeinde beginnt meines Erachtens erst dann, ihre Funktion als Gemeinde wahrzunehmen, wenn sie zu den Menschen in ihrer Umgebung geht. Ich will einige Gründe nennen, warum wir unsere Gesellschaft erreichen sollten.

Jesus gründete die Gemeinde, indem er mit einer kleinen Gruppe begann

Zu Beginn der Apostelgeschichte lesen wir, dass die Urgemeinde nicht sehr beeindruckend war. Nachdem Jesus sie drei Jahre lang ausgebildet und geformt hatte, wurde er vor ihren Augen zum Vater entrückt. Wahrscheinlich starrten sie Jesus mit Ehrfurcht und Entsetzen hinterher; Ehrfurcht, weil sie in der Gegenwart der Herrlichkeit Gottes standen, Entsetzen über seine letzten Worte, mit denen er die Strategie mitteilte, wie sie die Welt gewinnen sollten: »Ihr werdet meine Zeugen sein« (Apg 1,8).

In diesem Augenblick fühlte sich die kleine Schar alles andere als befähigt, diesem Auftrag gerecht zu werden. Sie fühlten sich wohl viel mehr als ängstliche Versager. Die Dinge waren in den vergangenen Tagen nicht besonders gut gelaufen. Einer ihrer Freunde hatte Jesus verraten und dann Selbstmord begangen. Sie wurden von den religiösen und politischen Machthabern bedroht und wahrscheinlich auch steckbrieflich gesucht. Und gerade in dieser Situation ließ sie Jesus einfach allein. Ich kann mir vorstellen, dass sie so schockiert waren, dass sie gar keinen klaren Gedanken fassen konnten. Was sollten sie jetzt tun? Bis endlich ein paar Engel kamen und die Worte Jesu wiederholten. Sie sollten nach Jerusalem gehen und auf die Kraft warten, die Jesus ihnen senden wollte.

Dies war nur eine kleine Gruppe, vielleicht unterschied sie sich nicht sehr von den Gruppen, zu denen wir gehören. Drei Jahre lang hatten sie beobachten können, wie Jesus mit seinen Wundern die Naturgesetze aufhob, wie er den Menschenmassen die Botschaft Gottes erzählte, wie er sogar Tote lebendig machte. In den letzten vierzig Tagen hatten sie miterlebt, wie der auferstandene Jesus schließlich an sich selbst bewies, dass durch den Glauben an Gott die Kraft des Geistes Gottes auch Tote wieder zum Leben erwecken kann. Alles schien auf das große Finale zuzulaufen, die Ereignisse überstürzten sich, immer wieder überraschende, fantastische göttliche Wunder. Wohin würde diese Entwicklung führen? Würde Jesus jetzt sein Reich gründen? Nein, er gab ihnen einen gewaltigen Auftrag und ließ sie allein zurück.

Schließlich, dort draußen auf dem Ölberg, außerhalb von Jerusalem, verrät ihnen Jesus sein Geheimnis, wie die Welt mit der Kraft

Gottes berührt werden soll. »Ihr elf Leute werdet meine Zeugen sein.« An der Stelle dachten sie bestimmt, dass sie sich verhört hätten. Ich kann mir gut vorstellen, dass die Jünger ungefähr so reagierten: »Wie kann er sagen, dass wir seine Zeugen sein sollen. Schauen wir uns doch an! Wir zittern ja vor Angst. Wir können sein Reich nicht aufbauen. Das wird nie funktionieren. Die Engel können das viel besser als wir. Sie haben keine Angst und sind viel mobiler, wo sie doch fliegen können und all das.«

> »Wie kann er sagen, dass wir seine Zeugen sein sollen. Schauen wir uns doch an! Wir zittern ja vor Angst. Wir können sein Reich nicht aufbauen. Das wird nie funktionieren. Die Engel können das viel besser als wir. Sie haben keine Angst und sind viel mobiler, wo sie doch fliegen können und all das.«

Sie hätten eigentlich nicht so sehr überrascht sein müssen. Jesus hatte immer gezeigt, dass er gern mit kleinen Gruppen arbeitet. Drei Jahre lang waren die Apostel Teil einer Kleingruppe gewesen. Mit Ausnahme einiger wenigen Wunder hat Jesus alle seine Taten im Beisein seiner Gruppe, den Aposteln, getan. Außerdem hat Jesus sie auch ermutigt, im Team herumzureisen und selbst zu dienen. Die Kraft des Heiligen Geistes wird dadurch freigesetzt, dass zwei oder drei Menschen in Jesu Namen beieinander sind (vgl. Mt 18,20). Um die Welt zu gewinnen, muss Gottes Leben durch kleine Team-Einheiten in die Welt hineinfließen. Die Mitglieder sollten in echter Liebe verbunden und von einer starken Liebe zu den Menschen motiviert sein, zu denen Gott sie sendet.

Aus einer aktiven Gruppe können sich kommende Leiter herauskristallisieren

Was ist ein Leiter? Nun, eine Person, »die andere leitet«. Heutzutage denkt man bei künftigen Leitern vor allem an die Leute, die mehr wissen oder die schon länger Jesus nachfolgen als andere. In manchen Gruppen sind es auch die Absolventen der entsprechenden Ausbildungsstätte. Das sind alles wichtige Kriterien, die auch eine Rolle spielen. Aber letztendlich ist der ein Leiter, der andere leitet.

Lange Zeit wurde innerhalb der Gemeinden diskutiert, ob die angeborenen oder die erworbenen Fähigkeiten wichtiger sind. Die eine

Strömung meint: »Wir können jeden Christen zu einem Leiter machen, vorausgesetzt, er hat genügend Anleitung.« Die andere Richtung widerspricht dem: »Leiter werden geboren, nicht gemacht.« Meine eigenen Erfahrungen legen nahe, dass die Wahrheit in der Mitte liegt. Ich glaube nicht, dass man aus Menschen, die gar keine natürliche Veranlagung dazu haben, Leiter machen kann. Andererseits wird keiner zu einem guten Leiter werden, der nicht von reifen, von Gott befähigten Christen unterwiesen wird.

Doch jenseits aller Theorien wird diese geheimnisvolle Fähigkeit der Leiterschaft dann sichtbar, wenn in einer Gruppe eine eigene Dynamik entsteht. Bei Aktivitäten zeigt sich, wer wirklich leitet. Wenn in einem Kino Feuer ausbricht, erkennt man den Leiter daran, dass er den Weg nach draußen kennt und ihn den anderen zeigt. Wer den nächsten Schritt weiß, den eine Gruppe zu gehen hat, der ist ein Leiter.

> *Die Person, die begeistert ist über das, was geschieht, die früher kommt und länger bleibt, die gern Opfer bringt, die immer bereit ist, sich zu engagieren – das ist eine Person, die von Gott vorbereitet wird, ein Leiter in dienender Evangelisation zu werden.*

Wir können den künftigen Leitern einen Persönlichkeitstest anbieten, der ihren Typ und ihren Hintergrund bestimmt, um ihre Qualifikation für Leiterschaft zu bestimmen, oder wir können auch viel praktischer vorgehen. Gruppen, deren Ziel es ist, sich zu investieren, werden unweigerlich Leiter hervorbringen. In einer dienenden Gruppe sieht man schnell, wer leitet. Die Person, die begeistert ist über das, was geschieht, die früher kommt und länger bleibt, die gern Opfer bringt, die immer bereit ist, sich zu engagieren – das ist eine Person, die von Gott vorbereitet wird, ein Leiter in dienender Evangelisation zu werden.

Für eine Gruppe öffnen sich mehr Türen als für eine Einzelperson

Wenn wir als Gruppe in unsere Nachbarschaft gehen, können wir Menschen erreichen, an die wir als Einzelne nie herangekommen wären. Jahrelang hat der Leiter einer Kleingruppe in unserer Gemeinde versucht, einen Weg zu finden, seine Nachbarschaft im nördlichen Cincinnati, die der gehobenen Mittelklasse angehört, evangelistisch zu erreichen. Die konventionellen Methoden erschienen ihm für diese Personen, die fast alle überarbeitet und müde von der Arbeit nach Hause kommen, zu aggressiv. Er lebte schon seit drei Jahren in seinem Haus und kannte die meisten der Nachbarn noch nicht und sie schienen auch nicht erpicht darauf zu sein, mit ihm in Kontakt zu kommen.

Eines Abend strich er das übliche Programm seiner Gruppe, gab jedem Mitglied einige Glühbirnen und schickte sie in seine Nachbarschaft. Sie gingen von Haus zu Haus, stellten sich vor als einen Teil der Gruppe, die sich im Hause dieses Mannes trifft, und sagten, dass sie jedem Haushalt eine Glühbirne schenken wollten, um die Liebe Gottes auf eine konkrete Art zu zeigen. Dafür waren die Menschen in dieser Gegend sofort offen! Später berichteten die Gruppenmitglieder von vielen guten Reaktionen. Aber das Wichtigste ist, dass dieser Mann jetzt in seiner Nachbarschaft als der »Glühbirnen-Mann« bekannt ist. Als ihn die Nachbarn danach auf der Straße trafen, blieben sie stehen, um ihm zu danken. Und sie wissen jetzt auch, dass er ein Christ ist und dass sich eine Gruppe in seinem Haus trifft. Und diese Leute reden nicht nur, sondern investieren sogar ihr privates Geld für ihre Überzeugung!

Was wir gemeinsam bewirken,
ist mehr als die Summe unserer Einzelaktionen

Dienende Evangelisation zieht die Aufmerksamkeit der Menschen auf sich, weil sie so ungewöhnlich ist. Unsere noch im Entstehen begriffene Gemeinde hatte erst ein paar Dutzend Mitglieder. Es waren meist nur zwischen vier und acht Personen da, wenn wir etwas Evangelistisches planten. An einem Sonnabend war ein dreiköpfiges Team an einem bestimmten Ort, um Windschutzscheiben zu putzen. Eine Ecke weiter war ein zweites Dreierteam unterwegs und fegte das Laub in den Vorgärten der Anwohner zusammen. Während ich bei den Windschutzscheiben mitmachte, fragten mich einige unserer »Kunden«, ob wir und das andere Team, das das Laub fegte, zusammengehören würden. Sie fragten: »Gehören Sie zu den Leuten da vorn um die Ecke, die das Laub fegen? Wie groß ist denn Ihre Gemein-

Sie fragten: »Gehören Sie zu den Leuten da vorn um die Ecke, die das Laub fegen? Wie groß ist denn Ihre Gemeinde? Ihre Leute scheinen ja überall zu sein.«

de? Ihre Leute scheinen ja überall zu sein.« Dabei waren wir nur eine Handvoll Leute. Wenn mehrere kleine Teams gleichzeitig in derselben Gegend unterwegs sind, prägt sich das den Menschen ein, weil jede unserer Aktionen so ungewöhnlich ist. So entsteht der Eindruck, dass wir eine sehr große Gruppe sind, die überall aktiv ist.

Vor kurzem waren wir mit etwa zwanzig Personen in einer Gegend unterwegs, in der sich viele Geschäfte befinden. Wir führten vier verschiedene Projekte dienender Evangelisation durch und konnten in einem Zeitraum von nur neunzig Minuten über tausend Menschen erreichen. Es hatte wirklich den Anschein, als wären wir eine riesige Truppe. Wenn Christen sich entschließen, hinauszugehen, sind sie wie das kleine Senfkorn, das wächst und sich ausbreitet und zu einer Pflanze wird, die in ihrer Umgebung viel Raum einnimmt und weithin sichtbar ist. Auch wenn wir nur wenige sind, können wir die Aufmerksamkeit unserer Umwelt auf uns ziehen.

Das Leben Jesu wird in der Gruppe deutlich

Wenn eine Gruppe zusammen dient, entsteht eine evangelistische Atmosphäre, die vor allem von Freude gekennzeichnet ist. Der Geist Jesu ist ein dienender Geist. Er erfüllt und umhüllt uns auf eine Art, die für andere sehr anziehend ist. Paulus beschreibt diese Gegenwart Gottes in uns als »Christi Wohlgeruch für Gott unter denen, die gerettet werden, wie unter denen, die verlorengehen« (2 Kor 2,15). Die Menschen, die mit uns in Berührung kommen, sollen eine fühlbare Begegnung mit der Liebe Gottes und dem Leben Jesu haben, das in uns ist. Oft werden sie nicht in der Lage sein, dies in Worte zu fassen. Aber diese Art der Evangelisation ist unser Ziel.

Kürzlich hörte ich die Geschichte eines jungen Mannes, der durch den Kontakt zu einer kleinen Gruppe erlebte, dass es Gott wirklich gibt. Ein christlicher Freund hatte ihm immer wieder geduldig die Gute Nachricht von Jesus erklärt, aber er schien nicht davon berührt zu sein. Nach einem weiteren Gespräch stand der junge Mann mit dem christlichen Freund gerade im Flur seiner Wohnung. Er wollte noch ein paar Besorgungen machen und sagte zu seinem Freund: »Ich werde mir das, was du mir da ständig erzählst, nicht länger anhören. Erst will ich erleben, dass ihr sogenannten ›Christen‹ anfangt, diese Liebe, von der du immer redest, auch zu leben. Ich habe mehr gehört, als ich ertragen kann. Jetzt will ich etwas sehen.«

Buchstäblich im selben Moment klopfte es an seiner Tür. Als er öffnete, stand da ein Teil eines Teams, das Glühbirnen verschenkte. Einer der Fremden vor der Tür sagte: »Guten Tag, ich möchte Ihnen gern eine Glühbirne schenken und Ihnen damit die Liebe Gottes ganz praktisch vermitteln«. Der junge Mann erstarrte. Zuoberst auf seiner Einkaufsliste, mit der er gerade losgehen wollte, standen Glühbirnen! Er bekam genau das, von dem er zuvor gesagt hatte, dass es für ihn eine Voraussetzung für den Glauben wäre – Gottes Liebe zu spüren, vermittelt durch Christen. Nur wenige Tage später hat dieser Mann Jesus angenommen und heute besucht er genau die Gemeinde, aus der die Kleingruppe kam, die ihm eine Glühbirne geschenkt hatte.

Eine Gruppe von etwa zehn Leuten ging jeden zweiten Sonntagnachmittag zu einem beliebten Fahrradweg, um den Radfahrern und Spaziergängern ein elektrolythaltiges Getränk anzubieten. Jeder, der dann mit seinem Getränk dort stand, erlebte während dieser Zeit einen Gott, der wirklich die Leben dieser kleinen Gruppe von Christen verändert hatte. Während sie ein paar Sätze wechselten, wurden die Passanten Zeuge, wie die Christen miteinander und mit den Fremden umgingen. Bei einem dieser Einsätze mussten ein paar der Christen kurz weg. Als sie zurückkamen, spürten sie deutlich eine besondere Atmosphäre in der Nähe des Einsatzortes. Schon ein paar Meter entfernt war dieser Unterschied wahrzunehmen und als sie dann direkt am Stand ankamen, war die Gegenwart Gottes sehr deutlich zu spüren. Wenn mehrere unserer Lichter gleichzeitig in die gleiche Richtung strahlen, werden sie zu einem wunderschönen, gebündelten Lichtkegel.

Wie können Kleingruppen mit dienender Evangelisation beginnen?

Wenn ein paar grundlegende Richtlinien beachtet werden, können die Kleingruppen in ihrem Einsatz länger effektiv sein. Hier sind ein paar praktische Gesichtspunkte, die wir aus eigener Erfahrung gewonnen haben. Sie können vielleicht auch anderen Gruppen helfen, die in ihrer Umgebung evangelistisch aktiv werden wollen.

Finden Sie heraus, welche Projekte zu Ihrer Gruppe passen

Es ist wichtig, dass die Gruppe voll hinter dem Ziel steht, ihre Umwelt dienend zu erreichen. Außerdem muss sie auch von jedem einzelnen Projekt, das durchgeführt werden soll, überzeugt sein. Sprechen Sie über die Prinzipien der dienenden Evangelisation und sammeln Sie Ideen für konkrete Möglichkeiten, wie diese in Ihrer Gegend umzusetzen sind. Die Bedürfnisse der Menschen sind überall verschieden. So kann ein Projekt in einer bestimmten Stadt ein Volltreffer sein und in einer anderen Stadt ist es ein völliger Fehlschlag. Bitten Sie Gott um Weisheit für Ihre Situation.

Möglicherweise ist Ihre Kleingruppe schon viel näher an den praktischen Nöten Ihrer Stadt, als Ihr Pastor es sein kann, der sich vor allem mit den Problemen innerhalb der Gemeinde beschäftigen muss. Fragen Sie Gott, welchen Bedürfnissen Ihrer Umgebung Sie als Gruppe begegnen können. Beginnen Sie am besten mit den Nöten, die jedem sofort einfallen, Probleme, die auf der Hand liegen. Während Sie sich für diese engagieren, werden Sie erkennen, was Sie sonst noch unternehmen können. Und schon bald werden Sie mitten in den einzigartigen Aktionen stecken, die für die Menschen in Ihrer Nachbarschaft genau das Richtige sind.

Führen Sie alle vier bis sechs Wochen einen Einsatz durch

Jede Gruppe sollte selbst entscheiden, wie oft sie einen Einsatz durchführen kann, ohne sich dabei zu verausgaben. Unsere Gruppen treffen sich nicht unbedingt wöchentlich, manche kommen nur alle vierzehn Tage oder auch nur einmal im Monat zusammen. Das hängt von der sonstigen Belastung und den Bedürfnissen der Teilnehmer jeder Gruppe ab. Ich empfehle, dass jedes vierte oder fünfte Treffen der Gruppe zu einem evangelistischen Einsatz umfunktioniert wird. Wenn sich Ihre Gruppe nur zweimal im Monat trifft, würde das bedeuten, dass Sie alle zwei Monate einmal einen Einsatz durchführt. Trifft sich Ihre Gruppe wöchentlich, würden Sie folglich einmal im Monat ein Projekt durchführen. Da wir alle sehr beschäftigt sind und die Terminpläne meist zu voll sind, wird es wohl darauf hinauslaufen, dass Sie den Einsatz anstelle des regulären Treffens durchführen. Wir alle haben zu viele wichtige, schöne Verpflichtungen, als dass wir mit Begeisterung auf einen weiteren regelmäßigen festen Termin reagieren könnten, der in unserem überfüllten Wochenprogramm noch untergebracht werden muss.

> *Wir alle haben zu viele wichtige, schöne Verpflichtungen, als dass wir mit Begeisterung auf einen weiteren regelmäßigen festen Termin reagieren könnten, der in unserem überfüllten Wochenprogramm noch untergebracht werden muss.*

Wenn Sie Leiter sind, erlauben Sie Ihrer Gruppe zu dienen

Es ist wichtig, dass die Leiter der Kleingruppen ihren Mitgliedern regelmäßig ausdrücklich sagen, dass sie jeden evangelistischen Versuch befürworten. Und sie sollten immer wieder betonen, dass gerade auch Laien evangelisieren können. Die meisten Christen sind noch von dem Jahrhunderte alten Denken geprägt, dass die Leiter immer vorangehen müssen, während die Laien ihnen dann folgen. Martin Luther hatte die Hoffnung, dass jeder Gläubige sich selbst als Priester oder Diener sehen würde, aber leider wurde dieser Teil der Reformation nicht wirklich durchgesetzt. Doch kaum ein Pastor hätte etwas dagegen, wenn seine Gemeindemitglieder in ihrem Ort aktiv würden.

Seien Sie spontan

Es ist gar nicht so schwierig, etwas Freundliches zu tun. Mir macht es Spaß, den gewohnten Ablauf des Gruppentreffens spontan über Bord zu werfen und alle mit einem Einsatz zu überraschen. (Allerdings mögen es nicht alle Gruppen, überrascht zu werden. Ich habe auch schon andere Gruppen kennen gelernt. Wir sollten also einschätzen können, ob unsere Gruppe diese Art von Überraschungen liebt.) Einige unserer schönsten Erfahrungen entstanden dadurch, dass wir eine Not erkannten und spontan überlegten: »Dagegen könnte man doch etwas unternehmen. Wollen wir eben mal kurz losgehen?«

Eine Frau in einer unserer Gruppen beobachtete, dass viele junge Frauen beim Einkaufen im Supermarkt regelmäßig an der Kasse in Panik geraten. Sie versuchen, gleichzeitig ihre Einkäufe, die über das Band laufen, einzupacken, ihre Kinder in Schach zu halten und einen Scheck auszufüllen. Die Frauen haben zwar ein bisschen Geld gespart, weil sie in diesem Supermarkt eingekauft haben, doch sie haben Mühe, danach mit Kindern und Einkäufen wieder heil aus der Tür zu kommen. So ging eines Tages der Leiter der Gruppe zu dem Filialleiter des Supermarktes und fragte, ob seine Leute an der Kasse stehen, die Einkäufe der Leute einpacken und ihnen die Taschen zum Auto tragen dürfen. Dieser einfache Dienst wurde sehr gern angenommen.

Langweilen Sie Ihre Gruppe nicht mit langen Aktionen

Ein weiterer wichtiger Aspekt für das positive Gelingen dienender Evangelisation ist die Dauer der Aktionen. Zwei Stunden reichen normalerweise aus. Das Ziel ist, genügend Zeit zu haben, um einen sinnvollen Dienst tun zu können, aber auch wieder damit aufzuhören, bevor er zu Arbeit wird. Für viele von uns ist dieser Übergang nach etwa zwei Stunden erreicht. Es wird wohl auch für die meisten schwierig sein, einen längeren Termin in ihr sonstiges Wochenprogramm zu integrieren.

Ich schlage vor, dass zu Beginn jedes Einsatzes kurz noch einmal gesagt wird, wie er ablaufen soll. Der Abschluss des Einsatzes sollte, wenn irgend möglich, wieder mit einer Zeit der Gemeinschaft innerhalb der Gruppe geplant werden, in der jeder seine Erfahrungen mit den anderen teilen kann. So kommen wir für den ganzen Termin auf etwa zweieinhalb Stunden.

Überdenken Sie die Finanzierung der Projekte

Wenn Ihre Gemeinde nicht genügend Geld hat, um für Ihre Projekte aufzukommen, sollte die Gruppe zusammenlegen, um die Ausrüstung und das Material kaufen zu können. Die meisten Ideen, die im ersten Teil des Anhangs aufgeführt werden, sind einfach und nicht teuer. Wenn Sie eine Ausrüstung benötigen, empfehle ich, nicht von der Gemeinde allgemein zu erwarten, dass sie Ihre Anschaffungen finanziert. Denn was Sie planen, ist neu und ungewohnt, und es würde vielleicht nicht so einfach sein, die Leiter davon zu überzeugen, dass dienende Evangelisation wirklich die Herzen der Fremden mit der Liebe Gottes erreichen kann. Wenn Sie selbst zunächst ein wenig eigenes Geld in Ihre Arbeit investieren, können Sie erst einmal mit den Projekten beginnen. Nachdem dann die (so hoffe ich jedenfalls) positiven Ergebnisse für alle sichtbar geworden sind, ist auch die Chance größer, dass Sie von Ihrer Gemeinde finanzielle Unterstützung erhalten.

Fehler sind normal

Sie sollten nicht vergessen, dass Gott Aktivität und Gehorsam segnet, auch wenn Ihnen Fehler unterlaufen. Er führt Sie gern, aber es liegt an Ihnen, loszugehen. Wenn Sie Gruppenleiter sind, denken Sie nicht zu lange über Erfolg und Misserfolg nach. Wenn Sie mit Ihren Leuten auf die Straße gehen, ist das an sich schon ein großer Erfolg, egal, wie alles dann abläuft. Gott wird alle unterstützen, die bereit sind, das Risiko auf sich zu nehmen und seine Liebe zu anderen Menschen zu bringen.

Wenn man etwas Neues macht, muss man mit Fehlern rechnen. Aber wenn wir als Gruppe gehen, ist der Einzelne nicht so verletzlich. Ich selbst habe in solchen Situationen am meisten gelernt, bei denen ich losging und, eingebettet im Schutz der Gruppe, auf die Nase gefallen bin.

Kapitel 9

Die Schönheit der »Perle«

*»Besser eine Person, die überzeugt ist,
als neunundneunzig Personen, die nur interessiert sind.«*
John Stuart Mill

*»Es war einmal ein Mann, sie sagten, er wäre verrückt,
je mehr er gab, umso mehr blieb ihm zurück.«*
John Bunyan

Vor einigen Jahren fanden ein paar Kinder, die auf einer Müllhalde spielten, ein silbrigglänzendes Döschen. Jemand brach es auf und zum Vorschein kam eine unvorstellbar schöne, blaue, kugelförmige Masse, die im Innern der Dose eingebettet lag. So etwas hatten die Kinder noch nie gesehen. Sie leuchtete sogar bei Tageslicht!

Es dauerte nicht lange, da hatte sich schon eine Gruppe von Menschen um den leuchtend blauen Ball versammelt. Jeder wollte diese seltsame Masse einmal selbst anfassen. Ein Mann tauchte seinen Finger in das Blau und schrieb seinen Namen auf seinen nackten Oberkörper. Einige spielten mit der Kugel und warfen damit nach den anderen. Dann probierte ein Mann, wie man den Ball verformen konnte, und alle lachten über die lustigen Ideen, die er hatte.

Im weiteren Verlauf dieses Tages bekamen jedoch alle, die mit dem blauen Material zu tun gehabt hatten, seltsame Beschwerden. Sie fröstelten, bekamen Fieber und fühlten sich schwach. Jede Hautstelle, die mit dem Ball in direkte Berührung gekommen war, war verbrannt. Nach vierundzwanzig Stunden hatte der Mann, der sich seinen Namen auf die Brust geschrieben hatte, tiefe Löcher in seiner Haut.

Nachforschungen ergaben, dass dieses Döschen von einer medizintechnischen Firma illegal entsorgt worden war. Dieses blaue Material hatte früher dazu gedient, Krebs zu bestrahlen, also Leben zu retten. Es hätte niemals von Menschen berührt werden dürfen, denn es war ein hoch radioaktiver Stoff. Innerhalb einer Woche waren alle, die mit dieser Kugel in Berührung gekommen waren, tot. Sie waren an radioaktiver Verstrahlung gestorben.

Radioaktivität ist eine sehr starke Kraft. Richtig eingesetzt hatte sie Leben und Heilung gebracht, doch bei falschem Umgang erwies sie sich als äußerst zerstörerisch und tödlich. Ähnlich ambivalent, auch wenn man es nicht vermuten würde, kann der Glaube sein. Das folgende Gleichnis schildert die Kraft des Reiches Gottes: »Auch ist es mit dem Himmelreich wie mit einem Kaufmann, der schöne Perlen suchte. Als er eine besonders wertvolle Perle fand, verkaufte er alles, was er besaß, und kaufte sie« (Mt 13,45-46).

Jesus nimmt die kostbarste Perle, um mit ihr den Wert der Beziehung zu Gott zu vergleichen. Wenn wir die Güte Gottes erleben, werden wir jeden beliebigen Preis bezahlen, um auch zu seiner Familie gehören zu dürfen. Indem wir umkehren und zu Jesus kommen, verlieren wir alles, um die wertvolle Perle zu erhalten. Paulus drückte den gleichen Sachverhalt folgendermaßen aus: »Ich sehe alles als Verlust an, weil die Erkenntnis Christi Jesu, meines Herrn, alles übertrifft« (Phil 3,8).

Es wäre unnatürlich, die schönste Perle der Welt zu besitzen und sie nie jemandem zu zeigen. Über so einen seltenen Schatz muss man sich doch freuen! Welcher Besitzer dieser Perle würde auf die Idee kommen, seine Kostbarkeit zu verstecken? Wer echten Schmuck besitzt, weiß, dass man Perlen regelmäßig tragen muss, sonst verlieren sie ihre Brillanz. Wenn sie nicht regelmäßig an die Luft kommen, verblassen sie und zerfallen schließlich.

Die meisten von uns haben die Schönheit der Perle gesehen, von der Jesus hier spricht. Wussten Sie aber, dass diese Perle, wenn Sie sie nur verbergen und nicht mit anderen teilen, zu einer giftigen Fälschung des Christseins werden kann? Jesus nannte die Pharisäer »Heuchler«, »Gräber, die außen weiß angestrichen und schön aussehen, innen aber sind sie voll Knochen, Schmutz und Verwesung« (Mt 23,27). Diese Männer hatten die Perle unter einem Deckmantel der religiösen Gesetze und Regeln verborgen. Dieser Gesetzesmantel war so undurchlässig, dass nur noch die wirklich Perfekten es wagen konnten, überhaupt zum Tempel zu gehen. Von der »Perle« war nichts mehr zu sehen.

Wie wir mit dieser Perle umgehen, offenbart unsere innersten Einstellungen. Halten wir unsere Perle mit geizigem Herzen fest, dann tragen wir dadurch möglicherweise dazu bei, dass das Reich Gottes in unserer Umgebung zerfällt. Wenn diese Perle, die man uns anvertraut hat, damit wir sie den Menschen in unserer Umgebung zeigen, in uns eingeschlossen wird, riskieren wir damit unseren eigenen geistlichen Niedergang und sogar Tod.

Jesus traf noch mehr Leute, die ihre Perle versteckten (vgl. Joh 2,13-16). Wenn Ihre Bibel im Anhang einige Karten enthält, könnte sich darunter auch ein Grundriss des Tempels in Jerusalem befinden. Ganz außen war ein Gelände, das »der Hof der Heiden« genannt wurde. Dort konnten nichtjüdische Menschen die Lehre über den einzigen, wahren Gott hören. Daran sehen wir, dass Gottes Herz immer für alle offen war. Er hat einen besonderen Platz für Außenstehende reserviert, damit auch sie von seiner Gnade hören können.

In den Tagen Jesu wurde dieser Hof von den religiösen Führern beschlagnahmt und den Händlern gegeben, die dort Geld wechselten und Opfertiere verkauften. Auf diese Weise haben sie die kostbare Perle im Tempel eingeschlossen und nichtjüdische Menschen hatten keine Möglichkeit mehr, die Größe der Liebe Gottes zu erleben.

Jesus war wütend auf die Verantwortlichen im Tempel. Er war so wütend, dass er die Geldwechsler aus dem Tempel warf, ihre Tische umstieß und ihre Tiere hinausjagte. Es wirkt fast ironisch, wenn der Messias, der Friedefürst, solch einen Zornesausbruch hatte. Ich glaube, dass Jesus in dieser Situation das, was Gott besonders am Herzen liegt, auf eine Art zeigt, die wir uns oft nicht so gut vorstellen können. Gott kann äußerst wütend werden auf Menschen, welche die Perle vor der Welt verstecken.

Mit diesem Auftritt im Tempel begann der öffentliche Teil des Dienstes Jesu. Von diesem Zeitpunkt an diente er den Menschen drei Jahre lang mit einer den religiösen jüdischen Führern entgegengesetzten Haltung. Diese verhielten sich abweisend, Jesus dagegen hat die Perle mit Rädern versehen. Überall, wo er war, wollte er die Größe und Herrlichkeit Gottes sichtbar machen. Der Sohn Gottes wusste, dass jeder, der die Schönheit dieser Beziehung zu Gott sehen konnte, unweigerlich davon angezogen wurde und auch zur Familie Gottes dazugehören wollte.

Das ist auch unser Auftrag. Wir sollen die kostbare Perle nehmen, Räder anbringen und sie der Gesellschaft um uns her zur Verfügung stellen. Auch die Tatsache, dass Gott Mensch wurde, ist Ausdruck dieser Haltung Gottes. Gott kam zu den Menschen. Die Neigung der Christen, die Perle zu verstecken, hat in jeder Epoche der Kirchengeschichte zu Zerstörungen innerhalb der Gemeinde Jesu geführt. Wir wollen von einer Gemeinde lernen, die zwar Gott sehr liebte, deren Liebe sich in ihrer Umgebung jedoch nicht praktisch zeigte.

Die Gemeinde in Laodizea – Sei heiß oder kalt!

Wenn ich die sieben Briefe am Anfang der Offenbarung lese, spricht mich der Brief an die Gemeinde in Laodizea immer besonders an. Die anderen Gemeinden wurden vielleicht korrigiert, aber diese Gemeinde wurde scharf und in zweifacher Hinsicht zurechtgewiesen. »Ich kenne deine Werke. Du bist weder kalt noch heiß. Wärest du doch kalt oder heiß! Weil du aber lau bist, weder heiß noch kalt, will ich dich aus meinem Mund ausspeien« (Offb 3,15-16).

Diese Worte wurden oft von Evangelisten zitiert, die damit sagten: »Sei heiß für Gott oder lass es ganz sein!« Sei heiß oder sei kalt ihm gegenüber. Kalt sein bedeutet dann, gegen ihn zu sein. Es ist besser, eindeutig gegen das Reich Gottes zu sein, als nur damit zu spielen. Lauheit steht in diesem Sinne für Heuchelei. Lau sind demzufolge Menschen, die behaupten, sie gehören zu Gott, deren Leben aber ihren Worten widerspricht. Die klassische Interpretation dieses Textes lautet, dass wir ein heißes Christentum leben sollen, sonst wird Gott uns eines Tages verstoßen.

Aber als dieser Brief von Johannes den Christen in Laodizea vorgelesen wurde, haben die Bürger wahrscheinlich etwas ganz anderes verstanden. »Weil du aber lau bist, weder heiß noch kalt, will ich dich aus meinem Mund ausspeien«. Die Gemeinde in Laodizea verstand sofort, was der auferstandene Christus ihnen damit vorwarf. Jesus sagte: »Ich wünschte, Ihr würdet euch eindeutig auf meine Seite stellen« und meinte im Grunde damit: »Ich wünschte, Ihr wäret produktiv in meinem Reich«.

Lauheit steht nicht nur für fehlende Begeisterung oder Hingabe an Gott, sondern sie drückt einen Mangel an Brauchbarkeit aus. Wer lauwarm ist, kann das Christsein nicht wirklich sichtbar zum Ausdruck bringen.

Aber was ist ein brauchbares Christenleben? Einige Christen sind dazu berufen, ihr Leben in Zurückgezogenheit zu verbringen und ihre Zeit vor allem mit Gebet zuzubringen. Dies ist eine äußerst wichtige Berufung im Reich Gottes. Aber die meisten von uns sind berufen, als Jünger Jesu nach außen aktiv zu sein.

»Er, der in euch ist ...«

Die Zeiten sind vorbei, in denen wir beobachteten und zuhörten und uns damit beschäftigten, die Endzeit zu studieren und zu überlegen, ob Jesus nun wirklich wiederkommt oder nicht. Wir müssen uns entscheiden, die Perle, das heißt die Gute Nachricht, zu denen zu bringen, die außerhalb der Gemeinde leben. Wir werden nie erfolgreich sein, bis wir glauben, dass »er, der in euch ist, größer ist als jener, der in der Welt ist« (1 Joh 4,4). Ich kenne keinen Christen, der offiziell sagt, er glaube diesen Vers nicht. Aber die meisten Christen haben diesen Vers noch nicht wirklich ausprobiert. Wir werden die Größe dessen, der in uns ist, nie erkennen, solange wir nicht mit der Guten Nachricht in die Welt gehen. Wir werden die Stärke des Lichtes nie sehen, bevor *wir* nicht die Finsternis um uns herum strahlen lassen.

Jahrelang hatte ich kleine Ziele, die so leicht zu erreichen waren, dass ich den Segen Gottes gar nicht brauchte, um sie umzusetzen. Aber jetzt will ich ein Leben mit Jesus führen, das diese Verheißung der Kraft dessen, »der in euch ist ...« erforderlich macht. Wir haben in Cincinnati jetzt einen ehrgeizigen Plan entwickelt, der vorsieht, dass wir mithelfen wollen, etwa zwanzig neue Gemeinden zu gründen. Im vergangenen Jahr hat unsere Gemeinde etwa 100 000 Menschen mit liebevollen Taten erreicht.

Ich glaube, dass bald der Tag kommen wird, an dem verschiedene Gemeinden in unserer Stadt so aktiv geworden sind, dass sie jedes Jahr ein Zehntel unserer Bevölkerung erreichen können. Im Zeitraum von einigen Jahren können wir den größten Teil unserer Stadt mit Taten der Liebe und Barmherzigkeit erreichen. Und was in Cincinnati geschieht, ist in jeder anderen Stadt in jedem Land möglich.

Unbekümmert der Sache Christi hingegeben

Der Schlüssel zur dienenden Evangelisation ist, einfach anzufangen. Wenn wir ein risikofreies Christentum suchen, dann werden wir garantiert nicht wachsen und bei den Versuchen, die Menschen um uns herum zu erreichen, auch nicht viel Erfolg haben. Wer behauptet, sich im geistlichen Dienst gut auszukennen, aber noch nicht im größeren Stil versagt hat, macht mir Angst. Solchen Personen kann ich nicht vertrauen. Ich weiß, dass Risiko und Schmerz jeden wichtigen Fortschritt begleiten, wenn wir die Gute Nachricht von Jesus vorantreiben wollen.

> *Der Schlüssel zur dienenden Evangelisation ist, einfach anzufangen. Wenn wir ein risikofreies Christentum suchen, dann werden wir garantiert nicht wachsen und bei den Versuchen, die Menschen um uns herum zu erreichen, auch nicht viel Erfolg haben.*

Der Apostel Lukas erklärt, dass sein Evangelium die Geschichte erzählt von allem, »was Jesus getan und gelehrt hat« (Apg 1,1). Jesus gründete den Dienst, der dann von der Gemeinde, die er ins Leben rief, fortgeführt wurde. Ihr Auftrag war, seinem Beispiel zu folgen und seine Arbeit fortzuführen: anderen zu essen zu geben, sie zu kleiden, zu besuchen, ihnen kaltes Wasser zu geben, die Wahrheit zu sagen und zu ermutigen. Im 25. Kapitel des Matthäusevangeliums wird ein Gleichnis Jesu widergegeben. Dieser erzählte die Geschichte von zwei Arten von Menschen – er nennt sie »Schafe« und »Böcke« –, die geprüft wurden. Keiner von ihnen wusste, dass ihm in dem Bedürftigen Jesus entgegentrat. Jesus lobt die Schafe, die mitfühlende, barmherzige Werke getan haben, und er weist die Böcke zurecht und bestraft sie, weil sie dem Unglück ihrer Mitmenschen tatenlos zugesehen haben.

In der Art und Weise, mit der wir auf die Not um uns her reagieren, erweisen wir uns als Schafe oder Böcke. Vor vier Jahren traf ich eine

Gruppe von etwa zehn Christen, die sich aus dem Verlangen heraus zusammengeschlossen hatten, ihre Umgebung auf ganz praktische Art mit der Barmherzigkeit, Gnade und Liebe Gottes zu erreichen. Es war sehr schön für mich, mit ihnen zusammen zu sein, denn sie waren bereit, alles nötige zu tun, um ihren Auftrag auszuführen.

Ich empfahl ihnen, zuerst ein Gespür zu entwickeln für die Bedürfnisse der Menschen in ihrer Stadt. Sie sollten anfangen, sich selbst die Frage zu stellen: »Wo würde in unserer Stadt eine helfende Hand, eine kostenlose Tüte mit Lebensmitteln, eine Münze in der Parkuhr oder ein kühles Getränk etwas bewirken?« Wenn wir genau darauf achten, werden wir überall Möglichkeiten erkennen, mitanzupacken.

Diese kleine Gruppe nahm meinen Rat an und begann eifrig, eine Strategie zu entwickeln, wie sie die Menschen außerhalb der Gemeinde erreichen könnten. Es genügte ihnen nicht, die Leute nur zu Gottesdiensten einzuladen. Schon bald hatten sie Essen für alleinerziehende Mütter organisiert, hatten bedürftige Schulkinder eingekleidet, hatten Schulmaterial verschenkt, Sprachschulen für Einwanderer gegründet und eine finanzielle Beratung für Menschen, die sich in wirtschaftlichen Schwierigkeiten befinden, aufgebaut. Sie begannen, das Reich Gottes in ihre Stadt zu bringen.

Während der letzten paar Jahre hatte ich nur hin und wieder Kontakt mit dieser Gruppe. Ich habe sie eigentlich nicht mehr richtig begleiten oder beraten können. Als ich dann vor kurzem an einem Sonntagmorgen bei ihnen predigte, war ich fasziniert von dem, was Gott dort tat. Diese Menschen haben wirklich die Taten der »Schafe« getan. In nur vier Jahren sind sie zur größten Gemeinde in der Stadt angewachsen – mit mehr als siebenhundert Mitgliedern. Ständig kommen mehr Menschen zum Glauben an Jesus Christus. Sie haben in einer benachbarten Stadt eine andere Gemeinde gegründet und beabsichtigen, in den nächsten beiden Jahren noch zwei weitere Gemeinden zu gründen. Was mich auch begeisterte, war die Zahl der Menschen, die in ihrer Stadt mit den Diensten erreicht wurden, sowie die Zahl der Christen, die sich daran beteiligen, Gottes Gnade, Barmherzigkeit und Liebe in ihre Stadt zu tragen.

Werden Sie aktiv!

Wenn Sie sich der »göttlichen Verschwörung der Freundlichkeit« anschließen möchten, müssen Sie jetzt nur noch eines tun: Legen Sie dieses Buch aus der Hand, schnappen Sie sich einen Lappen und fangen Sie an! Ich würde Ihnen gern noch mehr darüber erzählen, wie man die Liebe Gottes in die eigene Nachbarschaft tragen kann, aber jetzt habe ich keine Zeit mehr. In fünf Minuten habe ich mich mit ein paar Freunden verabredet. Wir werden zusammen zu dem Parkplatz des Supermarktes gehen und Windschutzscheiben putzen. Wenn Sie hier wären, würde ich Ihnen einen Wischer anbieten und Sie einladen, mitzukommen. Wir würden viel Spaß zusammen haben!

Anhang 1

Bewährte Projekte

»Wenn ich einem anderen Wesen irgendeine Freundlichkeit oder irgendetwas Gutes erweisen kann, so lass es mich sofort tun, ich will nicht davor zurückschrecken und die Tat nicht versäumen, denn ich werde diesen Wegabschnitt kein zweites Mal gehen.«
William Penn

Alle Projekte, die ich Ihnen auf den folgenden Seiten nenne, sind immer kostenlos – Spenden werden nicht angenommen!

Einige Dienste kann man tun, während die Personen, denen sie gelten, abwesend sind. Wir hinterlassen auf jeden Fall Visitenkarten oder Flugblätter. Aus diesem Grund habe ich Ihnen diese im Verzeichnis der notwendigen Ausrüstung nicht noch einmal extra genannt.

Öffentliche Plätze (Tankstellen, Restaurants, Einkaufszentren, Supermärkte, Einzelhandelsläden, Sportplätze, etc.)

- mit Regenschirm begleiten
- Windschutzscheiben putzen
- Kaffee ausschenken
- zu Weihnachten Geschenke einpacken
- Getränke verschenken
- Toiletten reinigen
- Hilfe beim Tragen der Einkaufstaschen von der Kasse zum Auto
- Hilfe beim Einpacken der Lebensmittel an der Kasse im Selbstbedienungsladen
- Einkaufswagen in Supermärkten vom Parkplatz in den Laden zurückbringen

Während sportlicher Ereignisse

- verteilen von – Cola
  – Kaffee
  – Popcorn
  – Eis

Fahrzeuge

- Ölstand prüfen und nachfüllen
- Ölwechsel für alleinerziehende Mütter
- Scheibenwisch-Wasser nachfüllen
- Reifendruck prüfen
- Windschutzscheiben an Selbstbedienungstankstellen putzen
- Öl und Ölfilter wechseln
- Innenraum staubsaugen
- Glühbirnen erneuern
- Auto waschen
- kostenlose Duftspender
- im Winter Scheiben enteisen (in einem Wohngebiet)

Am Straßenrand

- im Sommer Autos waschen
- Getränke verschenken
- im Winter Autos waschen und Streusalz entfernen
- Eis verschenken

Innenstadt, Einkaufszentren

- Windschutzscheiben putzen
- mit Regenschirm begleiten
- Schaufenster putzen
- Toiletten reinigen

- Getränke verschenken
- Kekse verschenken
- Cappuccino ausschenken
- Schuhe putzen

Im Park

- Hundekot einsammeln
- Gasballons an Kinder verteilen
- Eis verschenken
- Einladung zum Picknick
- elektrolythaltige Getränke an Radler verteilen
- elektrolythaltige Getränke an Joggingwegen verteilen
- Blumensamen-Päckchen verschenken
- Gesicht bemalen (Clown)

Auf dem Universitätsgelände

- Kugelschreiber/Bleistifte verschenken
- kostenlos kopieren
- Kaffee, Getränke verteilen
- Wohnheim putzen
- Nachhilfe geben
- Getränke verschenken
- Frühstückskuchen backen

Von Haus zu Haus

- Laub zusammenharken

- Rasen mähen
- Gras schneiden
- Fliegengitter putzen
- Hof kehren
- Nelken verschenken
- Topfpflanzen verschenken
- Blumensamen-Tütchen verschenken
- Dachrinne säubern
- Bürgersteig fegen
- Windschutzscheiben putzen bei Autos in der Einfahrt
- Sonntagmorgens Kaffee verteilen
- Schnee auf den Wegen und Einfahrten beseitigen
- geleerte Müllcontainer zurückbringen
- Küche putzen
- Fenster putzen
- kleinere Reparaturen im Haus
- Hausputz innen
- Essenseinladung an die Nachbarschaft
- Hundekot entfernen
- Glühbirnen auswechseln
- Bäume beschneiden
- Unkraut jäten
- Kamin reinigen
- Raumfrischespray verteilen
- Filter in Klimaanlage-/Heizung wechseln
- Garage putzen/Kamin anzünden
- Garten mit Rinde und Torfmull abdecken

Verschiedenes

- am Muttertag Nelken verschenken
- Lebensmittel verteilen an Leute, die nicht aus dem Haus gehen können
- bei Selbstbedienungs-Autowäsche Wagen trocknen
- Lebensmittelladen – Einkaufstaschen packen
- Vogelhäuschen und Futter verschenken
- nach Weihnachten die Weihnachtsbäume einsammeln und zum Müllsammelplatz bringen
- Köder verteilen an Angelstellen
- kostenloser Kaffee an großen Bus- und U-Bahnhaltestellen
- Geburtstagsparty organisieren
- kostenlose Nelken an Friedhofsbesucher
- ein Osternestchen für Kinder machen
- beim Umzug Pizza in die Wohnung bringen
- im Waschsalon die Münzen in Waschmaschine/Trockner werfen

**Es gibt unbegrenzte Möglichkeiten ...
gebrauchen Sie Ihre Fantasie!**

Visitenkarten der Gemeinde werden für viele Projekte gebraucht. Lassen Sie schöne anfertigen, die finanzielle Seite sollte hier keine große Rolle spielen. Auf diesen Karten sollte zumindest der Name Ihrer Gemeinde oder Organisation aufgedruckt sein, mit Adresse und Telefonnummer, Veranstaltungszeiten und evtl. einer Wegbeschreibung. So können sich die Menschen an Sie wenden, wenn sie in Zukunft Ihre Hilfe brauchen ... Im Folgenden ein Beispiel, das wir verwenden:

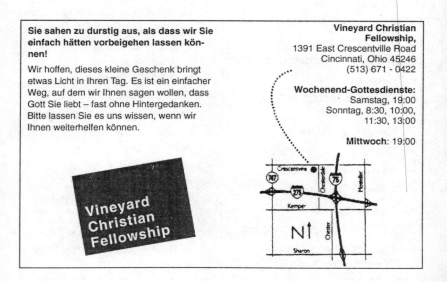

Bewährte Projekte

Projekt	Vorgehen/Motiv	Ausrüstung	Mitarbeiter	Kosten	Wetter
Ölwechsel für alleinerziehende Mütter	Viele alleinstehende Mütter haben oft Autoprobleme.	Filter, Öl	5 oder mehr	ca. 7-10,- DM pro Wagen; Werbeschild	jedes Wetter, außer bei extremer Kälte
in der Nachbarschaft Windschutzscheiben putzen	von Haus zu Haus gehen und anbieten, Windschutzscheiben der Fahrzeuge zu putzen	Wischer, nachfüllbare Flasche, Putzmittel, alte Lumpen	2 oder mehr	minimal	kühl oder warm, aber nicht heiß
am Muttertag Nelken verschenken	am Samstag vor dem Muttertag einen Stand aufbauen	Tisch, ein Schild, auf dem »kostenlose Nelken« steht	5 oder mehr	wenn man die Nelken vorher bestellt, spart man viel	jedes Wetter
Sonntagmorgens Kaffee verteilen	in der Gemeinde kostenlosen Kaffee anbieten	Zeitungen, Warmhaltekannen mit Kaffee, Tassen	2 oder mehr	auf Angebote achten	alles außer Regen
Schnee beseitigen von Auffahrten und Wegen	man hilft den Leuten beim Schnee schaufeln	Schaufeln, Warmhaltekannen mit Kaffee, Tassen	4 oder mehr	gering	Schnee
Autos, die im Schnee stecken, herausziehen	steckengebliebene Fahrzeuge aus den Gräben holen	Schaufeln, Ketten, Splitt/Sand/Salz, Abschleppseil, Kaffee, Tassen	4 oder mehr pro Auto	minimal	Schnee
leere Mülltonnen von der Straße zurück zu den Häusern bringen	entleerte Tonnen zurück zu den Häusern oder Garagen der Leute bringen	nur Visitenkarten	2 oder mehr	keine	jedes Wetter
Küche putzen	wirksamer Dienst	Putzmittel	2 oder mehr	minimal	jedes Wetter

Projekt	Vorgehen/Motiv	Ausrüstung	Mitarbeiter	Kosten	Wetter
Lebensmittel verteilen an Leute, die das Haus nicht verlassen können	Lebensmittel verteilen	nur Visitenkarten	2 oder mehr	auf Sonderangebote achten	jedes Wetter
Autos trocknen an Selbstbedienungs-Waschstraßen	Helfen Sie, Autos zu trocknen, nachdem sie gewaschen wurden.	Handtücher oder gutes Autoleder	2 oder mehr	minimal	Wetter zum Autowaschen
Laub zusammenharken	Wer harkt schon gerne Laub? Wir tun es für Sie!	Rechen, Plastiksäcke, es gibt auch Geräte, die das Laub zusammenpusten, doch die sind teurer	mind. 2, je mehr, desto lustiger und leichter, 10 Leute haben innerhalb eiweniger Minuten einen Rasen geharkt	minimal – Sie können sich einen eigenen Rechen für 6,- DM anschaffen	eigentlich jedes Wetter, aber es ist schwer, nasses Laub zu harken
Weihnachtsgeschenke einpacken	Im Einkaufszentrum packt man für die Leute ihre eingekauften Geschenke ein	Geschenkpapier, Klebestreifen, Scheren, man baut einfache Stände auf	viele Leute werden gebraucht, je nachdem, wie viele Menschen einkaufen, 3-10 Personen je Schicht	Obwohl es eigentlich teuer ist, kann man mit dem richtigen Material bei 0,15 DM je Geschenk bleiben, Scheren etc. können wiederverwendet werden.	Da das Einpacken im Laden geschieht, spielt das Wetter keine Rolle.
Rasenpflege	Suchen Sie einen ungepflegten Rasen und mähen Sie ihn.	entweder einfach nur mähen oder auch anspruchsvoller mit Kanten schneiden, trimmen, etc.	2 oder mehr	Preis für Benzin, Öl und Beutel	Trockenes Gras läßt sich leichter mähen als nasses.

Bewährte Projekte

Projekt	Vorgehen/Motiv	Ausrüstung	Mitarbeiter	Kosten	Wetter
Cola verschenken	An heißen Tagen gibt es nichts Erfrischenderes als ein kühlendes Getränk	Getränke, Eiswürfel, saubere Plastikmüllcontainer, um die Dosen auf Eis aufzubewahren, Tisch	mindestens 10	Wenn man große Mengen kauft, kann es billiger werden. Wir geben etwa 400 Getränke aus, Eis je nach Bedarf	warmes oder heißes Wetter
kostenloser Kaffee	Bauen Sie einen Tisch am Ladenausgang oder bei sportlichen Ereignissen auf und servieren Sie an kalten Tagen heißen Kaffee	Tisch, 2-3 Thermoskannen, Milch, Zucker, Löffel, Tassen, Schild »kostenloser Kaffee«	3 oder mehr	minimal	kühles oder kaltes Wetter
Eis verschenken	Bauen Sie einen Tisch am Ladenausgang oder bei sportlichen Ereignissen auf und servieren Sie an heißen Tagen etwas Kaltes	Tisch, 2-3 Kühltaschen, Eis, Schild »kostenloses Eis«	3 oder mehr	minimal	warmes Wetter
Windschutzscheiben putzen	Gehen Sie zu jedem Auto auf dem Parkplatz von Geschäften und Einkaufszentren	Wischer, nachfüllbare Flasche, Fensterreiniger, Lappen, Visitenkarten [2]	1 oder mehr, mit mehreren Leuten macht es mehr Spaß	minimal	Funktioniert nicht so gut, wenn es über 30 Grad sind.
im Lebensmittelgeschäft Taschen packen	Gehen Sie zu einem Supermarkt, helfen Sie den Kunden, Einkäufe einzupacken	Evtl. T-Shirts tragen, auf denen steht: »Ich helfe Ihnen, weil ...«	2 oder mehr	Wäre nicht die Anschaffung von spez. T-Shirts generell eine gute Idee?	gutes Projekt für unfreundliches Wetter

Projekt	Vorgehen/Motiv	Ausrüstung	Mitarbeiter	Kosten	Wetter
»Pictionary« im Park	Beginnen Sie einfach mit dem Spiel und die Leute werden zuschauen	weiße Tafel und Stifte, »Pictionary«-Karten	5 oder mehr	minimal	warmes Wetter, Frühling oder Sommer
Gasballons verschenken	Gehen Sie in einen Park und verteilen Sie Ballons u. Karten an Kinder in Begleitung v. Eltern	Gasflaschen, Luftballons	2 oder mehr	Ballon und Gas kommen auf etwa 0,15 bis 0,20 DM je Kind	jedes Wetter, bei dem Menschen im Park sind
kostenlose Vogelhäuschen für ältere oder kranke Leute	Gottes Liebe denen bringen, die nicht hinaus können	Vogelhäuschen, Vogelfutter	2 oder mehr	Vogelfutter und Kosten für Vogelhäuschen	jedes Wetter, vor allem aber im Winter
Essenseinladung an die Nachbarschaft	Veranstalten Sie ein Fest für die Nachbarn Ihrer Gemeinde	Essen, Tisch, Stühle, Gläser, Geschirr	15 oder mehr	je nach Fleischsorte, 3,- bis 7,- DM pro Person	jedes Wetter, besonders schön jedoch im Sommer
Kaffee verschenken an einer großen Bushaltestelle	An kalten Tagen freuen sich die Menschen bes. über heißen Kaffee.	Kaffee, Tassen, 2 Thermoskannen, Milch und Zucker	5 oder mehr	minimal	kühles oder kaltes Wetter
Einkaufshilfe für Menschen, die ihre Wohnung nicht verlassen können	Gehen Sie für die Leute einkaufen, die dies nicht allein können.	Fahrzeuge	2 oder mehr	minimal	jedes Wetter
Hundekot einsammeln in der Nachbarschaft	Hundekot beseitigen	gute Schaufeln oder über die Hände gestülpte Plastiktüten, Müllbeutel	2 oder mehr	minimal	kaltes Wetter ist am besten

Bewährte Projekte 195

Projekt	Vorgehen/Motiv	Ausrüstung	Mitarbeiter	Kosten	Wetter
nach Weihnachten die Weihnachtsbäume einsammeln und sachgemäß entsorgen	Begegnen Sie einem echten Bedürfnis im Bereich der Müllbeseitigung	Fahrzeuge, am besten Lastwagen oder Traktor	2 oder mehr	keine	jedes Wetter
Schuhputz-Dienst	kostenlos Schuhe putzen in Geschäften, Einkaufszentren und anderen öffentlichen Plätzen	Schuhputzmittel, Lappen, (es gibt sehr gute Schuhputz-Sets)	2 oder mehr	Startkapital etwa 10,- DM	nicht für drinnen geeignet
Glühbirnen-Dienst	Gehen Sie mit Glühbirnen von Haus zu Haus und bieten Sie an, kaputte Birnen auszuwechseln	Wir stellen Birnen mit 15-60 Watt zur Verfügung, eine Leiter	Teams mit 2 Personen	Glühbirnen kosten 0,45 bis 0,75 DM	
Waschsalon	Bezahlen Sie für Waschmaschinen und Trockner im nahe gelegenen Waschsalon	viele kleine Münzen	Teams mit 2 Personen, Frauen bevorzugt, mehr Personen würden einschüchternd wirken	etwa 8,- DM pro Wäsche	
Autos im Sommer waschen	Wir benutzen Transparente, auf denen steht: »Kostenlose Autowäsche – Kein Scherz!«	allgemeines Putzmaterial, Transparente. Man kann auch Getränke servieren, Musik spielen und Liegestühle anbieten.	mindestens 12, besser 25-30 Personen. Wir waschen 2-3 Autos gleichzeitig. Man bestimmt einen »Evangelisten«, der mit den Autofahrern redet.	minimal; Achtung: Abwasser darf nicht in die Kanalisation geratem, wegen der Verschmutzung durch das Motoröl; deshalb: geeigneten Platz suchen!	Es muss warm sein. An bewölkten Tagen geht es nicht gut. Die Autofahrer halten nicht an, wenn es nach Regen aussieht.

Projekt	Vorgehen/Motiv	Ausrüstung	Mitarbeiter	Kosten	Wetter
Blutdruck-Messungsreihe	Prüfen Sie den Blutdruck der Leute an öffentlichen Plätzen	Stethoskop, Messgerät	Teams mit 2-4 Leuten sind ideal	Starkkapital nötig, aber viele Krankenschwestern haben eigene Geräte	jedes Wetter
Auto-Sicherheits-Licht-Test	kaputte Glühbirnen in den Scheinwerfern erneuern	eine Auswahl an Glühbirnen, Schraubenzieher	2-4 Personen	Preise sind sehr verschieden	am besten trockenes Wetter
Unkraut vernichten	Spray gegen Unkraut und Gift gegen Efeu an Wegen, Auffahrten	Unkrautvernichtungsmittel, Sprays, Handschuhe, Atemschutz	Teams mit 2-4 Leuten	Unkrautvernichter sind verschieden teuer, am billigsten in Fässern, die man in Sprayflachen verdünnt	warm und trocken, Sommer ideal
Dachrinne reinigen	die Dachrinne am Haus saubermachen, Laub, Äste und Müll einsammeln	Handschuhe, Leitern, Mülltüten	Teams aus 2-4 Personen, jeder braucht eine Leiter	Leitern anschaffen, Müllbeutel	trocken ist am besten
Auto saugen	Stellen Sie vor Ihrer Gemeinde ein Schild auf und bieten Sie diesen Dienst an.	mehrere große Staubsauger, mehrere kleine Handsauger	Teams mit mindestens 4 Personen	wenn man den Staubsauger von zu Hause mitbringt, keine	trocken ist am besten
Scheibenwisch-Flüssigkeit im Auto nachfüllen	Füllen Sie den Behälter für Wischwasser nach	Wischwasser, Hinweisschilder, Tisch	4-10 Personen in einem Team	Wischer-Flüssigkeit kostet etwa 15,- DM pro 4 Liter	jedes Wetter

Bewährte Projekte

Projekt	Vorgehen/Motiv	Ausrüstung	Mitarbeiter	Kosten	Wetter
Feuerstellen reinigen	Asche entfernen	kleiner Besen, kleine flache Schaufel	Teams von 2 Personen	möglicherweise Anschaffungskosten, ansonsten nur Tüten-Unkosten	Kaltes-Wetter-Projekt
Reifenluftdruck prüfen	Schauen Sie nach, ob die Reifen gut gefüllt sind, ggf. Druck erhöhen	Luftdruckmessgerät, Kompressor	Teams mit 4-6 Personen	Luftdruckmessgerät ist nicht teuer, Kompressor kann man leihen	eigentlich fast jedes Wetter, aber im Sommer achten die Autofahrer mehr darauf
Toiletten reinigen	in Restaurants und Geschäften die Toiletten reinigen	Putzmaterial	Teams mit 2 Personen	das Putzmaterial ist im Preis verschieden, minimal	jedes Wetter
Fenster von außen putzen	die Fenster im Erdgeschoss putzen	gute Wischer und Putzmittel, kleine Leiter, Eimer	Teams mit 2 Personen oder mehr	Wischer sind eine einmalige Anschaffung und nicht zu teuer	nicht zu kalt
Hof säubern	Suchen Sie schmutzige Höfe	Mülltüten, Rechen	Teams mit 2 Personen oder mehr	minimal	
Osternestchen verschenken	Die Nester sind verschieden, legen Sie Süßigkeiten hinein, christliche Kinderbücher o. Kassetten	Kassetten, Bücher, Moos, Körbchen	Teams mit 2 Personen oder mehr	zwischen 4,50 und 7,- DM für ein Nestchen	
Einkäufe tragen helfen (bes. an Regentagen)	Helfen Sie den Einkäufern, mit ihren Taschen zu ihren Autos zu kommen	großer Schirm	Teams mit 2 Personen oder mehr	minimal	unabhängig vom Wetter, Regentage

Projekt	Vorgehen/Motiv	Ausrüstung	Mitarbeiter	Kosten	Wetter
Sofortbilder	Suchen Sie Menschen, Pärchen im Park oder im Einkaufszentrum und knipsen Sie sie (ohne aufdringlich zu wirken).	Kamera und Visiten-Aufkleber für die Rückseite der Fotos	Teams mit 2 Personen oder mehr	Film und Startkapital für Kamera, etwa 1,- DM pro Bild	bei schönem Wetter angenehmer und bessere Motive
Windschutzscheiben putzen an Selbstbedienungs-Tankstellen	Entlastung	Wischer, nachfüllbare Flaschen, Lappen, Putzmittel	Teams mit 2 Personen oder mehr	Erstanschaffung des Materials, minimal	Klares Wetter ist besser, wenn es zu heiß ist, verdunstet das Reinigungsmittel.
Reparaturen im Haus	Reparieren Sie kaputte Dinge, aber nur entsprechend Ihren Fähigkeiten	Werkzeugkasten	2 oder mehr kompetente Leute. Schicken Sie keine Personen, die handwerklich nicht gut sind, sie würden alles nur noch schlimmer machen	Machen Sie nicht mehr, als es Ihrem Budget entspricht; wir machen viele Dinge mit wenig Kosten winterfest.	
Haus-Wohnung-Wohnheim putzen	Wer braucht keine Hilfe im Haushalt?	Staubsauger, Besen, Müllbeutel	2 oder mehr	minimal	Jedes Wetter; man sollte vorher anrufen und einen Termin vereinbaren
Autos im Winter waschen	Salz und Streusand abwaschen	Kaffee und Zubehör, Stab zum Absprühen der Unterseite des Wagens	10 oder mehr	minimal	Bei eisiger Kälte bitte vorsichtig sein, die Türschlösser könnten sonst einfrieren.

Anhang 2

Zum Thema »Evangelisation«

von Doug Murren, Doug Roe und Steve Sjogren

Ich hoffe, diese Aussagen helfen Ihnen, mit Optimismus dienende Evangelisation auch in Ihrer Gemeinde einzusetzen.

1. Tief in ihrem Inneren wollen die Nicht-Christen wirklich Gott kennen lernen und ihm gehorchen.
2. Typischerweise haben Nicht-Christen in der Regel mindestens fünf starke Begegnungen mit dem Evangelium, bevor sie Jesus in ihr Leben einladen.
3. Nicht-Christen kommen in der Regel nicht auf uns zu, weil sie Gott suchen. Wir müssen zu ihnen gehen.
4. Evangelisation sollte der selbstverständlichste Dienst in der Gemeinde sein.
5. Um dienende Evangelisation zu praktizieren, benötigt man nur wenig Vorbereitung.
6. Freundliche, offenherzige Menschen sind die besten Evangelisten.
7. Leute, die nur in der Gemeinde und mit Christen leben, werden zu Heiligen, die weder freundlich noch offenherzig zu Außenstehenden sein können.
8. Das Reich Gottes ist unsere Mission und unser Thema, das wir mit unserem Leben weitergeben wollen. Es geht nicht um Selbsterhaltung oder Erhaltung der Gemeinde.
9. Das Fundament jeder Form von Evangelisation ist Liebe.
10. Wenn wir mit einer strikten Erwartungshaltung auf die Person losgehen, verletzen wir sie und verhindern, dass sie zum Glauben an Jesus kommen kann.

11. Unsere »Heiligkeit« besteht darin, dass wir zu Jesus Christus gehören und nicht irgendwelchen religiösen Gesetzen folgen.
12. Jeder Mensch, der an Jesus glaubt, ist in erster Linie selbst dafür verantwortlich, dass er mit Jesus weitergeht und ausreichend viel Gemeinschaft mit Christen hat.
13. Der Heilige Geist leistet bei der Evangelisation die »Schwerstarbeit«, denn er ist der Einzige, der Menschen wirklich zu Jesus Christus führen kann, während wir ihn nur unterstützen können.
14. Für jeden Menschen, der Jesus liebt, ist es selbstverständlich, ein Herz für Arme, Kranke, Verlorene, Witwen und Heimatlose zu haben.
15. Wir verpflichten uns zu beten. Gebet ist die Grundlage für jeden erfolgreichen Einsatz. Wir halten den Gehorsam gegenüber dem Willen Gottes für sehr wichtig. Es ist ideal, zum Beispiel auf dem Weg zu beten, während wir zu anderen gehen, denen wir die Liebe Gottes zeigen wollen.
16. Nicht-Christen vergessen vielleicht, was wir ihnen über die Liebe Gottes gesagt haben, aber sie werden sich immer wieder daran erinnern, dass sie die Liebe Gottes gefühlt haben.
17. Niemand von uns kann das wunderbare Wirken des Heiligen Geistes auslösen oder herbeiführen.
18. Der Heilige Geist ist fähig, willig und frei, einzugreifen und sein Werk unauffällig, nicht manipulierend und auf überraschende Art und Weise weiterzuführen.
19. Wenn Gläubige Zeit mit Nicht-Christen verbringen, wird dies auch auf sie eine positive Auswirkung haben.
20. Auf Grund von irrationalen Ängsten zieht der durchschnittliche Christ heutzutage eine aktive Beteiligung an einer Evangelisation gar nicht erst in Erwägung.
21. Die meisten Christen haben sich so weit von der Realität entfernt, dass sie kaum noch eine Vorstellung haben von den Ängsten, Problemen, Sorgen und Themen, die andere Menschen erfüllen.
22. Da Gott alle Menschen so sehr liebt, wird fast jeder evangelistische Versuch erfolgreich sein, vorausgesetzt, man investiert genügend Zeit und Hingabe und gibt die Gute Nachricht von Jesus an Nicht-Christen weiter.

23. Gottes Herz schlägt für alle Menschen. Egal, ob wir uns entscheiden, Jesus zu ihnen zu bringen oder nicht, Gott wird mit viel Kreativität immer versuchen, sie auf irgendeine Art und Weise zu erreichen.
24. Es ist ein Vorrecht, die Liebe Gottes mit denen zu teilen, die Gott in seine Familie einlädt.
25. Effektive Evangelisation ist vielmehr eine Einstellung und ein Vorleben als ein Programm.
26. Unsere Evangelisation ist das Resultat unserer Beziehung zu Jesus und unserer Beziehung zu den Menschen.
27. Wenn wir unsere Städte erreichen wollen, müssen wir uns festlegen, einen bestimmten Teil unserer Zeit regelmäßig mit Nicht-Christen zu verbringen.
28. Evangelisation wird immer im Konflikt stehen mit den täglichen Verpflichtungen des Gemeindelebens.
29. Evangelisation und Dienst an den Armen gehören unseres Erachtens zu den wesentlichen missionarischen Aufgaben der Ortsgemeinde. Deshalb sollten Gelder für diese Bereiche aus dem regulären Budget kommen und nicht über gelegentliche Sonderopfer abgedeckt werden.

Anhang 3

Anmerkungen

Einleitung

1 Anhänger esoterischer Vereinigungen, die sich vor allem einer höheren Erkenntnis Gottes rühmen; Satanisten der höchsten Stufe.
2 Für alle Projekte, die im Anhang des Buches vorschlagen werden, gilt jedoch, dass Sie sich vor der Realisierung im Zweifelsfalle mit Ihrem zuständigen Ordnungsamt in Verbindung setzen sollten. Dieses kann Ihnen mitteilen, ob die von Ihnen geplanten Projekte wirklich möglich sind oder bestimmte Genehmigungen erfordern. Dies ist auf Grund der unterschiedlichen Rechtslage in der BRD notwendig.
3 George Barna: *We Have Seen the Future: The Demise of Christianity in Los Angeles County*. Glendale, CA: Barna Research Group, 1990.

Kapitel 1

1 Ein Beispiel für diese Art Karten finden Sie auf Seite 192.
2 Paul Benjamin: *The Equipping Ministry*.
3 John Wimber und Kevin Springer: *Vollmächtige Evangelisation*. Wiesbaden: Projektion J Verlag, 1987^2, S. 97.

Kapitel 2

1 Diese anschaulichen Begriffe wurde von Dudley Lynch in seinem Buch *Strategy of the Dolphin* geprägt. Vgl. Dudley Lynch: *Strategy of the Dolphin*. New York: Ballantine, Fawcett Columbine, 1988.
dt.: Dudley Lynch: Delphin-Denken. Gewinn mit Gehirn. Haufe-Verlag 1996.

2 Jack Simm, John Wimber, Dave Workman und Steve Sjogren haben zu diesen Beobachtungen beigetragen.
3 *The Westminster Confession of Faith, An Authentic Modern Version.* Signal Mountain, TN: Summertown, 1979.
4 Rebecca Manley Pippert: *Out of the Saltshaker and into the World.* Downers Grove, IL: InterVarsity Press, 1979.
   dt.: R. M. Pippert: *Heraus aus dem Salzfass.* Liebenzeller Mission 1996.

Kapitel 3

1 George Barna: *Ministry Currents.* Januar-März 1992. Glendale, CA: Barna Research Group.

Kapitel 5

1 Gayle D. Erwin: *The Jesus Style.* Waco, TX: Word, 1985. S. 146.
2 Zu vergleichen mit dem *Evangelischen Lexikon für Theologie und Gemeinde.* 3 Bde. Brockhaus. Wuppertal und Zürich
3 Entnommen aus: T. Trucco: »Serving Mr. Donut and the Community«. *The New York Times*, 26. Dezember 1982.

Kapitel 8

1 Faith Popcorn: *The Popcorn Report.* New York: Doubleday Currency, 1991. S. 27.
   dt.: Faith Popcorn: *Der neue Popcorn-Report.* Heyne 1996.
2 Wir haben ein Video über eine »Matthäus-Party«, das wir jedem Interessierten gern zusenden. Unsere Adresse lautet:

Vineyard – Cincinnati
P. O. Box 46562
Cincinnati, Ohio 45246, USA
Telefonnummer: 001-513- 671-0422
Fax 001-513-671-2041

Kapitel 10

1 Laverne Tengborn: »An Historical, Cultural, Geographical, Exegetical Study of Revelation 2 and 3«, Dissertation des *Lutheran Bible Institute*, Los Angeles, CA, 1997.

Anhang 1

1 Auf dieser Karte sollte zum Beispiel stehen: »Während Sie Ihren Wagen allein gelassen haben, haben Leute aus der (Name Ihrer Gemeinde einfügen) Ihre Windschutzscheibe geputzt.«

*Zur Vertiefung:
das Arbeitsbuch zum Thema »Evangelisation«*

Als Christus den Auftrag gab, das Evangelium zu verbreiten, galt das uns allen. Mit »Evangelisation« unterstützt Sie Bill Hybels dabei, einen Evangelisationsstil zu entwickeln, der Ihrer Persönlichkeit entspricht. Das Heft zeigt Ihnen, wie wichtig es ist, Ihren Glauben weiterzugeben, und lässt Sie die Motivation und innere Einstellung kennen lernen, die hinter dem Auftrag Jesu stehen. Praktische Anleitungen und Tips werden Ihnen helfen, Menschen für die Sache Jesu Christi zu gewinnen.

**Bill Hybels, Evangelisation
Salz und Licht sein**
Gh., ca. 100 Seiten • ISBN 3-89490-183-7
DM/sfr 12,90 / öS 94,-

**Zu beziehen in Ihrer Buchhandlung oder direkt bei:
Projektion J Buch- und Musikverlag
Rheingaustraße 132 • D-65203 Wiesbaden
Telefon (06 11) 96 7 96 70 • Fax (06 11) 96 7 96 77**

Bücher, die hellhörig machen

Ob Gott heute noch durch Prophetien, Träume und Visionen spricht? »Ja«, meint Jack Deere. Die Konsequenzen aus dieser Erkenntnis sind bewegend: Der Gott der Bibel kommt uns in völlig neuer, lebendiger Weise nah.

Jack Deere
Überrascht von der Stimme Gottes
Pb., 384 Seiten
ISBN 3-89490-140-3
DM/sfr 29,80
öS 218,-

Jack Deere erzählt erfrischend lebendig und mit entwaffnender Ehrlichkeit von seiner »Umkehr« heraus aus der Sackgasse eines korrekten, aber leblosen Theorieglaubens hinein in die lebendige, farbige Welt des Erfahrungsglaubens.

Jack Deere
Überrascht von der Kraft des Heiligen Geistes
Pb., 163 Seiten
ISBN 3-89490-053-9
DM/sfr 24,80
öS 181,-

Zu beziehen in Ihrer Buchhandlung oder direkt bei:
Projektion J Buch- und Musikverlag
Rheingaustraße 132 • D-65203 Wiesbaden
Telefon (06 11) 96 7 96 70 • Fax (06 11) 96 7 96 77